Paris Atlas

1/10 000 - 1cm : 100m

**Répertoire des rues
Sens uniques · Transports
Renseignements pratiques**

Utilisez les avantages
du pliage accordéon :
développez
les plis successifs du plan
pour augmenter votre surface de lecture.

Pa. At. 1

8e édition

Les Services de Tourisme du Pneu Michelin vous présentent leur plan « Paris-Atlas », ouvrage spécialement destiné à faciliter la pratique journalière de Paris.

Cet ouvrage, périodiquement révisé, tient compte de la situation au moment de sa rédaction. Mais certains renseignements perdent de leur actualité en raison de l'évolution incessante de l'activité dans la capitale. Nos lecteurs sauront le comprendre.

LA CLÉ DU GUIDE

Les **Rues de Paris** : répertoire alphabétique de toutes les rues et leur localisation sur le plan	6 à 50
Des **Adresses utiles** : un choix d'organismes, avec adresses et nos de téléphone, destiné à faciliter vos démarches, vos activités, vos loisirs	51 à 96
La **Légende du plan de Paris** (voirie, bâtiments, sports et loisirs...)	99
Les **Autobus** : itinéraires des lignes urbaines et plan du réseau	102 à 105
Le **Métro** : plan des lignes urbaines	106-107
Le **R.E.R.** : ensemble du réseau express régional . .	108-109
Assemblage de l'Atlas et grands axes de traversée	1
Un **Plan de Paris** : plan complet (1 cm pour 100 m) découpé en 59 pages dépliables et offrant une grande commodité de lecture. Y figurent, entre autres, les sens interdits, les limites d'arrondissements, les édifices publics, les bureaux de poste, les parkings	2 à 60
Les **Bois de Boulogne et de Vincennes** : avec leurs aménagements, leurs allées, leurs routes	61 à 64
La **Défense** : plan du quartier avec ses voies de desserte et de contournement	65 - 66
L'**Aéroport d'Orly** et le marché de Rungis	67 - 68
L'**Aéroport Charles-de-Gaulle**	69 - 70
Garonor et le port de Gennevilliers	71 - 72
Les **Urgences** : police secours, pompiers, santé, pharmacies	en fin de volume

4

*The Michelin Tourist Services present this new edition of **PARIS ATLAS** which is intended to facilitate the visitor's stay in the capital.*

Information in this section is the latest available at the time of going to press ; improvements and alterations may account for certain discrepancies, we hope our readers will bear with us.

KEY TO THE GUIDE

Streets of Paris : Index with references to the plan	6 to 50
Useful addresses	51 to 96
Public transport : bus, metro and R.E.R. networks	102 to 109
Plan of Paris : for greater convenience a fold out plan Paris (1 : 10 000) covering 59 pages	2 to 60
The Bois de Boulogne and Bois de Vincennes	61 to 64
The Defense : detailed plan of the quarter	65 and 66
Orly and Charles-de-Gaulle Airports and Rungis	67 and 70
Garonor and the port of Gennevilliers	71 and 72
Emergency telephone numbers	inside back cover

*Die Touristikabteilung der Michelin-Reifenwerke stellt Ihnen ihre Veröffentlichung **PARIS-ATLAS** vor, die eine praktische Hilfe für Ihren Parisaufenthalt sein soll.*

Die Ausgabe entspricht dem Stand zur Zeit der Drucklegung. Durch die Entwicklung der sich stetig wandelnden Hauptstadt können einige Angaben inzwischen veraltet sein. Wir bitten unsere Leser dafür um Verständnis.

ÜBERSICHT

Die Straßen von Paris : Ihre Lage auf dem Plan	6-50
Nützliche Adressen	51-96
Autobusse — Metrolinien Regionales Schnellverkehrsnetz (R.E.R.)	102-109
Plan von Paris : auf 59 Faltseiten (1 cm = 100 m)	2-60
Bois de Boulogne und Bois de Vincennes	61-64
La Défense : Plan des Viertels	65, 66
Flughäfen Orly und Charles-de-Gaulle ; Großmarkt Rungis	67, 70
Garonor und Hafen Gennevilliers	71, 72
Notruf	am Ende des Bandes

*Los Servicios de Turismo del Neumático Michelin le presentan su plano : **PARÍS-ATLAS**, obra especialmente concebida para desenvolverse fácilmente en París.*

Esta edición corresponde a la situación actual, pero la evolución de la actividad de la capital puede hacer que determinadas informaciones caduquen. Esperamos que nuestros lectores lo comprendan.

LA CLAVE DE LA GUÍA

Las calles de París, su localización en el plano	6-50
Direcciones útiles	51-96
Los Autobuses, el Metro y el R.E.R.	102-109
Un Plano de París : plano completo (1 cm = 100 m)	2-60
Los Bosques de Boulogne y de Vincennes	61-64
La Défense : plano del barrio	65-66
El aeropuerto de Orly y Charles-de-Gaulle ; el mercado de Rungis	67-70
Garonor y el puerto de Gennevilliers	71-72
Los teléfonos de urgencia	Al final del volumen

Les rues de Paris

Streets of Paris
Straβen von Paris
Calles de París

Index alphabétique des rues de Paris

Les deux premières colonnes renvoient à la page et au carroyage qui permettent de localiser la rue sur le plan *(découpage cartographique, p. 1)*. Dans certains cas, les lettres N (Nord) ou S (Sud) apportent une précision supplémentaire.

Les colonnes suivantes, sur fond bleu, indiquent le nom de la rue, ainsi que le ou les arrondissements dont elle dépend.

L'Association Valentin Haüy, 5 rue Duroc 75007 Paris, diffuse (prix 65 F) la liste alphabétique des rues de Paris, transcrite en écriture braille.

Index to the streets of Paris

The first two columns giving the page of plan and square reference, enable you to locate a street on the map *(key map p. 1)*. In some cases the square references may be followed by the letters N (North) or S (South) indicating the position of the street more closely.
The following columns, on a blue background, give the street's name and its arrondissement, or two if it overlaps into a second.

Alphabetisches Straβenverzeichnis

Die beiden ersten Spalten enthalten die Angabe der Seite sowie die der Koordinaten des Planquadrates und erlauben Ihnen, die Straβe auf dem Plan zu finden *(Seiteneinteilung s. S. 1)*. Manchmal wurde ein N (Norden) oder S (Süden) hinzugefügt, wodurch die Lage noch genauer bestimmt ist.
In den folgenden Spalten auf blauem Grund sind der Name der Straβe und die Nummer des bzw. der entsprechenden Arrondissements angegeben.

Índice alfabético de las calles de París

Las dos primeras columnas le remiten a la página del plano y a las coordenadas de la cuadrícula que permiten localizar con exactitud la calle en el plano *(división cartográfica pág. 1)*. En algunos casos las letras N (Norte) o S (Sur) proporcionan una precisión complementaria.
Las columnas siguientes, en fondo azul, indican el nombre exacto de la calle, así como el o los distritos de que depende.

a

Plan n°	Repère	Nom	Arrondissement
31	J13	Abbaye r. de l'	6
43-44	L14-L15	Abbé-Basset pl. de l'	5
53-54	P10-P11	Abbé-Carton r. de l'	14
43	L14-L13	Abbé-de-l'Epée r. de l'	5
56	R15	Abbé-G.-Henocque pl.	13
27	J6 N	Abbé-Gillet r. de l'	16
42	K11-L12	Abbé-Grégoire r. de l'	6
40	L7-N8	Abbé-Groult r. de l'	15
32	H16-J16	Abbé-Migne r. de l'	4
7	C14	Abbé-Patureau r. de l'	18
28	K8	Abbé-Roger-Derry r. de l'	15
26-27	K4-K5	Abbé-Roussel av. de l'	16
4	C8	Abbé-Rousselot r. de l'	17
19	D13	Abbesses pass. des	18
19	D13	Abbesses pl. des	18
7-19	D13	Abbesses r. des	18
20	E15	Abbeville r. d' n°s 1-17, 2-16	10
		n°s 19-fin, 18-fin	9
45	L18-K18	Abel r.	12
38	N3 N	Abel-Ferry r.	16
44-56	N15 S	Abel-Hovelacque r.	13
46	L19	Abel-Leblanc pass.	12
21	G18 N	Abel-Rabaud r.	11
18	D11	Abel-Truchet r.	17
31-20	G14-G15	Aboukir r. d'	2
7	C13 S	Abreuvoir r. de l'	18
16	E7	Acacias pass. des	17
16	E7 S	Acacias r. des	17
35	H21	Achille r.	20
54	R11	Achille-Luchaire r.	14
7	C13-B13	Achille-Martinet r.	18
44	M15	Adanson sq.	5
23-35	G22	Adjudant-Réau r.	20
24	F23 S	Adjudant-Vincenot pl.	20
32	J15	Adolphe-Adam r.	4
40	M8	Adolphe-Chérioux pl.	15
54	P12 S	Adolphe-Focillon r.	14
31	H14 N	Adolphe-Jullien r.	1
18	D12	Adolphe-Max pl.	9
10	C20	Adolphe-Mille r.	19
53	R9-R10	Adolphe-Pinard bd	14
26	H4-G4	Adolphe-Yvon r.	16
22	F20 N	Adour villa de l'	19
26	J4 S	Adrien-Hébrard av.	16
19	F13	Adrien-Oudin pl.	9
35	J22 N	Adrienne cité	20
54	N12 S	Adrienne villa	14
42	N12 N	Adrienne-Simon villa	14
8	D16-C16	Affre r.	18
27	K5	Agar r.	16
19	E14	Agent-Bailly r. de l'	9
32-33	K16-K17	Agrippa-d'Aubigné r.	4
18	F11 S	d'Aguesseau r.	8
42	N11	Aide-Sociale sq. de l'	14
7	B14 S	Aimé-Lavy r.	18
16	D8 S	Aimé-Maillart pl.	17
56	R15-S15	Aimé-Morot r.	13
30	J12 N	Aisne r. de l'	19
21	F17 S	Aix r. d'	10
40	M8 S	Alain-Chartier r.	15
53	P9	Alain-Fournier sq.	14
28	K8	Alasseur r.	15
27-26	H5-H4	Albéric-Magnard r.	16
57	R18-P18	Albert r.	13
52	P7-P8	Albert-Bartholomé av.	15

Plan n°	Repère	Nom	Arrondissement
52	P7	Albert-Bartholomé sq.	15
56	P16-N16	Albert-Bayet r.	13
41	K9	Albert-de-Lapparent r.	7
28	H7 N	Albert-de-Mun av.	16
7	B14	Albert-Kahn pl.	18
48	M23 N	Albert-Malet r.	12
29	G9 S	Albert-Ier cours	8
28	H7	Albert-Ier-de-Monaco av.	16
22	E20	Albert-Robida villa	19
4	D7-C7	Albert-Samain r.	17
54	R11	Albert-Sorel r.	14
21-20	G17-F16	Albert-Thomas r.	10
48	L24-K24	Albert-Willemetz r.	20
43	N14 S	Albin-Cachot sq.	13
56	R15	Albin-Haller r.	13
27	J6 N	Alboni r. de l'	16
27	J6 N	Alboni sq.	16
55	P13 N	d'Alembert r.	14
42	L11	Alençon r. d'	15
55-53	P14-N10	Alésia r. d'	14
54	P11	Alésia villa d'	14
23	D22-E22	Alexander-Fleming r.	19
41	M10	Alexandre pass.	15
40-41	K8-K9	Alexandre-Cabanel r.	15
16	D7	Alexandre-Charpentier r.	17
34-35	K20-J21	Alexandre-Dumas r.	
		n°s 1-59, 2-72	11
		n°s 61-fin, 74-fin	20
7	B14 N	Alexandre-Lécuyer imp.	18
21	E17 N	Alexandre-Parodi r.	10
23	D21	Alexandre-Ribot villa	19
29	H10 N	Alexandre III pont	8-7
20	G15 N	Alexandrie r. d'	2
34	J20	Alexandrine pass.	11
28	J8 S	Alexis-Carrel r.	15
27	J5	Alfred-Bruneau r.	16
26	K3	Alfred-Capus sq.	16
26	H4	Alfred-Dehodencq r.	16
26	H4	Alfred-Dehodencq sq.	16
17	E9	Alfred-de-Vigny r.	
		n°s 1-9, 2-16	8
		n°s 11-fin, 18-fin	17
53	P9 N	Alfred-Durand-Claye r.	14
57	S17	Alfred-Fouillée r.	13
4	C8 S	Alfred-Roll r.	17
19	D13 S	Alfred-Stevens pass.	9
19	D13 S	Alfred-Stevens r.	9
45	L17 N	Alger cour d'	12
30	G12 S	Alger r. d'	1
23	E22-D21	Algérie bd d'	19
21	F17	Alibert r.	10
53	P10 S	Alice sq.	14
46	K19 S	d'Aligre pl.	12
46	K19 S	d'Aligre r.	12
26	K3 N	Aliscamps sq. des	16
48	M23	Allard r. n°s 29-fin, 30-fin	12
		autres n°s	Saint-Mandé
30	J12 N	Allent r.	7
40-41	M8-M9	Alleray hameau d'	15
41	N9 N	Alleray pl. d'	15
40-41	M8-N9	Alleray r. d'	15
10	A19	Allier quai de l'	19
28	H8 S	Alma cité de l'	7
28	G8 S	Alma pl. de l'	
		n°s 1 et 1 bis	16
		n°s 2, 3-fin	8

7

Plan n°	Repère	Nom	Arrondissement
28	H8	Alma pont de l'	16-8-7
32	H16-G16	Alombert pass.	3
22	E20	Alouettes r. des	19
56	N16 S	Alpes pl. des	13
15	F6 N	Alphand av.	16
56	P15	Alphand r.	13
23	E21 N	Alphonse-Aulard r.	19
33	H18	Alphonse-Baudin r.	11
41	N10	Alphonse-Bertillon r.	15
54	P12 S	Alphonse-Daudet r.	14
5-4	D9 N	Alphonse-de-Neuville r.	17
30	K12	Alphonse-Deville r.	6
39	L6 N	Alphonse-Humbert pl.	15
10	B19	Alphonse-Karr r.	19
43	M14 N	Alphonse-Laveran r.	5
24-23	G23-G22	Alphonse-Penaud r.	20
27	J6	Alphonse-XIII av.	16
20	E16	Alsace r. d'	10
23	E21 N	Alsace villa d'	19
46	L20	Alsace-Lorraine cour d'	12
23-22	D21-D20	Alsace-Lorraine r. d'	19
22-23	D20-E21	Amalia villa	19
22-34	H20-G20	Amandiers r. des	20
19	F13	Amboise r. d'	2
20	D15 S	Ambroise-Paré r.	10
11-23	D21	Ambroise-Rendu av.	19
20	F15 N	Ambroise-Thomas r.	9
29	H9-J9	Amélie r.	7
23	F22	Amélie villa	20
33	J17-G17	Amelot r.	11
34	K20	Ameublement cité de l'	11
36	H23 S	Amiens sq. d'	20
15	F5-E6	Amiral-Bruix bd de l'	16
39	L5 N	Amiral-Cloué r. de l'	16
15	G6 N	Amiral-Courbet r. de l'	16
31	H14 S	Amiral-de-Coligny r. de l'	1
28	G7	Amiral-d'Estaing r. de l'	16
28	G8	Amiral de-Grasse pl.	20
48	N23 N	Amiral-La Roncière-Le-Noury r. de l'	12
55	P14-R14	Amiral-Mouchez r. de l' n°s impairs 13e - n°s pairs	14
40	L8-M8	Amiral-Roussin r. de l'	15
8	B15	Amiraux r. des	18
5-4	D9-D8	Ampère r.	17
18	E12	Amsterdam imp. d'	8
18	E12	Amsterdam cour d'	8
18	E12-D12	Amsterdam r. d' n°s impairs n°s pairs	8 9
44-43	L15-L14	Amyot r.	5
16	F7-E7	Anatole-de-la-Forge r.	17
30	H12-H11	Anatole-France quai	7
31	J13-K13	Ancienne-Comédie r. de l'	6
32	H15-G15	Ancre pass. de l'	3
27-26	J5-J4	d'Andigné r.	16
19	D13	André-Antoine r.	18
7-19	D14	André-Barsacq r.	18
6	A12-A11	André-Bréchet r.	17
39-38	K6-M4	André-Citroën quai	15
26	K4 N	André-Colledbœuf r.	16
7	D14 N	André-del-Sarte r.	18
55	P14 S	André-Dreyer sq.	13
22	D19	André-Dubois r.	19
19	D14	André-Gill r.	18
43	L13	André-Honnorat pl.	6
53	P10	André-Lichtenberger sq.	14
31	H13 N	André-Malraux pl.	1
15	E5	André-Maurois bd	16
7	B14	André-Messager r.	18

Plan n°	Repère	Nom	Arrondissement
26	H4	André-Pascal r.	16
55	S13 N	André-Rivoire av.	14
29	K10	André-Tardieu pl.	7
52	P8	André-Theuriet r.	15
8	B15 S	d'Andrezieux allée	18
18	E11-D11	Andrieux r.	8
7	D13 N	Androuet r.	18
7	B13 N	Angélique-Compoint r.	18
7	B13 N	Angers imp. d'	18
9	C18	Anglais imp. des	19
32	K15	Anglais r. des	5
33	G18	Angoulême cité d'	11
32	K16	Anjou quai d'	4
18	G11-F11	Anjou r. d'	8
27	J6 S	Ankara r. d'	16
23-35	G21	Annam r. d'	20
22	E20	Annelets r. des	19
55	P13 S	Annibal cité	14
27	J6-J5	Annonciation r. de l'	16
41	M10	Anselme-Payen r.	15
19	F13 N	d'Antin cité	9
29	G10-G9	d'Antin imp.	8
19	G13 N	d'Antin r.	2
27-26	J5-J4	Antoine-Arnauld r.	16
27-26	J5-J4	Antoine-Arnauld sq.	16
42-41	L11-L10	Antoine-Bourdelle r.	15
54	P11 S	Antoine-Chantin r.	14
31	K14-K13	Antoine-Dubois r.	6
39	L6 N	Antoine-Hajje r.	15
22	F20 S	Antoine-Loubeyre cité	20
38	L4 S	Antoine-Roucher r.	16
33	K18	Antoine-Vollon r.	12
52	P8	Antonin-Mercié r.	15
19	D14 S	Anvers pl. d'	9
6	C11 N	Apennins r. des	17
20-21	E16-D17	Aqueduc r. de l'	10
11	D21-C21	Aquitaine sq. d'	19
44-43	N15-N13	Arago bd n°s 1-73, 2-82 n°s 75-fin, 84-fin	13 14
43	N14 N	Arago sq.	13
44-43	M15-14	Arbalète r. de l'	5
31	H14 S	Arbre-Sec r. de l'	1
53	P9	Arbustes r. des	14
18	F11	Arcade r. de l'	8
16	E7 S	Arc-de-Triomphe r. de l'	17
9	C18-B18	Archereau r.	19
32	K15	Archevêché pont de l'	4-5
32	K15 N	Archevêché quai de l'	4
32	J15-H16	Archives r. des n°s 1-41, 2-56 n°s 43-fin, 58-fin	4 3
32	J15	Arcole pont d'	4
32	J15 S	Arcole r. d'	4
55	R13	Arcueil porte d'	14
55	R14-S14	Arcueil r. d'	14
10	C20	Ardennes r. des	19
44	L15	Arènes r. des	5
17	F10 N	d'Argenson r.	8
31	H13-G13	Argenteuil r. d'	1
15	G6 N	Argentine cité de l'	16
16	F7 N	Argentine r. d'	16
10	B19	Argonne pl. de l'	19
10	B20-B19	Argonne r. de l'	19
31	G14 S	Argout r. d'	2
37	M2 N	Arioste r. de l'	16
30	H11	Aristide-Briand r.	7
7-19	D13 N	Aristide-Bruant r.	18
16	E7	d'Armaillé r.	17
6	B12 S	Armand villa	18
22	D19 S	Armand-Carrel pl.	19
22-21	D19-D18	Armand-Carrel r.	19

Plan n°	Repère	Nom	Arrondissement
22	E20 N	**Armand-Fallières villa**	19
7	C13	**Armand-Gauthier r.**	18
41-42	L10-M11	**Armand-Moisant r.**	15
48	N23-M23	**Armand-Rousseau av.**	12
7	C13 S	**Armée-d'Orient r. de l'**	18
15	D6-D5	**Armenonville r. d'**	
		n°s 1-11 bis, 2-10	17
		n°s 13-fin, 12-fin	Neuilly
41	M10	**Armorique r. de l'**	15
6	A11 S	**Arnault-Tzanck pl.**	17
33	H17 S	**Arquebusiers r. des**	3
44	L15 N	**Arras r. d'**	5
42	L11 N	**Arrivée r. de l'**	15
33-45	K17	**Arsenal r. de l'**	4
16	F8	**Arsène-Houssaye r.**	8
41	M10	**d'Arsonval r.**	15
46	L20	**d'Artagnan r.**	12
6	B12	**Arthur-Brière r.**	17
21	F18	**Arthur-Groussier r.**	10
7	A13 S	**Arthur-Ranc r.**	18
22	E20	**Arthur-Rozier r.**	19
55	P13 S	**Artistes r. des**	14
17	F9	**Artois r. d'**	8
15	D6 S	**Arts av. des**	17
47	L21 N	**Arts imp. des**	12
42	N11 N	**Arts pass. des**	14
31	H13-J13	**Arts pont des**	1-6
6	C12 S	**Arts villa des**	18
33	H18 S	**Asile pass. de l'**	11
33	H18 S	**Asile-Popincourt r. de l'**	11
4	B8-C8	**Asnières porte d'**	17
42-43	K12-M13	**d'Assas r.**	6
42	N11	**Asseline r.**	14
27-26	K5-J4	**Assomption r. de l'**	16
18	F11	**d'Astorg r.**	8
42	L11	**Astrolabe imp. de l'**	15
18	E12	**Athènes r. d'**	9
21	F18 N	**Atlas pass. de l'**	19
21	F18-E18	**Atlas r. de l'**	19
18	F12	**Auber r.**	9
9	C17-D17	**Aubervilliers imp. d'**	19
9	A18	**Aubervilliers porte d'**	19
9	D17-A18	**Aubervilliers r. d'**	
		n^{os} impairs 18e - n^{os} pairs	19
16	D7-D8	**Aublet villa**	17
32	J16 N	**Aubriot r.**	4
35	J21 N	**Aubry cité**	20
32	H15 S	**Aubry-le-Boucher r.**	4
55	P13 S	**Aude r. de l'**	14

Plan n°	Repère	Nom	Arrondissement
7-19	D13 N	**Audran r.**	18
35	K21	**Auger r.**	20
28-29	J8-J9	**Augereau r.**	7
21	G18	**Auguste-Barbier r.**	11
10	A20	**Auguste-Baron pl.**	19
28	K7-K8	**Auguste-Bartholdi r.**	15
56-55	P15-N14	**Auguste-Blanqui bd**	13
57	P17 N	**Auguste-Blanqui villa**	13
54	P11 S	**Auguste-Cain r.**	14
40	N7	**Auguste-Chabrières cité**	15
40	N7	**Auguste-Chabrières r.**	15
36	J23	**Auguste-Chapuis r.**	20
43	L13	**Auguste-Comte r.**	6
40	L8	**Auguste-Dorchain r.**	15
55	R14	**Auguste-Lançon r.**	13
34	J19 N	**Auguste-Laurent r.**	11
38	M4	**Auguste-Maquet r.**	16
34	H20	**Auguste-Métivier pl.**	20
42	M11 S	**Auguste-Mie r.**	14
56	R16 N	**Auguste-Perret r.**	13
53	P9	**Auguste-Renoir sq.**	14
16	F8-G7	**Auguste-Vacquerie r.**	16
39	L5	**Auguste-Vitu r.**	15
23	E21 S	**Augustin-Thierry r.**	19
19	E13	**Aumale r. d'**	9
56	P16 S	**Aumont r.**	13
16	D7	**Aumont-Thiéville r.**	17
34	H20 S	**Aunay imp. d'**	11
15	D6 S	**d'Aurelle-de-Paladines bd**	17
45-44	M17-M16	**Austerlitz cité d'**	5
45	L17	**Austerlitz pont d'**	12-5-13
45	M18-L17	**Austerlitz port d'**	13
45	M18-L17	**Austerlitz quai d'**	13
45	L18 N	**Austerlitz r. d'**	12
37	L2-L1	**Auteuil bd d'** n°s 1-7 et 4	16
		autres n^{os}	Boulogne
38	L4 N	**Auteuil pl. d'**	16
39-38	K5-M4	**Auteuil port d'**	16
37	K2	**Auteuil porte d'**	16
38	L4-K3	**Auteuil r. d'**	16
32	K16 N	**Ave Maria r. de l'**	4
34	G19 S	**Avenir cité de l'**	11
23	F21 S	**Avenir r. de l'**	20
16-15	F7-F6	**Avenue-du-Bois sq. de l'**	16
15	F5	**Avenue-Foch sq. de l'**	16
4	C5	**Aveyron sq. de l'**	17
40	K8 S	**Avre r. de l'**	15
35-36	K21-J23	**Avron r. d'**	20
7	D14 N	**Azaïs r.**	18

b

Plan n°	Repère	Nom	Arrondissement
30-29	K12-K10	**Babylone r. de**	7
30	H12-K11	**Bac r. du**	7
31	G14 S	**Bachaumont r.**	2
7	C14	**Bachelet r.**	18
36	G23	**Bagnolet porte de**	20
35-36	J21-H23	**Bagnolet r. de**	20
7	C14	**Baigneur r. du**	18
31	H14 S	**Baillet r.**	1
31	H14	**Bailleul r.**	1
54	P11	**Baillou r.**	14
32	G16 S	**Bailly r.**	3
39	M5 S	**Balard pl.**	15

Plan n°	Repère	Nom	Arrondissement
39	L5-M5	**Balard r.**	15
22-34	G19	**Baleine imp. de la**	11
35	H22	**Balkans r. des**	20
18	D12 S	**Ballu r.**	9
18	D12 S	**Ballu villa**	9
16	D8	**Balny-d'Avricourt r.**	17
16-17	F8-E9	**Balzac r.**	8
19-31	G14	**Banque r. de la**	2
34	N16-N15	**Banquier r. du**	13
57	P17	**Baptiste-Renard r.**	13
10	C19-B19	**Barbanègre r.**	19
8	D15-C15	**Barbès bd**	18

9

Plan n°	Repère	Nom	Arrondissement
30	J11-K11	Barbet-de-Jouy r.	7
32	J16-H16	Barbette r.	3
28	J8	Barbey-d'Aurevilly av.	7
39	K5-L5	Barcelone pl. de	16
53	P10 N	Bardinet r.	14
41	M9-M10	Bargue r.	15
6	B11	Baron r.	17
56	P15	Barrault pass.	13
56-55	P15-R14	Barrault r.	13
22	E19 S	Barrelet-de-Ricou r.	19
32	J16	Barres r. des	4
46	K19 S	Barrier imp.	12
32	H16-G16	Barrois pass.	3
21	D17	Barthélemy pass.	10
41	L10	Barthélemy r.	15
17	D9 S	Barye r.	17
32	G15 S	Basfour pass.	2
34	J19	Basfroi pass.	11
34	J19	Basfroi r.	11
23	F22-G22	Basilide-Fossard imp.	20
16	G8-F8	Bassano r. de	
		n°s 1-21, 2-32	16
		n°s 23-fin, 34-fin	8
44	K15 S	Basse-des-Carmes r.	5
33	K17	Bassompierre r.	4
21	E18-D18	Baste r.	19
38	K4 S	Bastien-Lepage r.	16
45-33	L17-K17	Bastille bd de la	12
33	J17-K17	Bastille pl. de la	
		n°s impairs	4
		n°s 2, 4, 6	12
		n°s 8-14	11
33	J17	Bastille r. de la	4
18	D12-D11	Batignolles bd des	
		n°s impairs 8e - n°s pairs	17
6-18	D11	Batignolles r. des	17
27	J5	Bauches r. des	16
8	B15 S	Baudelique r.	18
57	N17 S	Baudoin r.	13
32	J16	Baudoyer pl.	4
56	R16 N	Baudran imp.	13
57-56	R17-P16	Baudricourt imp.	13
57-56	P17-R16	Baudricourt r.	13
54	N11 S	Bauer cité	14
46	M20 S	Baulant r.	12
23	G22 N	Baumann villa	20
40	M8	Bausset r.	15
29	G9	Bayard r.	8
16	E8-D7	Bayen r.	17
33	J18	Bayvet cité	11
44	M15	Bazeilles r. de	5
33	J17	Béarn r. de	3
28-40	K7	Béatrix-Dussane r.	15
32	H15	Beaubourg imp.	3
32	H15-G16	Beaubourg r.	
		n°s 1-19 et 2-20	4
		n°s 21-fin et 22-fin	3
32	H16 N	Beauce r. de	3
16-17	E8-E9	Beaucour av.	8
35	K22N	Beaufils pass.	20
39	K6-L6	Beaugrenelle r.	15
34	J20	Beauharnais cité	11
31	G13 S	Beaujolais galerie de	1
31	G13	Beaujolais pass. de	1
31	G13	Beaujolais r. de	1
16	F8 N	Beaujon r.	8
17	F10-E10	Beaujon sq.	8
33	J17-H17	Beaumarchais bd n°s 1-31	4
		n°s 33-fin	3
		n°s pairs	11
30	H12-J12	Beaune r. de	7

Plan n°	Repère	Nom	Arrondissement
54	R12 N	Beaunier r.	14
20	G15 N	Beauregard r.	2
32	G15 S	Beaurepaire cité	2
21	G17-F17	Beaurepaire r.	10
26	J4 N	Beauséjour bd de	16
26	J4 N	Beauséjour villa de	16
33	K17-J17	Beautreillis r.	4
17	F10 S	Beauvau pl.	8
31	J13	Beaux-Arts r. des	6
46	L19-K19	Beccaria r.	12
7	C14	Becquerel r.	18
28-27	J7-H6	Beethoven r.	16
47	L21 N	Bel-Air av. du	12
33	K18	Bel-Air cour du	12
48	L23-M23	Bel-Air villa du	12
34	J19-J20	Belfort r. de	11
29-28	J9-J8	Belgrade r. de	7
35-36	G21-G23	Belgrand r.	20
20	D15	Belhomme r.	18
15	E6 N	Belidor r.	17
41	L9 N	Bellart r.	15
30	H12-J11	Bellechasse r. de	7
20-19	E15-E14	de Bellefond r.	9
15	G6 N	Belles-Feuilles imp. des	16
27-15	G6-F5	Belles-Feuilles r. des	16
22	G19-F19	Belleville bd de	
		n°s impairs	11
		n°s pairs	20
22-23	F19-E22	Belleville r. de	
		n°s impairs	19
		n°s pairs	20
23	E21	Bellevue r. de	19
23	E21 N	Bellevue villa de	19
7-6	B14-B12	Belliard r.	18
8	A15 S	Belliard r.	18
6	B12	Belliard villa	18
56	R15 N	Bellier-Dedouvre r.	13
45	M18 S	de Bellièvre r.	13
27	H6	Bellini r.	16
9	D17 S	Bellot r.	19
16	G7 N	de Belloy r.	16
20	E15	de Belzunce r.	10
31	G14 S	Ben-Aïad pass.	2
54	N11 S	Bénard r.	14
10	B19	Benjamin-Constant r.	19
27	G5 S	Benjamin-Godard r.	16
15	G5 N	Benouville r.	16
27	K5 N	Béranger hameau	16
33	G17 S	Béranger r.	3
33	J17 S	Bérard cour	4
44	N15 N	Berbier-du-Mets r.	13
45-46	M18-20	Bercy bd de	12
45	M18	Bercy pont de	12-13
58-45	P20-M18	Bercy port de	12
58-59	P20-P21	Bercy porte de	12
58-45	P20-M18	Bercy quai de	12
46-45	N20-K17	Bercy r. de	12
35	J21-K21	Bergame imp. de	20
32-31	H15-H14	Berger r.	1
19	F14	Bergère cité	9
20-19	F15-F14	Bergère r.	9
39	L6-M6	Bergers r. des	15
42	K11-L11	Bérite r. de	6
15	F6-E6	Berlioz r.	16
32-44	K15	Bernardins r. des	5
32	H15	Bernard-de-Clairvaux r.	3
48	L23-L24	Bernard-Lecache r.	12
30	K12 N	Bernard-Palissy r.	6
18	E11-D11	Berne r. de	8
18	E11 N	Bernouilli r.	8

10

Plan n°	Repère	Nom	Arrondissement
17	F9	Berri r. de	8
18	G11 N	Berryer cité	8
17	F9-E9	Berryer r.	8
32	H15	Berthaud imp.	3
7	D14-D13	Berthe r.	18
5-4	B10-D7	Berthier bd	17
4	D7 N	Berthier villa	17
43	M14	Berthollet r.	5
16	F8-E8	Bertie-Albrecht av.	8
31	J14-H14	Bertin-Poirée r.	1
27	J6	Berton r.	16
34	H19 N	Bertrand cité	11
20	D15	Bervic r.	10
6	B11	Berzélius pass.	17
6	C11-B11	Berzélius r.	17
6	B11	Berzélius Prolongée r.	17
33	H18 N	Beslay pass.	11
6-5	B12-B10	Bessières bd	17
5	B10	Bessières r.	17
53	N9-P9	Bessin r. du	15
32	K16	Béthune quai de	4
18	D11 S	Beudant r.	17
55-54	P13-P12	Bezout r.	14
21	G17-F17	Bichat r.	10
35-22	G21-G20	Bidassoa r. de la	20
46	L19	Bidault ruelle	12
7	B13 N	Bienaimé cité	18
18-17	E11-E10	Bienfaisance r. de la	8
42	L11 S	Bienvenüe pl.	15
32-44	K15	Bièvre r. de	5
46	M20	Bignon r.	12
54	P12	Bigorre r. de	14
22	D19	Binder pass.	19
18	D12	Biot r.	17
33	J17 S	Birague r. de	4
27-28	J6-J7	Bir-Hakeim pont de	16-15
33-45	K18-K17	Biscornet r.	12
22	F19 S	Bisson cité	20
22	F19 S	Bisson r.	20
10	C19	Bitche pl. de	19
29	K10 N	Bixio r.	7
6-18	D11 N	Bizerte r. de	17
44	L15	Blainville r.	5
42	L12-L11	Blaise-Desgoffe r.	6
36	J23 N	Blanchard r.	20
53	P9 N	Blanche cité	14
19-18	D13-D12	Blanche pl.	9
19-18	E13-D12	Blanche r.	9
22	D20 S	Blanche-Antoinette r.	19
32	J16-H15	Blancs-Manteaux r. des	4
20-19	E15-E14	Bleue r.	9
41-40	L9-M7	Blomet r.	15
20	G16-G15	Blondel r.	2
34	H19-G19	Bluets r. des	11
56	P15-R15	Bobillot r.	13
53	P9 N	Bocage r. du	15
29-28	G9-G8	Boccador r. du	8
19	E14-D14	Bochart-de-Saron r.	9
22	E20-D20	Boërs villa des	19
32	H15 S	Bœuf imp. du	4
44	K15 S	Bœufs imp. des	5
19	F13 S	Boïeldieu pl.	2
38	L3	Boileau hameau	16
38	L4-M3	Boileau r.	16
38	L3	Boileau villa	16
8	C15-B15	Boinod r.	18
23	E21-E22	Bois r. des	19
16-15	F7-F6	Bois-de-Boulogne r. du	16

Plan n°	Repère	Nom	Arrondissement
6	A11	Bois-le-Prêtre bd du	
		n°s 1-51, 2-42	17
		n°s 53-fin, 42 bis-fin	Clichy
27	J5 N	Bois-le-Vent r.	16
28-15	G7-G6	Boissière r.	16
28	G7 S	Boissière villa	16
20	D15	Boissieu r.	18
43-42	M13-12	Boissonade r.	14
18	G11-F11	Boissy-d'Anglas r.	8
56	P15 S	Boiton pass.	13
22	F19-E19	Bolivar sq.	19
31-43	J13-K13	Bonaparte r.	6
20	F16 N	Bonhoure cité	10
7	C14 S	Bonne r. de la	18
33	K18 N	Bonne-Graine pass.	11
20	G15-F15	Bonne-Nouvelle bd de	
		n^{os} impairs 2e - n^{os} pairs	10
20	F15 S	Bonne-Nouvelle imp. de	10
7	B13 N	Bonnet r.	18
34	J19	Bon-Secours imp.	11
31	H13 N	Bons-Enfants r. des	1
32	G16 S	Borda r.	3
23	F21-F22	Borrégo r. du	20
23	F22	Borrégo villa du	20
41	M9 N	Borromée r.	15
38	K4 S	Bosio r.	16
29	H9-J9	Bosquet av.	7
29	J9	Bosquet r.	7
29	H9	Bosquet villa	7
20	E15	Bossuet r.	10
22	F20 S	Botha r.	20
22	E19-E20	Botzaris r.	19
20	G16-F16	Bouchardon r.	10
31	H14 S	Boucher r.	1
41	L9-L10	Bouchut r.	15
39	L6 S	Boucicaut r.	15
9-8	B17-B16	Boucry r.	18
23	G22 N	Boudin pass.	20
26-38	K4 S	Boudon av.	16
18	F12	Boudreau r.	9
26-38	K3	Boufflers av. de	16
29	J9	Bougainville r.	7
39	M6-M5	Bouilloux-Lafont r.	15
27	J5 S	Boulainvilliers hameau	16
27	K5-J5	Boulainvilliers r. de	16
44	L15	Boulangers r. des	5
42-54	N12	Boulard r.	14
6	B11	Boulay pass.	17
5-6	B10-B11	Boulay r.	17
33	K18 N	Boule-Blanche pass.	12
19	F14	Boule-Rouge imp. de la	9
19	F14	Boule-Rouge r. de la	9
34-46	K20	Boulets r. des	11
53-54	P10-P11	Boulitte r.	14
33	J18	Boulle r.	11
16	E8	Boulnois pl.	17
31	H14 S	Bouloi r. du	1
28	G7 S	Bouquet-de-Longchamp r.	16
32	K16-J15	Bourbon quai de	4
31	J13 S	Bourbon-le-Château r. de	6
19	E13 S	Bourdaloue r.	9
17-29	G9	Bourdin imp.	8
33-45	K17	Bourdon bd	4
31	H14 S	Bourdonnais imp. des	1
31	J14-H14	Bourdonnais r. des	1
21	E18-D18	Bouret r.	19
32	G15 S	Bourg-l'Abbé pass. du	2
32	H15 N	Bourg-l'Abbé r. du	3
30-29	H11-J10	Bourgogne r. de	7
57	R17 N	Bourgoin imp.	13

11

Plan n°	Repère	Nom	Arrondissement
57	R17 N	Bourgoin pass.	13
56	R16	Bourgon r.	13
32	J16	Bourg-Tibourg r. du	4
18	D11 S	Boursault imp.	17
6-18	D11	Boursault r.	17
19	G14 N	Bourse pl. de la	2
19	G14-G13	Bourse r. de la	2
41-40	M9-M8	Bourseul r.	15
55	R14-P14	Boussingault r.	13
32	K15 N	Boutarel r.	4
31	K14	Boutebrie r.	5
43	K14 S	Bouvart imp.	5
55	P14	Boutin r.	13
20-21	E16-E17	Boutron imp.	10
57	R18	Boutroux av.	13
43	K14 S	Bouvart imp.	5
34	K20 N	Bouvier imp.	11
35-47	K21	Bouvines av. de	11
35-47	K21	Bouvines r. de	11
35-22	G21-G20	Boyer r.	20
42-54	N11 S	Boyer-Barret r.	14
21	E17	Boy-Zelenski r.	10
20	F16-F15	Brady pass.	10
52	P8	Brancion porte	15
41-52	N9-P8	Brancion r.	15
52	P8	Brancion sq.	15
28	H8-J7	Branly quai n°s 1-71	7
		n°s 73-fin	15
32	H15	Brantôme pass.	3
32	H15	Brantôme r.	3
32	H16 S	Braque r. de	3
27	K6	Brazzaville pl. de	15
42	L12 S	Bréa r.	6
47	N21-M21	Brèche-aux-Loups r.	12
33	J18	Bréguet r.	11
17	D9	Brémontier r.	17
17	D9	Brésil pl. du	17
38	M3 S	Bresse sq. de la	16
33-32	H17-G16	Bretagne r. de	3
29-41	K10-L10	Breteuil av. de	
		n°s 1-69, 2-76	7
		n°s 71-fin, 78-fin	15
41	L10 N	Breteuil pl. de	
		n°s 1-11, 2 seulement	7
		n°s 13-fin, 4-fin	15
23-35	G22	Bretonneau r.	20
21	F18	Bretons cour des	10
32	K16	Bretonvilliers r. de	4
16	E8 S	Brey r.	17
54	P12-N12	Brézin r.	14
19	E14 S	Briare imp.	9
6	D11 N	Bridaine r.	17

Plan n°	Repère	Nom	Arrondissement
21	E18 N	Brie pass. de la	19
47	L22	Briens sentier	12
28	G8 S	Brignole r.	16
56-55	R15-R14	Brillat-Savarin r.	13
19	D14	Briquet pass.	18
19	D14	Briquet r.	18
53	P9 S	Briqueterie r. de la	14
32	H15	Brisemiche r.	4
45	K17 S	Brissac r. de	4
23	F21-G21	Brizeux sq.	20
44-43	M15-N14	Broca r. n°s 1-49, 2-52	5
		n°s 51-fin, 54-fin	13
5-6	C10-C11	Brochant r.	17
19	G14 N	Brongniart r.	2
32	J15	de Brosse r.	4
7	C13	Brouillards allée des	18
55	P13	Broussais r.	14
41	M10 N	Brown-Séquard r.	15
45	N17 N	Bruant r.	13
55	P13	Bruller r.	14
34-46	K19	Brulon pass.	12
53-54	P9-R12	Brune bd	14
54	P11 S	Brune villa	14
16	E7	Brunel r.	17
58	R20-R19	Bruneseau r.	13
23	D21	Brunet porte	19
4	C8	Brunetière av.	17
45-46	L18-L19	Brunoy pass.	12
18	D12	Bruxelles r. de	9
18	E12 N	Bucarest r. de	8
32-31	K15-K14	Bûcherie r. de la	5
31	J13 S	de Buci carr.	6
31	J13 S	de Buci r.	6
18	E12	Budapest pl. de	9
18	E12 S	Budapest r. de	9
32	K16	Budé r.	4
28	J7	Buenos Aires r. de	7
19	F14-E14	Buffault r.	9
45-44	L17-M16	Buffon r.	5
15	G6-F5	Bugeaud av.	16
38	L4 N	Buis r. du	16
21	F18	Buisson-St-Louis pass.	10
21	F18	Buisson-St-Louis r. du	10
33-34	J18-J19	Bullourde pass.	11
56	P15 S	Buot r.	13
35	K21 N	Bureau imp. du	11
35	J21 S	Bureau pass. du	11
21	F18-E18	Burnouf r.	19
7	D13-C13	Burq r.	18
56	P15	Butte-aux-Cailles r.	13
9	C17	Buzelin r.	18
47-35	K22-J21	Buzenval r. de	20

C

Plan n°	Repère	Nom	Arrondissement
55	P14-P13	Cabanis r.	14
55	R14 S	Cacheux r.	13
19	F14-E14	Cadet r.	9
40	N7	Cadix r. de	15
19	D14	Cadran imp. du	18
32-33	H16-H17	Caffarelli r.	3
56	R15-S15	Caffieri av.	13
11	D21 N	Cahors r. de	19
20	D16	Cail r.	10
33	J18 S	Caillard imp.	11
56	R16	Caillaux r.	13
48	L23-M24	Cailletet r.	12
9-21	D17 N	Caillié r.	18
20	G15 N	Caire galerie du	2
20	G15	Caire pass. du	2
20	G15	Caire pl. du	2
32	G15	Caire r. du	2
18	D12 S	Calais r. de	9
7	B13	Calmels imp.	18
7	B14-B13	Calmels r.	18

Plan n°	Repère	Nom	Arrondissement	Plan n°	Repère	Nom	Arrondissement
7	B13 S	Calmels prolongée r.	18	33	J17	Caron r.	4
7	D14 N	Calvaire pl. du	18	6-7	C12-C13	Carpeaux r.	18
7	D14 N	Calvaire r. du	18	41-40	L9-L8	Carrier-Belleuse r.	15
18	F11	Cambacérès r.	8	34	J20	Carrière-Mainguet imp.	11
23	E21	Cambo r. de	19	27	J6 N	Carrières imp. des	16
35	G21 S	Cambodge r. du	20	23	D21	Carrières-d'Amérique r.	19
18-30	G12	Cambon r.	1	31	H13	Carrousel pl. du	1
10	B19	Cambrai r. de	19	31	H13-J13	Carrousel pont du	1-7
40	K8-L8	Cambronne pl.	15	36	G23-H23	Cartellier av.	20
40-41	L8-M9	Cambronne r.	15	40	M7	Casablanca r. de	15
53	P9	Camélias r. des	14	35	G20-F20	Cascades r. des	20
6	A12	Camille-Blaisot r.	17	22	K13	Casimir-Delavigne r.	6
34	J19-H19	Camille-Desmoulins r.	11	43-13	H11-J11	Casimir-Périer r.	7
7	A13-A14	Camille-Flammarion r.	18	30	K12	Cassette r.	6
43	M13	Camille-Jullian pl.	6	42	M13 S	Cassini r.	14
6	D12 N	Camille-Tahan r.	18	43	N10-P9	Castagnary r.	15
27	H6 S	de Camoëns av.	16	41-53	J21 S	Casteggio imp. de	20
43-42	M13-12	Campagne-Première r.	14	35	F12-F11	de Castellane r.	8
44	N16	Campo-Formio r. de	13	18	K17-J17	Castex r.	4
53	P9	Camulogène r.	15	33	G12 S	Castiglione r. de	1
29	G9-G10	Canada pl. du	8	30	G14 S	Catinat r.	1
9	C17	Canada r. du	8	31	D7-C7	Catulle-Mendès r.	17
48	L23	Canart imp.	12	4	D13 N	Cauchois r.	18
34	K19	Candie r. de	11	7-19	L5-M6	Cauchy r.	15
44	M15	de Candolle r.	5	39	D12-C14	Caulaincourt r.	18
31	K13 N	Canettes r. des	6	6-7	C13	Caulaincourt sq.	18
41	N10	du Cange r.	14	7	F12-E12	de Caumartin r.	9
31-43	K13	Canivet r. du	6	18	K8	Cavalerie r. de la	15
47	M21 S	Cannebière r.	12	28-40	D12 N	Cavallotti r.	18
57	P18 S	Cantagrel r.	13	6	C16-C15	Cavé r.	18
33	J18 S	Cantal cour du	11	8	D19	Cavendish r.	19
35-36	G22-G23	Capitaine-Ferber r. du	20	22	D14 N	Cazotte r.	18
6	C12 N	Capitaine-Lagache r. du	17	7-19	K16 N	Célestins port des	4
6	C12	Capitaine-Madon r. du	18	32	K16 N	Célestins quai des	4
23-35	G22	Capitaine-Marchal r. du	20	32	N11 N	Cels imp.	14
39	L6	Capitaine-Ménard r. du	15	42	N12-M11	Cels r.	14
26-38	K4 S	Capitaine-Olchanski r. du	16	34	G20	Cendriers r. des	20
28	J7 S	Capitaine-Scott r. du	15	44	M16-M15	Censier r.	5
36	G23 S	Capitaine-Tarron r. du	20	41	L9 N	Cépré r.	15
20	D15	Caplat r.	18	33	K17	Cerisaie r. de la	4
4	C7 S	Caporal-Peugeot r. du	17	17	G9 N	Cerisoles r. de	8
47	N21 S	Capri r. de	12	5	D9 N	Cernuschi r.	17
6	D12 N	Capron r.	18	18	E11 S	César-Caire av.	8
19-18	F13-F12	Capucines bd des		41	L10-L9	César-Franck r.	15
		n°s impairs	2	34	K19-K20	Cesselin imp.	11
		n°s pairs	9	39	L5-M6	Cévennes r. des	15
18	G12 N	Capucines r. des		31	G13	Chabanais r.	2
		n°s impairs 1er - n°s pairs	2	46	N19-N20	Chablis r. de	12
40	M8	Carcel r.	15	20	E15 S	Chabrol cité de	10
6-5	B11-B10	Cardan r.	17	20	E16-E15	Chabrol r. de	10
35-36	J22-J23	Cardeurs sq. des	20	48	L23-L24	du Chaffault r.	12
31	J13 S	Cardinale r.	6	16-28	G8	Chaillot r. de	16
28	K8	Cardinal-Amette pl. du	15	16	G8	Chaillot sq. de	16
7	D14 N	Cardinal-Dubois r. du	18	30	J12-K12	Chaise r. de la	7
7	D14-C14	Cardinal-Guibert r. du	10	5	B10-C10	Chalabre imp.	17
47	N22	Cardinal-Lavigerie pl.	12	21	F18	Chalet r. du	10
44	K15 S	Cardinal-Lemoine	5	33	K17	Chalets av. des	4
		cité du		26	J4	Chalets av. des	
44	K15-L15	Cardinal-Lemoine r. du	5	16	F7 N	Chalgrin r.	16
18	E12-D12	Cardinal-Mercier r.	9	46	L19-K19	Chaligny r.	12
5	D10 N	Cardinet pass.	17	45	L18	Chalon cour de	12
16-6	D8-C11	Cardinet r.	17	45	L18	Chalon imp.	12
22	E20	Carducci r.	19	46-45	L19-L18	Chalon r. de	12
38	M4-N4	Carlo-Sarrabezolles r.	15	46	M19	Chambertin r. de	12
44-43	K15-K14	Carmes r. des	5	53	N9-P9	Chambéry r. de	15
16	F7-E7	Carnot av.	17	29	G9	Chambiges r.	8
48	L23-M23	Carnot bd	12	26	K4	Chamfort r.	16
6	B12 N	Carnot villa	17	35	J22 S	Champagne cité	20
18	D12-D11	Caroline r.	17	30	J11 N	Champagny r. de	7
23	E22	Carolus-Duran r.	19	28	K8	Champaubert av. de	15
				55	N14 S	Champ-de-l'Alouette r. du	13

13

Plan n°	Repère	Nom	Arrondissement
29	J9	Champ-de-Mars r. du	7
4	D7	Champerret porte de	17
28	J8 S	Champfleury r.	7
7-8	B14-B15	Championnet pass.	18
8-6	B15-B12	Championnet r.	18
6	B12	Championnet villa	18
7	B13 N	Champ-Marie pass. du	13
31-43	F9 S	Champollion r.	5
17	F9 S	Champs galerie des	8
30-16	G11-F8	Champs-Élysées av. des	8
29	H10 N	Champs-Élysées port des	8
17	G10-G9	Champs-Élysées rd-pt des	8
30	K11 N	de Chanaleilles r.	7
15	F5 S	Chancelier-Adenauer pl. du	16
40	M7	Chandon imp.	15
38	L3 N	Chanez r.	16
38	L3 N	Chanez villa	16
48	L23	Changarnier r.	12
31	J14	Change pont au	1-4
32	K15-J15	Chanoinesse r.	4
26	G4	Chantemesse av.	16
33	K18	Chantier pass. du	12
44	K16-K15	Chantiers r. des	5
19	E14	Chantilly r. de	10
32	J15 S	Chantres r. des	4
57	N18-P17	Chanvin pass.	13
34	K19-K20	Chanzy r.	11
15	E6-D6	Chapelle av. de la	17
21-20	D17-D15	Chapelle bd de la n°s impairs	10
		n°s pairs	18
8	C16 S	Chapelle cité de la	18
8	B16 S	Chapelle imp. de la	18
20	D16	Chapelle pl. de la	18
8	A16	Chapelle porte de la	18
8	C16-A16	Chapelle r. de la	18
32	H16-H15	Chapon r.	3
19	D14	Chappe r.	18
19	E13-D13	Chaptal cité	9
19-18	E13-D12	Chaptal r.	9
38	M4 N	Chapu r.	16
55	R14	Charbonnel r.	13
20	D16-D15	Charbonnière r. de la	18
41	L9-L10	Charbonniers pass. des	15
57	N18-P17	Charcot r.	13
28	H7-J7	Chardin r.	16
38	L4-M3	Chardon-Lagache r.	16
10	B20-A19	Charente quai de la	19
59	P22	Charenton porte de	12
33-47	K18-N21	Charenton r. de	12
32	J16 S	Charlemagne pass.	4
32	J16 S	Charlemagne r.	4
6	B12 N	Charles-Albert pass.	18
45-34	K18-K19	Charles-Baudelaire r.	12
47	L22	Charles-Bénard villa	12
7	B14 S	Charles-Bernard pl.	18
46	L19 S	Charles-Bossut r.	12
33-32	K17-J16	Charles-V r.	4
24	E23 S	Charles-Cros r.	20
34-33	J19-J18	Charles-Dallery pass.	11
47	N22	Charles-de-Foucauld av.	12
16	F7-F8	Charles-de-Gaulle pl.	8-16-17
34	K19 N	Charles-Delescluze r.	11
27	J6	Charles-Dickens r.	16
27	J6 N	Charles-Dickens sq.	16
42	N12	Charles-Divry r.	14
19	D14	Charles-Dullin pl.	18

Plan n°	Repère	Nom	Arrondissement
36	K23-J23	Charles-et-Robert r.	20
5-6	C10-C11	Charles-Fillion pl.	17
28	J7-K8	Charles-Floquet av.	7
56	R15-P15	Charles-Fourier r.	13
23	F21	Charles-Friedel r.	20
18	F12 S	Charles-Garnier pl.	9
5	D9 N	Charles-Gerhardt r.	17
29	G10	Charles-Girault av.	8
19	E14	Charles-Godon cité	9
9	A17	Charles-Hermite r.	18
15	G5 N	Charles-Lamoureux r.	16
41	L9 S	Charles-Laurent sq.	15
9	A17	Charles-Lauth r.	18
40	M7-M8	Charles-Lecocq r.	15
54	R11	Charles-Le-Goffic r.	14
33	H17	Charles-Luizet r.	11
38	M3 N	Charles-Marie-Widor r.	16
39	L6 N	Charles-Michels pl.	15
23	E22	Charles-Monselet r.	19
57-56	P17-P16	Charles-Moureu r.	13
46	L20	Charles-Nicolle r.	12
19	D14 N	Charles-Nodier r.	18
34	K19-K20	Charles-Petit imp.	11
35	H21-H22	Charles-Renouvier r.	20
28	J8	Charles-Risler av.	7
21	E18 S	Charles-Robin r.	10
38	M3	Charles-Tellier r.	16
41	N9	Charles-Vallin pl.	15
41	N9	Charles-Weiss r.	15
32-33	H16-G17	Charlot r.	3
41-53	N9	Charmilles villa des	15
46	M20	Charolais pass. du	12
46	M20-L19	Charolais r. du	12
47-34	K21-J20	Charonne bd de n°s impairs 11e - n°s pairs	20
33-35	K18-J21	Charonne r. de	11
18	F12	Charras r.	9
34	J19-K19	Charrières imp.	11
43	K14	Chartière imp.	5
20	D16-D15	Chartres r. de	18
43	M13 N	Chartreux r. des	6
17	F10	Chassaigne-Goyon pl.	8
41	K9-L9	Chasseloup-Laubat r.	15
5	C9 S	Chasseurs av. des	17
42	M11-N11	Château r. du	14
17-16	F9-F8	Chateaubriand r.	8
20	G16-F16	Château-d'Eau r. du	10
57-56	R18-N16	Château-des-Rentiers r.	13
19	E14-E13	Châteaudun r. de	9
21	E17-D17	Château-Landon r. du	10
8	C15 S	Château-Rouge pl. du	18
6	B11-B12	Chatelet pass.	17
32-31	J15-J14	Châtelet pl. du n°s impairs	1
		n°s pairs	4
53	R10	Châtillon porte de	14
54	P11	Châtillon r. de	14
54	P11 S	Châtillon sq. de	14
31	K14 N	Chat-qui-Pêche r. du	5
19	F13-F14	Chauchat r.	9
21	D17	Chaudron r.	10
21	E18	Chaufourniers r. des	19
11	D21 N	Chaumont porte	19
21	D18 S	Chaumont r. de	19
23-35	G22	Chauré sq.	20
19-18	F13-E12	Chaussée-d'Antin r. de la	9
47	M22	Chaussin pass.	12
21	F17-E17	Chausson imp.	10
18	F11 S	Chauveau-Lagarde r.	8
52-53	P8-P9	Chauvelot r.	15
17	E9 N	Chazelles r. de	17

Plan n°	Repère	Nom	Arrondissement
10-11	A20-A21	**Chemin-de-Fer r. du**	
		n°s 1-13, 2-12 bis	19
		n°s 15-fin, 14-fin	Pantin
11	C21 S	**Cheminets r. des**	19
33	H18 S	**Chemin-Vert pass. du**	11
33-34	J17-H20	**Chemin-Vert r. du**	11
33-45	K18	**Chêne-Vert cour du**	12
20	G15 N	**Chénier r.**	2
35	H22-G21	**Cher r. du**	20
53	N9-P9	**Cherbourg r. de**	15
30-42	K12-L11	**Cherche-Midi r. du**	
		n°s 1-121, 2-130	6
		n°s 123-fin, 132-fin	15
56	P15 S	**Chéreau r.**	13
27	J6 N	**Chernoviz r.**	16
18	D11 S	**Chéroy r. de**	17
19-31	G13	**Chérubini r.**	2
33	J18-K18	**Cheval-Blanc pass. du**	11
58-45	R19-N17	**Chevaleret r. du**	13
7	C14 S	**Chevalier-de-la-Barre r.**	18
23	F21	**Chevaliers imp. des**	20
29	J9	**Chevert r.**	7
18	E12 S	**de Cheverus r.**	9
21	G18 N	**Chevet r. du**	11
34-46	K20	**Chevreul r.**	11
42	M12 N	**Chevreuse r. de**	6
38	M3 N	**Cheysson villa**	16
23-35	G22-G21	**Chine r. de la**	20
19	G13	**Choiseul pass.**	2
19	G13-F13	**de Choiseul r.**	2
57-56	R17-P16	**Choisy av. de**	13
57	R17 S	**Choisy porte de**	13
30	K12 N	**Chomel r.**	7
27	J5	**Chopin pl.**	16
19	E14	**Choron r.**	9
6	B12	**Christi imp.**	17
47	L21 N	**Christian-Dewet r.**	12
8	D15 N	**Christiani r.**	18
31	J14-J13	**Christine r.**	6
16	F8-G8	**Christophe-Colomb r.**	8
42	L12 S	**Cicé r. de**	6
16	G7	**Cimarosa r.**	16
5	B9	**Cimetière r. du**	
		n° 2 seulement	17
		n°s 4-fin, n°s impairs	Clichy
5	B10	**Cim.-des-Batignolles av. du**	17
43	K14 S	**Cimetière-St-Benoît r. du**	5
3-15	D6	**Cino-Del-Duca r.**	17
56	P15	**Cinq-Diamants r. des**	13
41-42	M10-M11	**Cinq-Martyrs-du-Lycée-Buffon pont des**	15
17	G10-F10	**Cirque r. du**	8
31	K13 N	**Ciseaux r. des**	6
32-31	J15-J14	**Cité r. de la**	4
46	L19-K19	**Cîteaux r. de**	12
55	R14	**Cité Florale**	13
34	J19-H19	**Cité Industrielle**	19
55	R14 S	**Cité-Universitaire r.**	14
21	F18	**Civiale r.**	10
38	L3 S	**Civry r. de**	16
6	C11	**Clairaut r.**	17
18	D11 S	**Clapeyron r.**	8
17	F9	**Claridge galerie du**	8
44-43	M15-M14	**Claude-Bernard r.**	5
27	J6-H6	**Claude-Chahu r.**	16
16	D7 N	**Claude-Debussy r.**	17
17	D10	**Claude-Debussy sq.**	17
47	N22-M21	**Claude-Decaen r.**	12
37	L2 S	**Claude-Farrère r.**	16
52	P8 S	**Claude-Garamond r.**	15

Plan n°	Repère	Nom	Arrondissement
38	M3 N	**Claude-Lorrain r.**	16
38	M3 N	**Claude-Lorrain villa**	16
22	D20 S	**Claude-Monnet villa**	19
17	D10	**Claude-Pouillet r.**	17
57	R18 S	**Claude-Regaud av.**	13
38	M3 S	**Claude-Terrasse r.**	16
46	L20-K20	**Claude-Tillier r.**	12
21	F17-E18	**Claude-Vellefaux av.**	10
19	E13	**Clauzel r.**	9
22	F20-E19	**Clavel r.**	19
44	M15-L15	**Clef r. de la**	5
17-29	G10	**Clemenceau pl.**	8
31	H14 N	**Clémence-Royer r.**	1
31	K13 N	**Clément r.**	6
27	K5	**Clément-Ader pl.**	16
17-29	G9	**Clément-Marot r.**	8
29	H9-J9	**Cler r.**	7
20	G15 N	**Cléry pass. de**	2
19-20	G14-G15	**Cléry r. de**	2
6-5	D12-B10	**Clichy av. de** n°s 1-fin, 66-fin	17
		n°s 2-64	18
19-18	D13-D12	**Clichy bd de** n°s impairs	9
		n°s pairs	18
18	D12	**Clichy pass. de**	18
18	D12	**Clichy pl. de**	
		n°s 1 seulement, 2-10 bis	9
		n° 3 seulement	8
		n°s 5-fin (impairs)	17
		n°s 12-fin (pairs)	18
5	B10	**Clichy porte de**	17
18	E12-D12	**Clichy r. de**	9
7	A14	**Clignancourt porte de**	18
7-8	D14-B15	**Clignancourt r. de**	18
7	B14 S	**Clignancourt sq. de**	18
57	N17 S	**Clisson imp.**	13
45-57	N17-P17	**Clisson r.**	13
35	G21 S	**Cloche r. de la**	20
32	J16	**Cloche-Perce r.**	4
28	K7 N	**Clodion r.**	15
32	K15-J15	**Cloître-Notre-Dame r. du**	4
32	J15-H15	**Cloître-St-Merri r. du**	4
35	J22	**Clos r. du**	20
44	K15 S	**Clos-Bruneau pass. du**	5
40	M7-N7	**Clos-Feuquières r. du**	15
43	L14	**Clotaire r.**	5
43	L14	**Clotilde r.**	5
33	J17	**Clotilde-de-Vaux r.**	11
11	B21 N	**Clôture r. de la**	19
41	L9 N	**Clouet r.**	15
44	L15	**Clovis r.**	5
21	D18 S	**Clovis-Hugues r.**	19
7	B13-C13	**Cloÿs imp. des**	18
7	C13-B13	**Cloÿs pass. des**	18
7	B14-B13	**Cloÿs r. des**	18
31-43	K14	**Cluny r. de**	5
32-44	K15	**Cochin r.**	5
30-42	K12	**Coëtlogon r.**	6
54	P12 S	**Cœur-de-Vey villa**	14
29	H9	**Cognacq-Jay r.**	7
31	G13	**Colbert gal.**	2
19	G13	**Colbert r.**	2
31	H13 N	**Colette pl.**	1
17	F9-F10	**Colisée r. du**	8
44	M15 S	**Collégiale r. de la**	5
53	P10 S	**Collet villa**	14
6	B12 S	**Collette r.**	17
19	D13 S	**Collin pass.**	9
10	C19 S	**Colmar r. de**	19
32	J15 S	**Colombe r. de la**	4
26	H4	**Colombie pl. de**	16

15

Plan n°	Repère	Nom	Arrondissement
27	J5	**Colonel-Bonnet av. du**	16
46	L19	**Colonel-Bourgoin pl. du**	12
41	L9	**Colonel-Colonna-d'Ornano r.**	15
29	H9	**Colonel-Combes r. du**	7
31	H14-H13	**Colonel-Driant r. du**	1
21	E18-E17	**Colonel-Fabien pl. du** nos impairs 10e - nos pairs	19
16	E7	**Colonel-Moll r. du**	17
53	P9 S	**Colonel-Monteil r. du**	14
47-48	N22-M23	**Colonel-Oudot r. du**	12
51	N5-P5	**Colonel-Pierre-Avia r. du**	15
46	L20	**Colonel-Rozanoff r. du**	12
16	E7	**Colonels-Renard r. des**	17
55-56	N14-R15	**Colonie r. de la**	13
19	G13 N	**Colonnes r. des**	2
47	L21	**Colonnes-du-Trône r. des**	12
29	H9-J9	**Comète r. de la**	7
30	K12-K11	**Commaille r. de**	7
18	D11	**Cdt-Charles-Martel pass.**	17
37	M2	**Cdt-Guilbaud r. du**	16
33	J18	**Cdt-Lamy r. du**	11
40	M7	**Cdt-Léandri r. du**	15
48	L24-K24	**Cdt-L'Herminier r. du**	20
15	E6 S	**Cdt-Marchand r. du**	16
42	M11	**Cdt-René-Mouchotte r. du** nos impairs 14e - nos pairs	15
17	F10-F9	**Cdt-Rivière r. du**	8
27	H6	**Cdt-Schlœsing r. du**	16
10	A20	**Commanderie bd de la**	19
54	P12	**Commandeur r. du**	14
40	L7	**Commerce imp. du**	15
40	L7	**Commerce pl. du**	15
40	K8-L7	**Commerce r. du**	15
31	J13-K13	**Commerce-St-André cour**	6
32	H15	**Commerce-St-Martin pass.**	3
33	H17	**Commines r.**	3
23-22	E21-D20	**Compans r.**	19
20	E15 N	**Compiègne r. de**	10
6	C11 N	**Compoint imp.**	17
17	E9-E10	**Comtesse-de-Ségur allée**	8
30	G11 S	**Concorde pl. de la**	8
30	H11 N	**Concorde pont de la**	8-7
30	H11 N	**Concorde port de la**	8
31-43	K13	**Condé r. de**	6
34	H19 N	**Condillac r.**	11
19	E14 N	**Condorcet cité**	9
20-19	E15-E14	**Condorcet r.**	9
29	H9 N	**Conférence port de la**	8
35	J21-J22	**Confiance imp. de la**	20
46	M20 N	**Congo r. du**	12
27	H5 S	**Conseiller-Collignon r.**	16
19	F14	**Conservatoire r. du**	9
7	D13 N	**Constance r.**	18
22	F20 N	**Constant-Berthaut r.**	20
41-42	K10-K11	**Constant-Coquelin av.**	7
29	H10-J10	**Constantine r. de**	7
18-17	E11-D10	**Constantinople r. de**	8
7	C13	**Constantin-Pecqueur pl.**	18
32	G16 S	**Conté r.**	3
31	J13	**de Conti imp.**	6
31	J14-J13	**de Conti quai**	6
44	L15	**Contrescarpe pl. de la**	5
39-40	L5-N8	**Convention r. de la**	15
57	S17 N	**Conventionnel-Chiappe r.**	13
18	E11 N	**Copenhague r. de**	8
16-15	G7-G6	**Copernic r.**	16
16	F7-G7	**Copernic villa**	16
41	L9-M9	**Copreaux r.**	15

Plan n°	Repère	Nom	Arrondissement
18	E12-F12	**Coq av. du**	9
33	H17 S	**Coq cour du**	11
31	H14-G14	**Coq-Héron r.**	1
31	H14-G14	**Coquillière r.**	1
46	L19	**Corbera av. de**	12
46	M19	**Corbineau r.**	12
41	N9 N	**Corbon r.**	15
44	N15	**Cordelières r. des**	13
33	G17 S	**Corderie r. de la**	3
35	G21 S	**Cordon-Boussard imp.**	20
10	B19-B20	**Corentin-Cariou av.**	19
46	N20-M20	**Coriolis r.**	12
38	L3	**Corneille imp.**	16
43	K13 S	**Corneille r.**	6
38	L4 N	**Corot r.**	16
23	D21	**Corrèze r. de la**	19
32-31	J15-J14	**Corse quai de la**	4
27	H6-H5	**Cortambert r.**	16
7	C14 S	**Cortot r.**	18
17	E10	**Corvetto r.**	8
43-56	N14-P15	**Corvisart r.**	13
32	H15	**Cossonnerie r. de la**	1
27	J6 N	**Costa-Rica pl. de**	16
41	M10	**Cotentin r. du**	15
15	G5-F5	**Cotheneth r.**	16
7	C13 N	**Cottages r. des**	18
45-46	K18-K19	**de Cotte r.**	12
7	C14 S	**Cottin pass.**	18
54	P12 S	**Couche r.**	14
55-54	P13-12	**du Couédic r.**	14
54	R12-R11	**Coulmiers r. de**	14
35	J22	**Courat pass.**	20
35	J22	**Courat r.**	20
17-16	D10-E8	**Courcelles bd de** nos impairs nos pairs	8 / 17
4	C7-C8	**Courcelles porte de**	17
17-4	F10-C7	**Courcelles r. de** nos 1-77, 2-94 nos 79-fin, 96-fin	8 / 17
35	H22-H21	**Cour-des-Noues r. de la**	20
40	M7	**Cournot r.**	15
22	G19-F20	**Couronnes r. des**	20
32	H15 S	**Courtalon r.**	1
48	L23-L24	**Courteline av.**	12
34	J20 N	**Courtois pass.**	11
30	H11	**Courty r. de**	7
19	D13	**Coustou r.**	18
32	J15 N	**Coutellerie r. de la**	4
33-32	H17-H16	**Coutures-St-Gervais r. des**	3
34	J19 S	**Couvent cité du**	11
44	N16 S	**Coypel r.**	13
6	C12 N	**Coysevox r.**	18
31-43	K13	**Crébillon r.**	6
55	R14 S	**Crédit-Lyonnais imp. du**	13
45	L18 N	**Crémieux r.**	12
34	G19 S	**Crespin-du-Gast r.**	11
19	D14 S	**Cretet r.**	9
15	F6 S	**Crevaux r.**	16
45	K17 S	**Crillon r.**	4
9	B18 S	**Crimée pass. de**	19
22-9	E20-B18	**Crimée r. de**	19
35	J21 S	**Crins imp. des**	20
36-48	K23	**Cristino-Garcia r.**	20
41	N10 N	**Crocé-Spinelli r.**	14
42	L11	**Croisic sq. du**	15
19	G14 N	**Croissant r. du**	2
31	H13-G14	**Croix-des-Petits-Champs r.**	1
34	J20 N	**Croix-Faubin r. de la**	11

16

Plan n°	Repère	Nom	Arrondissement
58	P19	**Croix-Jarry r. de la**	13
40	L8-N7	**Croix-Nivert r. de la**	15
40	L8	**Croix-Nivert villa**	15
30	K12 *N*	**Croix-Rouge carr. de la**	6
35-36	J22-23	**Croix-St-Simon r. de la**	20
41-40	N9-N8	**Cronstadt r. de**	15
22	E20-D20	**Cronstadt villa de**	19
44-56	N15	**Croulebarbe r. de**	13
46	K19 *S*	**Crozatier imp.**	12
46	L19-K19	**Crozatier r.**	12
33	H17 *N*	**Crussol cité de**	11
33	H17-G18	**Crussol r. de**	11

Plan n°	Repère	Nom	Arrondissement
9	C17-B17	**Cugnot r.**	18
43	L14-K14	**Cujas r.**	5
32	G15 *S*	**Cunin-Gridaine r.**	3
26	J4-K4	**Cure r. de la**	16
8	C16 *N*	**Curé imp. du**	18
9-10	C18-B19	**Curial r.**	19
4	C8	**Curnonsky r.**	17
8-7	C15-C14	**Custine r.**	18
44	L16	**Cuvier r.**	5
32	H15 *N*	**Cygne r. du**	1
27	K6-J6	**Cygnes allée des**	15
7	C14	**Cyrano-de-Bergerac r.**	18

d

Plan n°	Repère	Nom	Arrondissement
35	J22	**Dagorno pass.**	20
47	L21-L22	**Dagorno r.**	12
42	N12-N11	**Daguerre r.**	14
34	K19	**Dahomey r. du**	11
19-31	G13	**Dalayrac r.**	2
57	R18 *S*	**Dalloz r.**	13
41	L10 *S*	**Dalou r.**	15
6-17	D12-D10	**Dames r. des**	17
56	R16	**Damesme imp.**	13
56	P16-R16	**Damesme r.**	13
20-32	G15	**Damiette r. de**	2
33	J18 *S*	**Damoye cour**	11
10	B19	**Dampierre r.**	19
7	C13-B13	**Damrémont r.**	18
7	B13	**Damrémont villa**	18
19	D14	**Dancourt r.**	18
19	D14	**Dancourt villa**	18
26	K4 *N*	**Dangeau r.**	16
19-18	G13-12	**Danielle-Casanova r.**	
		n°⁵ impairs	1
		n°⁵ pairs	2
41-42	L10-K11	**Daniel-Lesueur av.**	7
28	K8-K7	**Daniel-Stern r.**	15
10	D19	**Danjon r.**	19
31	K14	**Dante r.**	5
31	K14 *N*	**Danton r.**	6
52	N8 *S*	**Dantzig pass. de**	15
40-52	N8-P8	**Dantzig r. de**	15
23	D21 *S*	**Danube hameau du**	19
23	D21 *S*	**Danube villa du**	19
42	N12	**Danville r.**	14
18	E11	**Dany imp.**	8
21	G18 *N*	**Darboy r.**	11
18	D12-D11	**Darcet r.**	17
23	G22-F22	**Darcy r.**	20
15	D6	**Dardanelles r. des**	17
55	P13 *N*	**Dareau pass.**	14
55	N13-P13	**Dareau r.**	14
57	R18	**Darmesteter r.**	13
16-17	E8-E9	**Daru r.**	8
7	C14-C13	**Darwin r.**	18
44	M16-M15	**Daubenton r.**	5
5-17	D9 *N*	**Daubigny r.**	17
45-48	K18-N24	**Daumesnil av.**	12
47	M22 *S*	**Daumesnil villa**	12
38	M3	**Daumier r.**	16
6	B12	**Daunay pass.**	18
19-18	G13-F12	**Daunou r.**	2
31	J13 *S*	**Dauphine pass.**	6

Plan n°	Repère	Nom	Arrondissement
31	J14	**Dauphine pl.**	1
15	F5	**Dauphine porte**	16
31	J14-J13	**Dauphine r.**	6
6	C11-C12	**Dautancourt r.**	17
33	J18 *S*	**Daval r.**	11
22-23	D20-D21	**David-d'Angers r.**	19
55	R13 *S*	**David-Weill av.**	14
55	P14	**Daviel r.**	13
55	P14 *S*	**Daviel villa**	13
26	J4	**Davioud r.**	16
48-36	L23-H23	**Davout bd**	20
6	C12-C11	**Davy r.**	17
16-15	E7-E6	**Débarcadère r. du**	17
33	H17	**Debelleyme r.**	3
47	L22	**Debergue cité**	12
23	D21 *S*	**Debidour av.**	19
34	J19	**Debille cour**	11
28	H8	**Debilly passerelle**	16-7
28	H8-H7	**Debilly port**	16
28	H8-G8	**Debrousse r.**	16
27	G6-H5	**Decamps r.**	16
31	H14 *S*	**Déchargeurs r. des**	1
41	N10 *S*	**Decrès r.**	14
6	D12 *N*	**Défense imp. de la**	18
39	K5 *S*	**Degas r.**	16
20	G15 *N*	**Degrés r. des**	2
21	G18	**Deguerry r.**	11
8	C15 *S*	**Dejean r.**	18
22-34	G20	**Delaitre r.**	20
42	M12 *N*	**Delambre r.**	14
42	M12	**Delambre sq.**	14
20	E16	**Delanos pass.**	10
35	J21	**Delaunay cité**	11
34	J20	**Delaunay imp.**	11
54	P11 *N*	**Delbet r.**	14
17	F10	**Delcassé av.**	8
40	L7 *N*	**Delecourt av.**	15
33	J18 *S*	**Delépine cour**	11
34	K20-J20	**Delépine imp.**	11
28-27	H7-J6	**Delessert bd**	16
21	E17	**Delessert pass.**	10
10	C20	**Delesseux r.**	19
6	B11 *N*	**Deligny imp.**	17
56	R16	**Deloder villa**	13
22	E20 *S*	**Delouvain r.**	19
20	D15 *S*	**Delta r. du**	9
20	E16-D16	**Demarquay r.**	10
20	E15	**Denain bd de**	10

17

Plan n°	Repère	Nom	Arrondissement
43	M13-N13	Denfert-Rochereau av.	14
42-43	N12-N13	Denfert-Rochereau pl.	14
16	E7 S	Denis-Poisson r.	17
22	F19	Dénoyez r.	20
29	J9-J10	Denys-Cochin pl.	7
5	D10 N	Déodat-de-Séverac r.	17
7	C13 S	Depaquit pass.	18
42	N12 N	Deparcieux r.	14
42	L11-M11	Départ r. du	
		nºˢ impairs	14
		nºˢ pairs	15
9-8	D17-C16	Département r. du	
		nºˢ 1-19 ter, 2-18	19
		nºˢ 21-fin, 20-fin	18
28	J8-K7	Desaix r.	15
28	K7 N	Desaix sq.	15
21	G18 N	Desargues r.	11
38	L4 N	Désaugiers r.	16
27	H5	Desbordes-Valmore r.	16
44	L15	Descartes r.	5
16	D7 N	Descombes r.	17
46	M20 N	Descos r.	12
29	H9-H10	Desgenettes r.	7
9	C18 N	Desgrais pass.	19
53	P10 S	Deshayes villa	14
20	F16	Désir pass. du	10
34	H20-G20	Désirée r.	20
23	F22	Désirée villa	20
7	B13	Désiré-Ruggieri r.	18
40-39	N7-N6	Desnouettes r.	15
39	N6	Desnouettes sq.	15
38	L3	Despréaux av.	16
41	N10	Desprez r.	14
57	R18-P18	Dessous-des-Berges r. du	13
31	J13	Deux-Anges imp. des	6
56	P16	Deux-Avenues r. des	13
31	H14 S	Deux-Boules r. des	1
16	D7 N	Deux-Cousins imp. des	17
31	H14 N	Deux-Ecus pl. des	1
20	E16	Deux-Gares r. des	10
6	D12 N	Deux-Nèthes imp. des	18
31	G13 S	Deux-Pavillons pass. des	1
32	K16	Deux-Ponts r. des	4
19	F14	Deux-Sœurs pass. des	9
23	F21	Devéria r.	20
23-35	G22	Dhuys r. de la	20
18	F12	Diaghilev pl.	9
22	F19	Diane-de-Poitiers allée	20
7	C14 N	Diard r.	18
45-47	L17-K21	Diderot bd	12
45	L18	Diderot cour	12
53	P10	Didot porte	14
42-53	N11-P10	Didot r.	14
38	M3	Dietz-Monnin villa	16
35	J22	Dieu pass.	20
21	F17 S	Dieu r.	10
57	R18-R17	Dieudonné-Costes r.	13
56	R16-R15	Dieulafoy r.	13
46	N19-N20	Dijon r. de	12
57	R17	Disque r. du	13
42	L11	Dix-Huit-Juin-1940 pl. du	6
15	D6	Dixmude bd de	17
15	D6	Dobropol r. du	17
21	F17	Dr-Alfred-Fournier pl.	10
34-46	K19	Dr-Antoine-Béclère pl.	12
47	M22-L22	Dr-Arnold-Netter av. du	12
7-6	A13-A12	Dr-Babinski r. du	18
26	J4-K3	Dr-Blanche r. du	16

Plan n°	Repère	Nom	Arrondissement
26	K4 N	Dr-Blanche sq. du	16
56	S16	Dr-Bourneville r. du	13
28	J8	Dr-Brouardel av. du	7
57	N17 S	Dr-Charles-Richet r.	13
6	C11 S	Dr-Félix-Lobligeois pl.	17
27-28	K6-K7	Dr-Finlay r. du	15
27	K6-J5	Dr-Germain-Sée r. du	16
24	E23	Dr-Gley av. du	20
47	M21	Dr-Goujon r. du	12
27	K5 N	Dr-Hayem pl. du	16
6	C11	Dr-Heulin r. du	17
40	L8-M8	Dr-Jacquemaire-Clemenceau r. du	15
28	G8	Dr-Jacques-Bertillon imp.	8
24	G23 N	Dr-Labbé r. du	20
9	C18	Dr-Lamaze r. du	19
17	E10-F9	Dr-Lancereaux r. du	8
56	R15	Dr-Landouzy r. du	13
54	S12 N	Dr-Lannelongue av. du	14
56	R16 N	Dr-Laurent r. du	13
56	R15	Dr-Lecène r. du	13
56	R16-R15	Dr-Leray r. du	13
56	R15-R16	Dr-Lucas-Championnière r.	13
56	P16 S	Dr-Magnan r. du	13
57	P17	Dr-Navarre r. du	13
23	G22 N	Dr-Paquelin r. du	20
6	B11	Dr-Paul-Brousse r. du	17
37	M2	Dr-Paul-Michaux pl. du	16
23	E21 S	Dr-Potain r. du	19
41	M10	Dr-Roux r. du	15
36	J23	Drs-Déjérine r. des	20
56	R16-R15	Dr-Tuffier r. du	13
57	N17 S	Dr-Victor-Hutinel r. du	13
57	R18 S	Dr-Yersin pl. du	13
38	N3 N	Dode-de-la-Brunerie av. du	16
16	E7	Doisy pass.	17
44	L15 S	Dolomieu r.	5
32-31	K15-K14	Domat r.	5
40	N8	Dombasle imp.	15
40	N8 N	Dombasle pass.	15
40	M8-N8	Dombasle r.	15
16	F7 S	Dôme r. du	16
57	P18-P17	Domrémy r. de	13
38	K4 S	Donizetti r.	16
4	C8	Dordogne sq. de la	17
11	C21 S	Dorées sente des	19
47	L21 N	Dorian av.	12
47	L21 N	Dorian r.	12
16	G6-F6	Dosne r.	16
19-18	D13-D12	Douai r. de	9
54	P12 S	Douanier-Rousseau r. du	14
5	B9	Douaumont bd de	17
32	K15 N	Double pont au	4-5
8	C16-C15	Doudeauville r.	18
30	J12-K12	Dragon r. du	6
34	G19 S	Dranem r.	11
15	E6	Dreux r. de	16
7-19	D14 N	Drevet r.	18
46	K19 S	Driancourt pass.	12
19	F14	Drouot r.	9
34-46	K19	Druinot imp.	12
20	F16	Dubail pass.	10
27	J5 N	Duban r.	16
22	D19	Dubois pass.	19
35	H22	Dubourg cité	20
46	M20	Dubrunfaut r.	12
7	C14-B14	Duc r.	18
57	N17 S	Duchefdelaville imp.	13
57	N18-N17	Duchefdelaville r.	13
34	H19	Dudouy pass.	11

18

Plan n°	Repère	Nom	Arrondissement
23	F21 S	Duée pass. de la	20
23	F21 S	Duée r. de la	20
27	G5 S	Dufrénoy r.	16
38	M3 S	Dufresne villa	16
46	M20	Dugommier r.	12
42	L12 N	Duguay-Trouin r.	6
7-8	B14-B15	Duhesme pass.	18
7	C13-B14	Duhesme r.	18
41	L10 S	Dulac r.	15
36	G23	Dulaure r.	20
18-5	D11-C10	Dulong r.	17
34-35	K20-K21	Dumas pass.	11
44	M16-N16	Duméril r.	13
16	G7-F8	Dumont-d'Urville r.	16
22	F19-E19	Dunes r. des	19
20-19	E16-D14	Dunkerque r. de	
		n°s 1-47, 2-36 bis	10
		n°s 49-fin, 38-fin	9
45-57	P18-N17	Dunois r.	13
45	N17	Dunois sq.	13
19	D13 S	Duperré r.	9
32-33	G16-G17	Dupetit-Thouars cité	3
33-32	G17-G16	Dupetit-Thouars r.	3
18	G12	Duphot r.	
		n°s 1-21, 2-26	1
		n°s 23-fin, 28-fin	8
42	K12	Dupin r.	6
15	E6 S	Duplan cité	16
28	K8	Dupleix pl.	15
28-40	K8	Dupleix r.	15
34	H19	Dupont cité	11
15	F6 N	Dupont villa	16
23-35	G22-G21	Dupont-de-l'Eure r.	20
28-29	H8-H9	Dupont-des-Loges r.	7
33	G17 S	Dupuis r.	3
8	C16	Dupuy imp.	18
57	R18	Dupuy-de-Lôme r.	13
31	K13	Dupuytren r.	6
29-41	J9-K10	Duquesne av.	7
47	M21	Durance r. de la	12
34	H19-H20	Duranti r.	11
7	D13-C13	Durantin r.	18
39-40	M6-M7	Duranton r.	15
18	F11 S	Duras r. de	8
7	B13 N	Durel cité	18
15	F6-E6	Duret r.	16
34	G20 S	Duris r.	20
34	G19	Durmar cité	11
41	K10-L10	Duroc r.	7
42-54	N12 S	Durouchoux r.	14
23	E22 S	Dury-Vasselon villa	20
32	G15	Dusoubs r.	2
53	P10	Duthy villa	14
41	M9	Dutot r.	15
29	G10	Dutuit av.	8
10-9	C19-C18	Duvergier r.	19
29	J9	Duvivier r.	7

e

27	J6 N	Eaux r. des	16
46	L20	Ebelmen r.	12
41	K10 S	Eblé r.	7
31	J13 S	Echaudé r. de l'	6
31	H13 N	Echelle r. de l'	1
20	F15	Echiquier r. de l'	10
21	E17 S	Ecluses-St-Martin r. des	10
19	E14	Ecole imp. de l'	9
31	J14 N	Ecole pl. de l'	1
31	K14	Ecole-de-Médecine r. de l'	6
29	J9 S	Ecole-Militaire pl. de l'	7
44	L15-K15	Ecole-Polytechnique r. de l'	5
35	G21 S	Ecoles cité des	20
44-43	L15-K14	Ecoles r. des	5
40	L7	Ecoliers pass. des	15
43	K14 S	Ecosse r. d'	5
32	J16	Ecouffes r. des	4
26	H4 S	Ecrivains-Combattants-Morts-pour-la-France sq.	16
35	J22 S	Ecuyers sentier des	20
22-21	E19-E18	Edgar-Poë r.	19
42	M12-M11	Edgar-Quinet bd	14
18	E11	Edimbourg r. d'	8
57-56	P17-P10	Edison av.	13
35	G22 S	Edith-Piaf pl.	20
27	H5	Edmond-About r.	16
45	M18 S	Edmond-Flamand r.	13
56	P15 N	Edmond-Gondinet r.	13
41	L10 S	Edmond-Guillout r.	15
32	H15	Edmond-Michelet pl.	4
40	L7	Edmond-Roger r.	15
43	L14 N	Edmond-Rostand pl.	6
54	R11	Edmond-Rousse r.	14
29-28	H9-H8	Edmond-Valentin r.	7
31	J14 N	Edouard-Colonne r.	1
17	D9	Edouard-Detaille r.	17
27-26	H5-H4	Edouard-Fournier r.	16
42	N11 N	Edouard-Jacques r.	14
48	M23	Edouard-Lartet r.	12
33	G18 S	Edouard-Lockroy r.	11
44	N16 S	Edouard-Manet r.	13
21-22	E18-D19	Edouard-Pailleron r.	19
44	M15	Edouard-Quénu r.	5
48	N23	Edouard-Renard pl.	12
47	N22-M21	Edouard-Robert r.	12
18	F12 S	Edouard-VII pl.	9
18	F12 S	Edouard-VII r.	9
37	M2-N1	Edouard-Vaillant av.	
		sans n°s	16
		n°s 23-fin, 18-fin	Boulogne
30-29	G11-G10	Edward-Tuck av.	8
23	D21-E21	Egalité r. de l'	19
32	J16 S	Eginhard r.	4
40	L7 S	Eglise imp. de l'	15
39-40	L6-L7	Eglise r. de l'	15
26	J4	Eglise-de-l'Assomption pl. de l'	16
48	L24	Elie-Faure r.	12
34	G20	Elisa-Borey r.	20
46	M20	Elisa-Lemonnier r.	12

Plan nº	Repère	Nom	Arrondissement	Plan nº	Repère	Nom	Arrondissement
28	J8 N	Elisée-Reclus av.	7	43	L14 S	Erasme r.	5
29	K10	El-Salvador pl.	7	8	D15 N	Erckmann-Chatrian r.	18
17-18	G10-F11	Elysée r. de l'	8	38	L3 N	Erlanger av.	16
22	G20 N	Elysée-Ménilmontant r.	20	38	L3	Erlanger r.	16
17	F9 S	Elysées-La Boétie galerie	8	38	L3 N	Erlanger villa	16
17	F9-G9	Elysées-Rond-Point galerie	8	38	L4 S	Ermitage av. de l'	16
				22-23	G20-F21	Ermitage r. de l'	20
17	F9	Elysées 26 galerie	8	22-23	F20-F21	Ermitage villa de l'	20
32	J16 N	Elzévir r.	3	42-54	N12 S	Ernest-Cresson r.	14
10	C19	Emélie imp.	19	43	M13 N	Ernest-Denis pl.	6
28-39	K7-K6	Emeriau r.	15	56	R16-R15	Ernest et H.-Rousselle r.	13
28	K8 N	Emile-Acollas av.	7	6	B11	Ernest-Goüin r.	17
16	D7	Emile-Allez r.	17	26	H4	Ernest-Hébert r.	16
27	J5-H5	Emile-Augier bd	16	8	C15	Ernestine r.	18
27-26	K5-K4	Emile-Bergerat av.	16	47	N22	Ernest-Lacoste r.	12
9	A17	Emile-Bertin r.	18	48	M23 N	Ernest-Lavisse r.	12
7	B14	Emile-Blémont r.	18	48	M23 N	Ernest-Lefébure r.	12
6	A11	Emile-Borel r.	17	23	G22 N	Ernest-Lefèvre r.	20
8	B15 S	Emile-Chaîne r.	18	29	J9	Ernest-Psichari r.	7
28-29	J8-J9	Emile-Deschanel av.	7	52-51	N7-P6	Ernest-Renan av.	15
44-56	N15 N	Emile-Deslandres r.	13	41	L9-L10	Ernest-Renan r.	15
23	E21	Emile-Desvaux r.	19	54	R11	Ernest-Reyer av.	14
55	R13	Emile-Deutsch-de-la-Meurthe r.	14	6	B11	Ernest-Roche r.	17
				9	B18 S	Escaut r. de l'	19
55	N13 S	Emile-Dubois r.	14	7	B14 N	Esclandon r.	18
41	L9-M9	Emile-Duclaux r.	15	59	P21 S	Escoffier r.	12
8	C16	Emile-Duployé r.	18	56-55	P15-R14	Espérance r. de l'	13
4	C8 S	Emile-et-Armand-Massard av.	17	44	N16	Esquirol r.	13
				44	M16	Essai r. de l'	5
54	R12 S	Emile-Faguet r.	14	23	F21 S	Est r. de l'	20
45	L18 N	Emile-Gilbert r.	12	57	R17	Este villa d'	13
7	D13 N	Emile-Goudeau pl.	18	48	K23 S	Esterel sq. de l'	12
35	H22 N	Emile-Landrin pl.	20	18	E12 S	d'Estienne-d'Orves pl.	9
35	H21 N	Emile-Landrin r.	20	43	L14	Estrapade pl. de l'	5
48	M23	Emile-Laurent av.	12	44-43	L15-L14	Estrapade r. de l'	5
34	J20	Emile-Lepeu r.	11	29	K10-K9	d'Estrées r.	7
57	R17 S	Emile-Levassor r.	13	16	G7-G8	Etats-Unis pl. des	16
6	B11	Emile-Level r.	17	6	C12	Etex r.	18
23	E21 N	Emile-Loubet villa	19	6	C12	Etex villa	18
44	L15	Emile-Mâle pl.	5	35	J21	Etienne-Delaunay pass.	11
15	G5 N	Emile-Ménier r.	16	22-34	G19-G20	Etienne-Dolet r.	20
38	M3	Emile-Meyer villa	16	6	C12 S	Etienne-Jodelle r.	18
35	G22 S	Emile-Pierre-Casel r.	20	32-31	H15-G14	Etienne-Marcel r. nos impairs 1er - nos pairs	2
28	J8 N	Emile-Pouvillon av.	7				
10	A20	Emile-Reynaud r. nos impairs	19	23-35	G22	Etienne-Marey r.	20
		nos pairs Aubervilliers		23-35	G22	Etienne-Marey villa	20
42	M12-N12	Emile-Richard r.	14	40	L7 S	Etienne-Pernet pl.	15
39-40	L5-L8	Emile-Zola av.	15	16	E8 S	Etoile r. de l'	17
40	L7 N	Emile-Zola sq.	15	33	K18 N	Etoile-d'Or cour de l'	11
45	K18 S	Emilio-Castelar r.	12	56	P15	Eugène-Atget r.	13
5-17	D10	Emmanuel-Chabrier sq.	17	6-7	C12-B13	Eugène-Carrière r.	18
39	L5-L6	Emmanuel-Chauvière r.	15	27	H5 N	Eugène-Delacroix r.	16
22-23	F20-F21	Emmery r.	20	4	C8 S	Eugène-Flachat r.	17
22	E20	Encheval r. de l'	19	7	A14 S	Eugène-Fournière r.	18
41	L10	Enfant-Jésus imp. de l'	15	40	N7-N8	Eugène-Gibez r.	15
42	M12	Enfer pass. d'	14	11-10	D21-C20	Eugène-Jumin r.	19
20	F15	Enghien r. d'	10	26	H4	Eugène-Labiche r.	16
40	L7	Entrepreneurs pass. des	15	23	E21 N	Eugène-Leblanc villa	19
39-40	L6-L7	Entrepreneurs r. des	15	27	H6 S	Eugène-Manuel r.	16
39	L6 N	Entrepreneurs villa des	15	27	H6 S	Eugène-Manuel villa	16
22	F20	Envierges r. des	20	40	M7 S	Eugène-Millon r.	15
44	M15 N	Epée-de-Bois r. de l'	5	57	P18-R18	Eugène-Oudiné r.	13
31	K14 N	Eperon r. de l'	6	42	N12 N	Eugène-Pelletan r.	14
6	B11-B12	Epinettes imp. des	17	27	K5	Eugène-Poubelle r.	16
42	L12 S	Epinettes pass. des	14	36	J23	Eugène-Reisz r.	20
6	B11	Epinettes pass. des	17	32-33	H16-G17	Eugène-Spuller r.	3
6	B11	Epinettes r. des	17	7-8	C14-C15	Eugène-Sue r.	18
22	F19 N	Equerre r. de l'	19	21	E17	Eugène-Varlin r.	10
46	L19	Erard imp.	12	23	E21	Eugénie-Cotton r.	19
46	L19-L20	Erard r.	12	46	L20	Eugénie-Eboué r.	12

20

Plan n°	Repère	Nom	Arrondissement
35	H21	Eugénie-Legrand r.	20
16	F8 S	Euler r.	8
22	G20 N	Eupatoria r. d'	20
42-54	N11 S	Eure r. de l'	14
18	E11	Europe pl. de l'	8
10	D19 N	Euryale-Dehaynin r.	19
8-9	C16-B18	Evangile r. de l'	18
24	F23	Evariste-Galois r.	20
35	G22 S	Eveillard imp.	20
10	C19	Evette r.	19
38	M4-L3	Exelmans bd	16
17	J9 N	Exposition r. de l'	7
27	H6-G6	Eylau av. d'	16
16	F7 S	Eylau villa d'	16

f

Plan n°	Repère	Nom	Arrondissement
29	H10-J10	Fabert r.	7
47	L21 N	Fabre-d'Eglantine r.	12
33	G18	Fabriques cour des	11
44-56	N16 S	Fagon r.	13
34	K19-J19	Faidherbe r.	11
15-27	F5-G5	Faisanderie r. de la	16
7	B13 N	Falaise cité	18
35	G22	Falaises villa des	20
7	C14 S	Falconet r.	18
41	M10 N	Falguière cité	15
41	N10 N	Falguière pl.	15
42-41	L11-M10	Falguière r.	15
40	K7 S	Fallempin r.	15
38	M4	Fantin-Latour r.	16
16	D7 S	Faraday r.	17
21	G17-F18	Faubourg-du-Temple r. du n°s impairs 10e - n°s pairs	11
19	F14-E13	Faubg-Montmartre r. du	9
20	F15-D15	Faubg-Poissonnière r. du n°s impairs 9e - n°s pairs	10
33-47	K18-K21	Faubourg-St-Antoine r. du n°s impairs 11e - n°s pairs	12
20	F15-D16	Faubourg-St-Denis r. du	10
18-16	E11-E8	Faubourg-St-Honoré r. du	8
43	M13-N13	Faubourg-St-Jacques r. du	14
20-21	G16-D17	Faubourg-St-Martin r. du	10
22	F20	Faucheur villa	20
32	K16-J16	Fauconnier r. du	4
27	H5 S	Faustin-Hélie r.	16
6	C12	Fauvet r.	18
19	F13 S	Favart r.	2
41	M9	Favorites r. des	15
47	N21-M22	Fécamp r. de	12
28	J7-K8	Fédération r. de la	15
31	K13	Félibien r.	6
27-39	K5 S	Félicien-David r.	16
56	S15 N	Félicien-Rops av.	13
5	D9-C10	Félicité r. de la	17
37	N2 N	Félix d'Hérelle av.	16
47	M21	Félix-Eboué pl.	12
40-39	L7-M5	Félix-Faure av.	15
39	M6	Félix-Faure r.	15
23	E21 S	Félix-Faure villa	19
47	K22 S	Félix-Huguenet r.	20
6	B12	Félix-Pécaut r.	18
36	J23 N	Félix-Terrier r.	20
34	J20 N	Félix-Voisin r.	11
7	C13	Félix-Ziem r.	18
19	E14	Fénelon cité	9
20	E15	Fénelon r.	10
40	M8	Fenoux r.	15
44	M16-M15	Fer-à-Moulin r. du	5
42-54	N12 S	Ferdinand-Brunot pl.	14
37	N2-M2	Ferdinand-Buisson av.	16
59	N21 S	Ferdinand-de-Béhagle r.	12
32	J16	Ferdinand-Duval r.	4
40	M8	Ferdinand-Fabre r.	15
2	C14 N	Ferdinand-Flocon r.	18
35	K22-J22	Ferdinand-Gambon r.	20
16	E7	Férembach cité	17
42	N12-M11	Fermat pass.	14
42	N12 N	Fermat r.	14
20	E16-E15	Ferme-St-Lazare cour	10
20	E16 S	Ferme-St-Lazare pass.	10
31	H14 N	Fermes cour des	1
5	C10 S	Fermiers r. des	17
5-4	C9-C8	Fernand-Cormon r.	17
5-17	D10	Fernand-de-la-Tombelle sq.	17
39	K6	Fernand-Forest pl.	15
48	L23 N	Fernand-Foureau r.	12
7	A14 S	Fernand-Labori r.	18
34	H20 N	Fernand-Léger r.	20
6	A11 S	Fernand-Pelloutier r.	17
56	S16 N	Fernand-Widal r.	13
43	K13	Férou r.	6
32-31	H15-H14	Ferronnerie r. de la	1
55	N14-P14	Ferrus r.	14
22	E20-E19	Fessart r.	19
22	E21 S	Fêtes pl. des	19
22	E20	Fêtes r. des	19
43	M14 N	Feuillantines r. des	5
7	D14-C14	Feutrier r.	18
19	F14 S	Feydeau galerie	2
19	F14-G13	Feydeau r.	2
20	F16 N	Fidélité r. de la	10
32	J16 S	Figuier r. du	4
33	H17	Filles-du-Calvaire bd des n°s impairs 3e - n°s pairs	
33	H17	Filles-du-Calvaire r. des	3
19	G13 N	Filles-St-Thomas r. des	2
9	A17	Fillettes imp. des	18
9	B17	Fillettes r. des	18
29	H10	Finlande pl. de	7
6	B12	Firmin-Gémier r.	18
40-52	N7 S	Firmin-Gillot r.	15
53	N9-P9	Fizeau r.	15
9	C18 S	Flandre pass. de	19
9-10	D17-B19	Flandre r. de	19
27-15	G5-F5	Flandrin bd	16
43	M14 S	Flatters r.	5
19	E13 S	Fléchier r.	9
6	C11-B11	Fleurs cité des	17
6	B12 N	Fleurs imp. des	17
32	K15-J15	Fleurs quai aux	4
42	L12 N	Fleurus r. de	6
20	D15	Fleury r.	18
55	R14	Florale cité	13
26-38	K4	Flore villa	16
6	A11	Floréal r.	17

21

Plan n°	Repère	Nom	Arrondissement
18	D12 S	Florence r. de	8
27-39	K5	Florence-Blumenthal r.	16
22	E20	Florentine cité	19
38	L4 N	Florentine-Estrade cité	16
35	J22-H22	Florian r.	20
53	N10 S	Florimont imp.	14
6	B12 N	Flourens pass.	17
16-15	F7-F5	Foch av.	16
33	J17	Foin r. du	3
33-21	H18-G17	Folie-Méricourt r. de la	11
34	H20	Folie-Regnault pass.	11
34	J20-H20	Folie-Regnault r. de la	11
40	K7-L8	Fondary r.	15
40	L8 N	Fondary villa	15
33	G18	Fonderie pass. de la	11
46	M20 S	Fonds-Verts r. des	12
19	E13-D13	Fontaine r.	9
56	R15	Fontaine-à-Mulard r. de la	13
21-22	G17-G19	Fontaine-au-Roi r. de la	11
10-11	D20	Fontainebleau allée de	19
7	C13	Fontaine-du-But r. de la	18
32	G16 S	Fontaines-du-Temple r. des	3
35	J22 N	Fontarabie r. de	20
22	E20 N	Fontenay villa de	19
29	K9	Fontenoy pl. de	7
10	A20	Forceval r.	19
6	D12 N	Forest r.	18
33	H17 N	Forez r. du	3
34	K19	Forge-Royale r. de la	11
20-32	G15	Forges r. des	2
5-4	B9-B8	Fort-de-Vaux bd du	17
17	F9	Fortin imp.	8
17	D9 S	Fortuny r.	17
44	K16-L15	Fossés-St-Bernard r. des	5
43	L14	Fossés-St-Jacques r. des	5
44	M16	Fossés-St-Marcel r. des	5
32	K15	Fouarre r. du	5
56	R15-P15	Foubert pass.	13
28	H8 N	Foucault r.	16
24	F23	Fougères r. des	20
31-30	K13-K12	Four r. du	6
40	M8 S	Fourcade r.	15
16	E8-D8	Fourcroy r.	17
32	J16 S	Fourcy r. de	4
6	C11	Fourneyron r.	17
19	D14	Foyatier r.	18
5	B10	Fragonard r.	17
32	H15-G15	Française r. n°s 1-5, 2-6	1
		n°s 7-fin, 8-fin	2
33	G17 S	Franche-Comté r. de	3
34	J19 S	Franchemont imp.	11
8	C16	Francis-Carco r.	18
7	A14	Francis-de-Croisset r.	18
56	S15	Francis-de-Miomandre r.	13
41	N10	Francis-de-Pressensé r.	14
6	A12 S	Francis-Garnier r.	17
43	K13 S	Francis-Poulenc sq.	6
31	K14 N	Francisque-Gay r.	6
27	H6 S	Francisque-Sarcey r.	16
57	R18 S	Franc-Nohain r.	13
7	C14	Francœur r.	18
41	L9	François-Bonvin r.	15
40	M7	François-Coppée r.	15
34	J19	François-de-Neufchâteau r.	11
38	K4 S	François-Gérard r.	16
27-39	K5	François-Millet r.	16
32	J15-J16	François-Miron r.	4
40	M7	François-Mouthon r.	15
22	D20 S	François-Pinton r.	19
27	J5-H5	François-Ponsard r.	16
29	G9 S	François-Ier pl.	8
29-16	G9-F8	François-Ier r.	8
40	M8 S	François-Villon r.	15
28	H8	Franco-Russe av.	7
33-32	J17-H16	Francs-Bourgeois r. des n°s impairs 4e - n°s pairs	3
27	H6 S	Franklin r.	16
29-17	G10-F10	Franklin-D.-Roosevelt av.	8
41	N9	Franquet r.	15
27-26	H5-H4	Franqueville r. de	16
20	E15	Franz-Liszt pl.	10
23	D21 S	Fraternité r. de la	19
17	F9	Frédéric-Bastiat r.	8
6	A12 S	Frédéric-Brunet r.	17
22-23	F20-F21	Frédérick-Lemaître r.	20
29	J9 S	Frédéric-Le-Play av.	7
47	K22 S	Frédéric-Loliée r.	20
40	L7-M7	Frédéric-Magisson r.	15
39	M6	Frédéric-Mistral r.	15
23	E21-E22	Frédéric-Mourlon r.	19
32	K15	Frédéric-Sauton r.	5
7	A13 S	Frédéric-Schneider r.	18
41	N9 N	Frédéric-Vallois sq.	15
40	L8-K8	Frémicourt r.	15
27	J6 N	Frémiet av.	16
35	J22	Fréquel pass.	20
57	R17	Frères-d'Astier-de-la Vigerie r. des	13
24	F23-E23	Frères-Flavien r. des	20
40	L7-M7	Frères-Morane r. des	15
28	H8-G8	Frères-Périer r. des	16
50-51	P4-P5	Frères-Voisin allée des	15
50-51	P4-P5	Frères-Voisin bd des	15
28	H8-H7	Fresnel r.	16
28	G8 S	Freycinet r.	16
54	P12-R11	Friant r.	14
17-16	F9-F8	Friedland av. de	8
19	E13-D13	Frochot av.	9
19	E13-D13	Frochot r.	9
42	N12-M11	Froidevaux r.	14
33	H17	Froissart r.	3
33	J18 N	Froment r.	11
19	D13 S	Fromentin r.	9
45	M18 S	Fulton r.	13
31	J13 S	de Furstemberg r.	6
54	P11 N	Furtado-Heine r.	14
43	M13-M14	Fustel-de-Coulanges r.	5

Abréviations	av. : avenue	pl. : place
Abbreviations	bd : boulevard	pte : porte
Abkürzungen	carr. : carrefour	r. : rue
Abreviaturas	imp. : impasse	rd-pt : rond-point
	pass. : passage	sq. : square

g

Plan nº	Repère	Nom	Arrondissement
48	L23	Gabon r. du	12
30-17	G11-G10	Gabriel av.	8
17	D10	Gabriel-Fauré sq.	17
46	N20 N	Gabriel-Lamé r.	12
20	F19	Gabriel-Laumain r.	10
7	D14-D13	Gabrielle r.	18
42	L11 S	Gabrielle villa	15
22	F19	Gabrielle-d'Estrées allée	19
18	F11 N	Gabriel-Péri pl.	8
32	G16 S	Gabriel-Vicaire r.	3
41	M9 S	Gager-Gabillot r.	15
23	F22-E22	Gagliardini villa	20
19	G13 N	Gaillon pl.	2
19	G13 N	Gaillon r.	2
42	M11-M12	Gaîté imp. de la	14
42	M11	Gaîté r. de la	14
32-31	K15-K14	Galande r.	5
16	G7-F8	Galilée r. nºˢ 1-53 - 2-50	16
		nºˢ 55-fin - 52-fin	8
35	J22-H22	Galleron r.	20
28	G8 S	Galliera r. de	16
16	D7	Galvani r.	17
34-23	H20-E22	Gambetta av.	20
23	F22	Gambetta pass.	20
23	F22	Gambetta petite-imp.	20
35	G21 S	Gambetta pl.	20
33	G18 S	Gambey r.	11
56	R16-S16	Gandon r.	13
56	R16-S16	Gandon ruelle	13
6	D12-C12	Ganneron r.	18
31-43	K13	Garancière r.	6
8	D15-C15	Gardes r. des	18
46-45	N19-M18	Gare port de la	13
58	P19-20	Gare porte de la	13
58-45	P19-M18	Gare quai de la	13
9	A18	Gare r. de la	19
47	M21-L21	Gare-de-Reuilly r. de la	12
41	L9	Garibaldi bd	15
38	M4	Garigliano pont du	16-15
42	L11	Garnier imp.	15
7	D13 N	Garreau r.	18
36	J23 S	Gascogne sq. de la	20
35	G21 S	Gasnier-Guy r.	20
42	N12	Gassendi r.	14
53	P10	Gaston-Bachelard allée	14
16	E7	Gaston-Bertandeau sq.	17
52	P8-P7	Gaston-Boissier r.	15
7	C14	Gaston-Couté r.	18
9	A18-A17	Gaston-Darboux r.	18
27-39	K6	Gaston-de-Caillavet r.	15
28	H8-G8	Gaston-de-St-Paul r.	16
22	D20 S	Gaston-Pinot r.	19
9	B18	Gaston-Tessier r.	19
9	A17	Gaston-Tissandier r.	18
46	L19	Gatbois pass.	12
35	G21 S	Gâtines r. des	20
34	G19 S	Gaudelet imp.	11
55	P13 S	Gauguet r.	14
4	C8	Gauguin r.	17
6	C11-B11	Gauthey r.	17
22	F19-E19	Gauthier pass.	11
27	J6-H6	Gavarni r.	16
43	L14-M14	Gay-Lussac r.	5
55	R14	Gazan r.	14
17	D10-D11	Geffroy-Didelot pass.	17

Plan nº	Repère	Nom	Arrondissement
15	E5-F5	Général-Anselin r. du	16
15	G5 N	Général-Appert r. du	16
48	M23	Général-Archinard r. du	12
27	J5	Général-Aubé r. du	16
38	L3	Général-Balfourier av. du	16
28	K8	Général-Baratier r. du	15
41	K10-L10	Général-Bertrand r. du	7
41	M9 N	Général-Beuret pl. du	15
41-40	M9-M8	Général-Beuret r. du	15
34	H19	Général-Blaise r. du	11
17	E9	Général-Brocard pl. du	8
22-23	E20-D21	Général-Brunet r. du	19
28	H8 S	Général-Camou r. du	7
17	D10	Général-Catroux pl. du	17
38	N3 N	Général-Clavery av. du	16
15	G6-F6	Général-Clergerie r. du	16
11	D21 N	Général-Cochet pl. du	19
28-40	K8	Général-de-Castelnau r. du	15
59-58	P21-P20	Gén.-de-Langle-de-Cary r.	12
28-40	K8	Général-de-Larminat r. du	15
38-37	L3-M2	Général-Delestraint r. du	16
53	R10 N	Général-de-Maud'huy r. du	14
28	J8-K8	Général-Détrie av. du	7
47	N22	Général-Dodds av. du	12
26	J4 S	Général-Dubail av. du	16
29	G10	Général-Eisenhower av. du	8
39	L6	Général-Estienne r. du	15
18-17	E11-E10	Général-Foy r. du	8
28	J8 N	Général-Gouraud pl. du	7
38	M3 S	Général-Grossetti r. du	16
34	H19	Général-Guilhem r. du	11
52	P7	Général-Guillaumat r. du	15
6	B12 N	Général-Henrys r. du	17
53	P9 S	Général-Humbert r. du	14
15	D6-E6	Général-Koenig pl. du	17
28	J8-J7	Général-Lambert r. du	7
27	H5 N	Général-Langlois r. du	16
16	E7 S	Général-Lanrezac r. du	17
47-48	N22-N23	Général-Laperrine av. du	12
38	K4 S	Général-Largeau r. du	16
22	F19 N	Général-Lasalle r. du	19
42-54	N12-R12	Général-Leclerc av. du	14
30	H12	Général-Lemonnier av. du	1
38-39	M4-N5	Général-Lucotte r. du	15
53	R10 N	Général-Maistre av. du	14
38	M3-N3	Général-Malleterre r. du	16
27	J6 S	Général-Mangin av. du	16
48	M23 S	Général-Messimy av. du	12
47	N21-M22	Général-Michel-Bizot av.	12
41	N9	Général-Monclar pl. du	15
48	L23-K23	Général-Niessel r. du	20
38	M3 S	Général-Niox r. du	16
15-16	E6-E7	Général-Patton pl. du	16
34	H19	Général-Renault r. du	11
37	M2	Général-Roques r. du	16
38-39	M4-N5	Général-San-Martin av. du	19
37	L2	Général-Sarrail av. du	16
53	P10 S	Gén.-Séré-de-Rivières r.	14
37	M2	Général-Stéfanik r. du	16
28	J8 S	Général-Tripier av. du	7
24	E23	Général-Zarapoff sq. du	19
22	F19 S	Gênes cité de	20
46	K20 S	Génie pass. du	12
55	S14	Gentilly porte de	13
36-35	G23-G22	Géo-Chavez r.	20

23

Plan n°	Repère	Nom	Arrondissement
32	H15	Geoffroy-l'Angevin r.	4
32	J16 S	Geoffroy-l'Asnier r.	4
19	F14	Geoffroy-Marie r.	9
44	M16-L16	Geoffroy-St-Hilaire r.	5
28-16	G8-F8	George-V av.	8
56	P16	George-Eastman r.	13
36	J23 S	Georges-Ambroise-Boisselat-et-Blanche cité	20
26-38	K4 S	George-Sand r.	16
26-38	K4	George-Sand villa	16
17	E10-D10	Georges-Berger r.	17
43	M13	Georges-Bernanos av.	5
18	F12 N	Georges-Berry pl.	9
16-28	G8	Georges-Bizet r.	16
55	R13	Georges-Braque r.	14
40	K7 S	Georges-Citerne r.	15
47	M21-N21	Georges-Contenot sq.	12
54	R12 S	Georges-de-Porto-Riche r.	14
44	M15 N	Georges-Desplas r.	5
16-17	F8-F9	Georges-Guillaumin pl.	8
53	P10-R9	Georges-Lafenestre av.	14
37	M2-N2	Georges-Lafont av.	16
21-22	E18-E19	Georges-Lardennois r.	19
45	L17 N	Georges-Lesage sq.	12
26	H4	Georges-Leygues r.	16
27	H6-H5	Georges-Mandel av.	16
41	L10 N	Georges-Mulot pl.	15
41	N10	Georges-Pitard r.	15
32	H15	Georges-Pompidou pl.	4
38-58	M4-P20	Georges-Pompidou voie	16
21	E18	Georges-Récipon allée	19
38	M3	Georges-Risler av.	16
22	G19 N	Georges-Rouault allée	20
54	N11 S	Georges-Saché r.	14
16	F7 S	Georges-Ville r.	16
7	B13	Georgette-Agutte r.	18
23	F21	Georgina villa	20
19	D14 S	Gérando r.	9
56	P15 N	Gérard pass.	13
56	P15	Gérard r.	13
7	A13	Gérard-de-Nerval r.	18
26	G4	Gérard-Philipe r.	16
40	M8	Gerbert r.	15
34	J20 N	Gerbier r.	11
41	N10	Gergovie pass. de	14
41-54	N10-P11	Gergovie r. de	14
38	K3 S	Géricault r.	16
19	D13	Germain-Pilon cité	18
19	D13	Germain-Pilon r.	18
4	C8 S	Gervex r.	17
32	J15	Gesvres quai de	4
45	M18 S	Giffard r.	13
7	A14	Ginette-Neveu r.	18
39-40	K6-L7	Ginoux r.	15
54	P11 S	Giordano-Bruno r.	14
7	C13 S	Girardon imp.	18
7	C13	Girardon r.	18
38	K3 S	Girodet r.	16
10	B20-A19	Gironde quai de la	19
31	J14 S	Git-le-Cœur r.	6
43-55	M14-P14	Glacière r. de la	13
24	E23	Glaïeuls r. des	20
19-18	F13-F12	Gluck r.	9
55	R14	Glycines r. des	13
44-56	M15-N16	Gobelins av. des n°s 1-23 - 2-22	5
		n°s 25-fin - 24-fin	13
44	N16-N15	Gobelins cité des	13
44	N15 N	Gobelins r. des	13
44	N15	Gobelins villa des	13

Plan n°	Repère	Nom	Arrondissement
34	J19	Gobert r.	11
56	N16 S	Godefroy r.	13
34	J19	Godefroy-Cavaignac r.	11
35	H22 S	Godin villa	20
18	F12 S	Godot-de-Mauroy r.	9
28	G8 S	Gœthe r.	16
9-21	D17 N	Goix pass.	19
18	G12	Gomboust imp.	1
19-31	G13	Gomboust r.	1
21	G18 N	Goncourt r. des	11
34-46	K20	Gonnet r.	11
37	L2 N	Gordon-Bennett av.	16
47	M22	Gossec r.	12
35-47	K22 S	Got sq.	20
10-22	D20	Goubet r.	19
16	D8	Gounod r.	17
4	D8-C8	Gourgaud av.	17
56	R15 S	Gouthière r.	13
8-20	D15	Goutte-d'Or r. de la	18
16-15	D7-E6	Gouvion-St-Cyr bd	17
15-16	D6-D7	Gouvion-St-Cyr sq.	17
31	J13 S	Gozlin r.	6
21	F18	Grâce-de-Dieu cour de la	10
44	M15-L15	Gracieuse r.	5
16-15	D7-D6	Graisivaudan sq. du	17
40	L8	Gramme r.	15
19	G13-F13	de Gramont r.	2
42	N12	de Grancey r.	14
32	G15 S	Grand-Cerf pass. du	2
28	K8	Grande-Allée	15
16-15	F7-E6	Grande-Armée av. de la n°s impairs 16° - n°s pairs	17
16	E7 S	Grande-Armée villa de la	17
42	L12-M12	Grande-Chaumière r. de la	6
32	H15 N	Grande-Truanderie r. de la	1
28	K8	Grand'Place	15
33	G17 S	Grand-Prieuré r. du	11
31	J14	Grands-Augustins quai des	6
31	J14 S	Grands-Augustins r. des	6
35-36	K21-K23	Grands-Champs r. des	20
32	K15	Grands-Degrés r. des	5
43	N14 N	Grangé sq.	13
21	F17-E18	Grange-aux-Belles r. de la	10
19	F14	Grange-Batelière r. de la	9
47	N21 N	Gravelle r. de	12
32	H16 N	Gravilliers pass. des	3
32	H16-G15	Gravilliers r. des	3
18	F12	Greffulhe r.	8
31	J13-K13	Grégoire-de-Tours r.	6
11	C21	Grenade r. de la	19
28-40	J7-K8	Grenelle bd de	15
27-39	K5-K6	Grenelle pont de	16-15
28-27	J7-K6	Grenelle port de	15
28-27	J7-K6	Grenelle quai de	15
30-29	K12-J9	Grenelle r. de n°s 1-7 - 2-10	6
		n°s 9-fin - 12-fin	7
40	K7 S	Grenelle villa de	15
32	G15 S	Greneta cour	2
32	G15 S	Greneta r. n°s 1-15 - 2-10	2
		n°s 17-fin - 12-fin	3
32	H15 N	Grenier-St-Lazare r. du	3
32	J16 S	Grenier-sur-l'Eau r. du	4
35	H22 S	Grés pl. des	20
10	C19 N	Gresset r.	19
19	F13 S	Grétry r.	2
27	H6-G6	Greuze r.	16
30	J12	Gribeauval r. de	7
44	M16-M15	Gril r. du	5
22	D20 S	Grimaud imp.	19
41	K9 S	Grisel imp.	15

24

Plan n°	Repère	Nom	Arrondissement
34	G19	**Griset cité**	11
35	J22	**Gros imp.**	20
27-39	K5	**Gros r.**	16
29	H9 *N*	**Gros-Caillou port du**	7
29	J9 *N*	**Gros-Caillou r. du**	7
7	B14-B13	**Grosse-Bouteille imp.**	18
23	G22-F22	**Groupe-Manouchian r. du**	20
9-8	C17-C16	**Guadeloupe r. de la**	18
18	E11 *S*	**Guatemala pl. du**	8
38	M3 *S*	**Gudin r.**	16
8	B16 *N*	**Gué imp. du**	18
24	F23	**de Guébriant r.**	20
19	D13	**Guelma imp. de**	18
33	J17 *S*	**Guéménée imp.**	4
31	J13	**Guénégaud r.**	6
34	K20	**Guénot pass.**	11
35-34	K21-K20	**Guénot r.**	11
32	G15	**Guérin-Boisseau r.**	2
16	E7-D7	**Guersant r.**	17
28	K8 *N*	**du Guesclin pass.**	15
28	K8 *N*	**du Guesclin r.**	15
27	H5	**Guibert villa**	16
27	J5-H5	**Guichard r.**	16
23	F21 *S*	**Guignier pl. du**	20
23	F21 *S*	**Guignier r. du**	20
34	H19	**Guilhem pass.**	11
31	J13 *S*	**Guillaume-Apollinaire r.**	6
34	H19 *N*	**Guillaume-Bertrand r.**	11
16	D7-D8	**Guillaume-Tell r.**	17
46-45	L19-L18	**Guillaumot r.**	12
42-41	N11-N10	**Guilleminot r.**	14
32	J16 *N*	**Guillemites r. des**	4
31	K13 *N*	**Guisarde r.**	6
16	E7	**Guizot villa**	16
15	D6-E6	**Gustave-Charpentier r.**	17
28	H7	**Gustave-V-de-Suède av.**	16
27	G6	**Gustave-Courbet r.**	16
5	D9-C9	**Gustave-Doré r.**	17
28	J7-J8	**Gustave-Eiffel av.**	7
16	D8 *S*	**Gustave-Flaubert r.**	17
44	N15 *N*	**Gustave-Geffroy r.**	13
20	F16 *S*	**Gustave-Goublier r.**	10
40	L8 *S*	**Gustave-Larroumet r.**	15
54	R11	**Gustave-Le Bon r.**	14
34	J20	**Gustave-Lepeu pass.**	11
27	H5 *S*	**Gustave-Nadaud r.**	16
7	B14 *N*	**Gustave-Rouanet r.**	18
19	E13	**Gustave-Toudouze pl.**	9
27	J5	**Gustave-Zédé r.**	16
39	L6-M5	**Gutenberg r.**	15
5	B10	**Guttin r.**	17
48	N23-M23	**Guyane bd de la**	12
44	L16	**Guy-de-la-Brosse r.**	5
27	H5 *S*	**Guy-de-Maupassant r.**	16
36	J23	**Guyenne sq. de la**	20
6	C11-B12	**Guy-Môquet r.**	17
43	K13-L13	**Guynemer r.**	6
20	D15 *S*	**Guy-Patin r.**	10
56	R15 *N*	**Guyton-de-Morveau r.**	13

h

Plan n°	Repère	Nom	Arrondissement
9	A18	**Haie-Coq r. de la**	19
35	J22 *S*	**Haies pass. des**	20
35	K21-J22	**Haies r. des**	20
10	D20-C20	**Hainaut r. du**	19
19	F13	**Halévy r.**	9
55-54	P13-P12	**Hallé r.**	14
54	P12-N12	**Hallé villa**	14
31	H14 *S*	**Halles r. des**	1
40-39	N7-N6	**Hameau r. du**	15
16-28	G7	**Hamelin r.**	16
19	F13 *S*	**Hanovre r. de**	2
35	H22	**Hardy villa**	20
31	J14	**de Harlay r.**	1
53	N9 *S*	**Harmonie r. de l'**	15
31	K14 *N*	**Harpe r. de la**	5
36	J23	**Harpignies r.**	20
22	E19	**Hassard r.**	19
32	H16	**Haudriettes r. des**	3
19-17	F13-F9	**Haussmann bd**	
		n°s 1-53 - 2-70	9
		n°s 55-fin - 72-fin	8
31	K14 *N*	**Hautefeuille imp.**	6
31	K14 *N*	**Hautefeuille r.**	6
22	D20 *S*	**Hauterive villa d'**	19
57	P17	**Hautes-Formes imp. des**	13
20	E15 *S*	**d'Hauteville cité**	10
20	F15-E15	**d'Hauteville r.**	10
32	K15	**Haut-Pavé r. du**	5
10	D20 *N*	**d'Hautpoul imp.**	19
10-22	E20-C20	**d'Hautpoul r.**	19
18	E12 *S*	**Havre cour du**	8
18	F12 *N*	**Havre pass. du**	9
18	E12-F12	**Havre pl. du** n^{os} impairs	8
		n^{os} pairs	9
18	F12 *N*	**Havre r. du**	
		n^{os} impairs	8
		n^{os} pairs	9
23-24	G22-G23	**Haxo imp.**	20
23	G22-E22	**Haxo r.** n°s 1-113, 2-110	20
		n°s 115-fin, 112-fin	19
9	B17	**Hébert pl.**	18
21	F18	**Hébrard pass.**	10
46	L19 *S*	**Hébrard ruelle des**	12
45	L18	**Hector-Malot r.**	12
6	C12 *S*	**Hégésippe-Moreau r.**	18
19	F13	**Helder r. du**	9
6	D12-D11	**Hélène r.**	17
16-4	D7 *N*	**Héliopolis r. d'**	17
46	L19	**Hennel pass.**	12
19	E13 *N*	**Henner r.**	9
54	R12	**Henri-Barboux r.**	14
43	L13-M13	**Henri-Barbusse r.**	
		n°s 1-53, 2-60	5
		n°s 55-fin, 62-fin	14
55	R14 *N*	**Henri-Becque r.**	13
18	E11 *S*	**Henri-Bergson pl.**	8
40	M7 *N*	**Henri-Bocquillon r.**	15
7	A13 *S*	**Henri-Brisson r.**	18
22	G20-F20	**Henri-Chevreau r.**	20
26	H4	**Henri-de-Bornier r.**	16
54	N12 *S*	**Henri-Delormel sq.**	14
23	F22	**Henri-Dubouillon r.**	20
40	L7 *N*	**Henri-Duchêne r.**	15
5-17	D10	**Henri-Duparc sq.**	17

25

Plan n°	Repère	Nom	Arrondissement
36	H23	Henri-Duvernois r.	20
21	F18 N	Henri-Feulard r.	10
15	F5	Henri-Gaillard pass.	16
26	K4 N	Henri-Heine r.	16
7-6	A13-A12	Henri-Huchard r.	18
27-26	H5-H4	Henri-Martin av.	16
29	H9	Henri-Moissan r.	7
31	K13 N	Henri-Mondor pl.	6
19	E13 N	Henri-Monnier r.	9
21	E18	Henri-Murger r.	19
56	R16-R15	Henri-Pape r.	13
23	G22-F22	Henri-Poincaré r.	20
32-33	K16-K17	Henri-IV bd	4
31	H13 N	Henri-IV pass.	1
45-32	L17-K16	Henri-IV port	4
45-32	L17-K16	Henri-IV quai	4
41	L10	Henri-Queuille pl.	15
34	J20-H20	Henri-Ranvier r.	11
54	R12 N	Henri-Regnault r.	14
23	E21	Henri-Ribière r.	19
31	J14	Henri-Robert r.	1
17	D9 S	Henri-Rochefort r.	17
40	N7 N	Henri-Rollet pl.	15
21	E18 S	Henri-Turot r.	19
26	J3	Henry-Bataille sq.	16
53	R10 N	Henry-de-Bournazel r.	14
31	K13	Henry-de-Jouvenel r.	6
38	N3	Henry-de-La-Vaulx r.	16
30	H12	Henry-de-Montherlant pl.	7
38-39	K4-K5	Henry-Paté sq.	16
6	A11	Hérault-de-Séchelles r.	17
39	K6 S	Héricart r.	15
8	B15	Hermann-Lachapelle r.	18
7	C14 N	Hermel cité	18
7	C14-B14	Hermel r.	18
31	G14 S	Herold r.	1
21	F17 N	Héron cité	10

Plan n°	Repère	Nom	Arrondissement
27	G6 S	Herran r.	16
27	G5 S	Herran villa	16
43	L13 S	Herschel r.	6
41	M9 S	Hersent villa	15
19	E14-E13	Hippolyte-Lebas r.	9
42-54	N11-P11	Hippolyte-Maindron r.	14
31	J14 S	Hirondelle r. de l'	6
20	F16 S	Hittorff cité	10
20	F16	Hittorff r.	10
21-22	E18-E19	Hiver cité	19
17-16	E9-F8	Hoche av.	8
43-42	K13-K12	Honoré-Chevalier r.	6
45-44	L17-N16	Hôpital bd de l'	
		n°s 1-fin, 44-fin	13
		n°s 2-42	5
21	F17 N	Hôpital-St-Louis r. de l'	10
31	J14	Horloge quai de l'	1
32	H15	Horloge-à-Automates pass. de l'	3
32	J16 N	Hospitalières-St-Gervais r.	4
32	J16	Hôtel-d'Argenson imp.	4
32	K15	Hôtel-Colbert r. de l'	5
32	J15	Hôtel-de-Ville pl. de l'	4
32	K16-J15	Hôtel-de-Ville port de l'	4
32	J16-J15	Hôtel-de-Ville quai de l'	4
32	J16-J15	Hôtel-de-Ville r. de l'	4
33	J17 S	Hôtel-St-Paul r. de l'	4
34	H20 N	Houdart r.	20
40	M7	Houdart-de-Lamotte r.	15
19	D13	Houdon r.	18
40	M8	Hubert-Monmarché pl.	15
31	K14 N	Huchette r. de la	5
20	E16 S	Huit-Mai-1945 r. du	10
31	G13 S	Hulot pass.	1
28	K7	Humblot r.	15
42	M12 N	Huyghens r.	14
42	L12 S	Huysmans r.	6

i

Plan n°	Repère	Nom	Arrondissement
36	G23	Ibsen av.	20
28-16	H7-F8	Iéna av. d'	16
28	G7	Iéna pl. d'	16
28	H7	Iéna pont d'	16-7
32	H15	Igor-Stravinsky pl.	4
35	J22-J21	Ile-de-France imp. de l'	20
43	N13	Ile-de-Sein pl. de l'	14
35-47	K21 S	Immeubles-Industriels r.	11
23-11	D21-C21	Indochine bd d'	19
35	H22	Indre r. de l'	20
34	G19 S	Industrie cité de l'	11
34	K20	Industrie cour de l'	11
20	F16-F15	Industrie pass. de l'	10
56	R16	Industrie r. de l'	13
34	J19-H19	Industrielle cité	11
39	K6-L6	Ingénieur-Robert-Keller r.	15
26	J4 N	Ingres av.	16
32-31	H15-H14	Innocents r. des	1
23	E21	Inspecteur-Allès r. de l'	19
31	J13 N	Institut pl. de l'	6
52	P7	Insurgés-de-Varsovie pl.	15
18	E12 S	Intérieure r.	8
56	R15	Interne-Loeb r. de l'	13
29-41	J10-L10	Invalides bd des	7

Plan n°	Repère	Nom	Arrondissement
29	H10	Invalides esplanade des	7
29	J10 N	Invalides pl. des	7
29	H10 N	Invalides pont des	8-7
35-36	G22-G23	Irénée-Blanc r.	20
55	R14	Iris r. des	13
23	E22	Iris villa des	19
43	L14	Irlandais r. des	5
38	K3 S	Isabey r.	16
20	D15	Islettes r. des	18
18	F12 N	Isly r. de l'	8
5	D9 N	Israël pl. d'	17
38	N4	Issy quai d'	15
39	N6	Issy-l.-Moulineaux pte d'	15
38	M4-N4	Issy-l.-Moulineaux qu. d'	15
56	P16-S16	Italie av. d'	13
56	N16 S	Italie pl. d'	13
56	S16	Italie porte d'	13
56	R16-R15	Italie r. d'	13
19	F13	Italiens bds des n°s impairs	2
		n°s pairs	9
19	F13	Italiens r. des	9
57-56	R17-P16	Ivry av. d'	13
57	S18 N	Ivry porte d'	13
58	P20 S	Ivry quai d'	13

26

Plan nº	Repère	Nom	Arrondissement
31	J13	Jacob r.	6
33	G18 S	Jacquard r.	11
6	C11 S	Jacquemont r.	17
6	C11 S	Jacquemont villa	17
30	H11-J11	Jacques-Bainville pl.	7
53	P9	Jacques-Baudry r.	15
17	D10	Jacques-Bingen r.	17
20	F16 S	Jacques-Bonsergent pl.	10
31	J13	Jacques-Callot r.	6
6	B12	Jacques-Cartier r.	18
33	K17 N	Jacques-Cœur r.	4
31	K13-J13	Jacques-Copeau pl.	6
6	C12 N	Jacques-Froment pl.	18
3-4	C6-C7	Jacques-Ibert r.	17
9-8	D17-D16	Jacques-Kablé r.	18
6	B12-B11	Jacques-Kellner r.	17
21	F17-F18	Jacques-Louvel-Tessier r.	10
40	M7 S	Jacques-Mawas r.	15
27	J5	Jacques-Offenbach r.	16
19	F13	Jacques-Rouché r.	9
33	K18 N	Jacques-Viguès cour	11
54-53	P11-P10	Jacquier r.	14
17	E9-D9	Jadin r.	17
53	P10	Jamot villa	14
22	F19-E19	Jandelle cité	19
23	E21	Janssen r.	19
35	G22-G21	Japon r. du	20
34	J19	Japy r.	11
31	K14-K13	Jardinet r. du	6
34	K20 N	Jardiniers imp. des	11
47	N21	Jardiniers r. des	12
32	K16-J16	Jardins-St-Paul r. des	4
33	J17	de Jarente r.	4
20	F16	Jarry r.	10
26	K4 N	Jasmin cour	16
26	K4 N	Jasmin r.	16
26	K4 N	Jasmin sq.	16
47	L21	Jaucourt r.	12
39-38	K6-M4	Javel port de	15
39-40	L5-M7	Javel r. de	15
57	P17-R17	Javelot r. du	13
34	G19 S	Jean-Aicard av.	11
58	P20-P19	Jean-Baptiste-Berlier r.	13
7	C13 S	Jean-Baptiste-Clément pl.	18
16	D7	Jean-Baptiste-Dumas r.	17
22	F20 N	Jean-Baptiste-Dumay r.	20
23	D22-D21	Jean-Baptiste-Semanaz r.	19
42	K12-L12	Jean-Bart r.	6
33	J17	Jean-Beausire imp.	4
33	J17 S	Jean-Beausire pass.	4
33	J17 S	Jean-Beausire r.	4
27	J6	Jean-Bologne r.	16
45	L18	Jean-Bouton r.	12
44	M15 N	Jean-Calvin r.	5
28	K8 N	Jean-Carriès r.	7
8	A15	Jean-Cocteau r.	18
57	P18-P17	Jean-Colly r.	13
8	B16	Jean-Cottin r.	18
41	L9	Jean-Daudin r.	15
44-43	K15-K14	Jean-de-Beauvais r.	5
43	N14-N13	Jean-Dolent r.	14
7	B13 N	Jean-Dollfus r.	18
32	K15-J15	Jean-du-Bellay r.	4
21	E18-E17	Jean-Falck sq.	10
42	L11 N	Jean-Ferrandi r.	6
40	M8 N	Jean-Formigé r.	15
42	L12-L11	Jean-François-Gerbillon r.	6
8	D16 N	Jean-François-Lépine r.	18
16	F7-G8	Jean-Giraudoux r.	16
47	N22 N	Jean-Godard villa	12
29	G9	Jean-Goujon r.	8
7	A14-A13	Jean-Henri-Fabre r.	18
16	F8-G8	Jean-Henry-Dunant pl.	16
15	G5 N	Jean-Hugues r.	16
31	H14-G14	Jean-Jacques-Rousseau r.	1
9-11	D18-C21	Jean-Jaurès av.	19
31	J14-H14	Jean-Lantier r.	1
6	B12	Jean-Leclaire r.	17
20	E19 N	Jean-Lorrain pl.	16
4	C8	Jean-Louis-Forain r.	17
34	K19 N	Jean-Macé r.	11
39-40	M6-M7	Jean-Maridor r.	15
56	P15	Jean-Marie-Jégo r.	13
20	E19 N	Jean-Ménans r.	19
17	G10-F10	Jean-Mermoz r.	8
21	F18	Jean-Moinon r.	10
4	C7 S	Jean-Moréas r.	17
54	P12-R11	Jean-Moulin av.	14
57	P17	Jeanne-d'Arc pl.	13
57-44	P17-M16	Jeanne-d'Arc r.	13
40	M8 N	Jeanne-Hachette r.	15
29	H9-J9	Jean-Nicot pass.	7
29	H9	Jean-Nicot r.	7
26	J4 S	Jean-Paul-Laurens sq.	16
21-22	G17-G19	Jean-Pierre-Timbaud r.	11
21	F17	Jean-Poulmarch r.	10
23	E21	Jean-Quarré r.	19
28	J7	Jean-Rey r.	15
27	H5	Jean-Richepin r.	16
8	C16	Jean-Robert r.	18
57	P17-N17	Jean-Sébastien-Bach r.	13
52	P8	Jean-Sicard r.	15
40	L8 N	Jean-Thébaud sq.	15
31	H14 S	Jean-Tison r.	1
7	A13 S	Jean-Varenne r.	18
36	H23	Jean-Veber r.	20
21	G17-E17	Jemmapes quai de	10
45-44	N17-N16	Jenner r.	13
4	D7	Jérôme-Bellat sq.	17
8-20	D16 N	de Jessaint r.	18
33	G17 S	Jeu-de-Boules pass. du	11
19	G14 N	Jeûneurs r. des	2
53	P10	Joanès pass.	14
54-53	P11-P10	Joanès r.	14
40	N8	Jobbé-Duval r.	15
27	G5 S	Jocelyn villa	16
29-28	J9-K8	Joffre pl.	7
20	G16	Johann-Strauss pl.	10
10	C19 N	de Joinville imp.	19
10	C19	de Joinville pl.	19
10	C19	de Joinville r.	19
42	M11 S	Jolivet r.	14
34	H19	Joly cité	11
10	C19	Jomard r.	19
56	P15 N	Jonas r.	13
39	M5-M6	Jongkind r.	15
53	P9 N	Jonquilles r. des	14
53	P10	Jonquoy r.	14

27

Plan n°	Repère	Nom	Arrondissement
41	K9-L9	José-Maria-de-Heredia r.	7
27	H6	José-Marti pl.	16
43	L13-M13	Joseph-Bara r.	6
57	R18 S	Joseph-Bédier av.	13
28	J8	Joseph-Bouvard av.	7
47	N22	Joseph-Chailley r.	12
7-6	D13-B12	Joseph-de-Maistre r.	18
7	B14	Joseph-Dijon r.	18
15	E5	Joseph-et-Marie-Hackin r.	16
29	J9 S	Joseph-Granier r.	7
7	B13	Joséphine r.	18
40	L8	Joseph-Liouville r.	15
36	G23-H23	Joseph-Python r.	20
18	F11-E11	Joseph-Sansbœuf r.	8
35	J22 S	Josseaume pass.	20
33	K18 N	Josset pass.	11
19-18	F13-F12	Joubert r.	9
35	J21 S	Joudrier imp.	11
19	F14	Jouffroy pass.	9
5-16	C10-D8	Jouffroy r.	17
31	H14 N	Jour r. du	1
22	F20 N	Jourdain r. du	20
55-54	S14-R12	Jourdan bd	14
38	M4-L3	Jouvenet r.	16
38	L4 S	Jouvenet sq.	16
32	J16	de Jouy r.	4
22	F19	Jouye-Rouve r.	20
6	B11 N	Joyeux cité	17
28-40	K7	Juge r.	15
40	K7 S	Juge villa	15
32	J15-H15	Juges-Consuls r. des	4
22-34	G20	Juillet r.	20
4	C8 S	Jules-Bourdais r.	17
44	M16 S	Jules-Breton r.	13
45	K17-K18	Jules-César r.	12
42	L12 S	Jules-Chaplain r.	6
36	J23	Jules-Chéret sq.	20
27	H5	Jules-Claretie r.	16
6-7	B12-B13	Jules-Cloquet r.	18
33	K17	Jules-Cousin r.	4
23	G22 N	Jules-Dumien r.	20
52	P8 N	Jules-Dupré r.	15
21-23	G17	Jules-Ferry bd	11
42	M11-N11	Jules-Guesde r.	14
54	R12 N	Jules-Hénaffe pl.	14
27	H5 S	Jules-Janin av.	16
7	B14 S	Jules-Joffrin pl.	18
7	C14 N	Jules-Jouy r.	18
18	E12 N	Jules-Lefebvre r.	9
48	L23 S	Jules-Lemaître r.	12
47	N21	Jules-Pichard r.	12
16	D7	Jules-Renard pl.	17
22	F19	Jules-Romains r.	19
27-26	H5-H4	Jules-Sandeau bd	16
35-36	G22-G23	Jules-Siegfried r.	20
40	M7 N	Jules-Simon r.	15
34	K20-J20	Jules-Vallès r.	11
21	F18 S	Jules-Verne r.	11
53	P9-R9	Julia-Bartet r.	14
22	F19-F20	Julien-Lacroix pass.	20
22	G20-F19	Julien-Lacroix r.	20
43-44	N15-N14	de Julienne r.	13
21	F18-E17	Juliette-Dodu r.	10
5	C9	Juliette-Lamber r.	17
7	C13	Junot av.	18
44	M16 S	Jura r. du	13
31	G14 S	Jussienne r. de la	2
44	L16-L15	Jussieu pl.	5
44	L16-L15	Jussieu r.	5
7	C13	Juste-Métivier r.	18
23-24	G22-G23	Justice r. de la	20

Plan n°	Repère	Nom	Arrondissement
21	D17	Kabylie r. de	19
33	J18	Keller r.	11
56-55	S16-S14	Kellermann bd	13
56	R16 S	Kellermann villa	13
16	F8-G8	Keppler r.	16
56	R16 S	Keufer r.	13
16-28	F7-H7	Kléber av.	16
16	G7	Kléber imp.	16
19	E14 S	Kossuth pl.	9
8	B15	Kracher pass.	18
56	R15	Küss r.	13

Echelle
1 cm sur l'atlas représente 100 m sur le terrain.

Scale
1 cm on the map represents 100 m on the ground (1 in. : 278 yards approx.).

Maßstab
1 cm auf dem Atlas entspricht 100 m.

Escala
1 cm sobre el atlas representa 100 m sobre el terreno.

Plan n°	Repère	Nom	Arrondissement
8-7	C15-C14	**Labat** r.	18
17	F10 N	**La Baume** r. de	8
16	E7	**Labie** r.	17
18-17	F11-F9	**La Boétie** r.	8
9	B18 S	**Labois-Rouillon** r.	19
18-17	E11-F10	**de Laborde** r.	8
28-29	H8-J9	**de La Bourdonnais** av.	7
28	H8-H7	**de La Bourdonnais** port	7
53	P9	**Labrador** imp. du	15
41-53	N9	**Labrouste** r.	15
19-18	E13-E12	**La Bruyère** r.	9
19	E13	**La Bruyère** sq.	9
34	G20	**Labyrinthe** cité du	20
6	B12 S	**Lacaille** r.	17
54	R12 N	**Lacaze** r.	14
44	L15 S	**Lacépède** r.	5
46	N20 N	**Lachambeaudie** pl.	12
33-34	H18-H19	**Lacharrière** r.	11
57	S17-R17	**Lachelier** r.	13
6-18	C11-D11	**La Condamine** r.	17
39	L6-M6	**Lacordaire** r.	15
40	N7	**Lacretelle** r.	15
6	C11	**Lacroix** r.	17
45	K17-K18	**Lacuée** r.	12
19-21	F13-D17	**La Fayette** r.	
		n°s 1-91, 2-92	9
		n°s 93-fin, 94-fin	10
19	E13	**Laferrière** r.	9
31	G14 S	**La Feuillade** r. n°s impairs	1
		n°s pairs	2
19	F13-E13	**Laffitte** r.	9
27	K5 N	**La Fontaine** hameau	16
38	L3 S	**La Fontaine** rd-pt	16
27-38	K5-K4	**La Fontaine** r.	16
26-27	K4-K5	**La Fontaine** sq.	16
22	D20 S	**Laforgue** villa	19
38	M3 N	**La Frillière** av. de	16
44	M15 N	**Lagarde** r.	5
44	M15 N	**Lagarde** sq.	5
8	C16-C15	**Laghouat** r. de	18
6	B12	**Lagille** r.	18
48	K23	**Lagny** pass. de	20
47-48	K22-K24	**Lagny** r. de	20
32	K15	**Lagrange** r.	5
57	P17 N	**Lahire** r.	13
5	B10	**de la Jonquière** imp.	17
6-5	B12-B10	**de la Jonquière** r.	17
40	L7-L8	**Lakanal** r.	15
42	N12	**Lalande** r.	14
19	D14 S	**Lallier** r.	9
21	D18 S	**Lally-Tollendal** r.	19
15	F6-F5	**Lalo** r.	16
6	D11-C11	**Lamandé** r.	17
7-6	D14-C12	**Lamarck** r.	18
7	C13 N	**Lamarck** sq.	18
19	E13-E14	**Lamartine** r.	9
27	G5 S	**Lamartine** sq.	16
27	J6 S	**de Lamballe** av.	16
7	C14	**Lambert** r.	18
47	M21	**Lamblardie** r.	12
17	F9 N	**Lamennais** r.	8
19	G13-F13	**de La Michodière** r.	2
34	J20 N	**Lamier** imp.	11
48	L23	**Lamoricière** av.	12

Plan n°	Repère	Nom	Arrondissement
29-28	J10-K8	**de La Motte-Picquet** av.	
		n°s 1-43, 2-46	7
		n°s 45-fin, 48-fin	15
28	K8	**de La Motte-Picquet** sq.	15
46-47	M20-M21	**Lancette** r. de la	12
38	M4 N	**Lancret** r.	16
20-21	G16-F17	**Lancry** r. de	10
29	H9 S	**Landrieu** pass.	7
40	N7 N	**Langeac** r. de	15
43	K14 S	**de Lanneau** r.	5
15-26	F5-H4	**Lannes** bd	16
6	B11-B12	**Lantiez** r.	17
6	B11	**Lantiez** villa	17
23	E21 N	**Laonnais** sq. du	19
28-40	K8	**Laos** r. du	15
16	G7-F8	**La Pérouse** r.	16
7	C14-B14	**Lapeyrère** r.	18
44-43	L15-L14	**Laplace** r.	5
30	J12-K12	**de La Planche** r.	7
33	J18-K18	**de Lappe** r.	11
41	M9	**La Quintinie** r.	15
32	H15 S	**de La Reynie** r. n°s 1-19, 2-22	4
		n°s 21-fin, 24-fin	1
27	J5 N	**Largillière** r.	16
19	E13	**de La Rochefoucauld** r.	9
30	J11-K11	**de La Rochefoucauld** sq.	7
42	M11	**Larochelle** r.	14
43	L14	**Laromiguière** r.	5
44	M15-L15	**Larrey** r.	5
18	E11 N	**Larribe** r.	8
30	J11-H11	**Las-Cases** r.	7
30-31	G12-G13	**de La Sourdière** r.	1
47	L22 S	**Lasson** r.	12
22	F20-E20	**Lassus** r.	19
15	F6	**de Lasteyrie** r.	16
6-18	D12	**Lathuille** pass.	18
19	E14 N	**de La Tour-d'Auvergne** imp.	9
19	E14	**de La Tour-d'Auvergne** r.	9
29	H10-J9	**de La-Tour-Maubourg** bd	7
29	J9 N	**de La-Tour-Maubourg** sq.	7
43	K14 S	**Latran** r. de	5
28-29	G8-G9	**de La Trémoille** r.	8
16	E8-D7	**Laugier** r.	17
16	D8 S	**Laugier** villa	17
22	D19	**de Laumière** av.	19
23	G21	**Laurence-Savart** r.	20
39	L5 N	**Laure-Surville** r.	15
15	F6	**Laurent-Pichat** r.	16
16-27	F7-G6	**Lauriston** r.	16
22	F19-E19	**Lauzin** r.	19
34	J20-J19	**de La Vacquerie** r.	11
31	J14-H14	**Lavandières-Ste-Opportune** r.	1
19	D13-D14	**de La Vieuville** r.	18
18	F11	**Lavoisier** r.	8
31	G14 S	**La Vrillière** r.	1
7	C13	**Léandre** villa	18
39	M5-N6	**Leblanc** r.	15
16	E7-D7	**Lebon** r.	17
42	M11 S	**Lebouis** imp.	14
42	M11-N11	**Lebouis** r.	14
17	D10	**Lebouteux** r.	17
54	R12	**Le Brix-et-Mesmin** r.	14
44	M16-N15	**Le Brun** r.	13

Plan n°	Repère	Nom	Arrondissement
23-35	G22	Le Bua r.	20
6	D12 N	Lechapelais r.	17
4	D8 N	Le Châtelier r.	17
33	H18 N	Léchevin r.	11
35	H22 S	Leclaire cité	20
43	N13	Leclerc r.	14
18	D12	Lécluse r.	17
6	C11	Lecomte r.	17
37	L2 S	Lecomte-du-Noüy r.	16
38	K4 S	Leconte-de-Lisle r.	16
38	K4 S	Leconte-de-Lisle villa	16
41-39	L10-N6	Lecourbe r.	15
40	M7 S	Lecourbe villa	15
54	P11 N	Lecuirot r.	14
7	C14	Lecuyer r.	18
55-56	P14-P15	Le Dantec r.	13
53	P10 S	Ledion r.	14
45-34	L17-J19	Ledru-Rollin av.	
		n°s 1-87, 2-88	12
		n°s 89-fin, 90-fin	11
52-53	N7-P9	Lefebvre bd	15
52	N7 S	Lefebvre r.	15
6	C12 N	Legendre pass.	17
17-6	D10-B12	Legendre r.	17
5	D10-D9	Léger imp.	17
54	R12-R11	Légion-Étrangère r. de la	14
43	L14 N	Le Goff r.	5
21-20	F17-F16	Legouvé r.	10
21	E18 N	Legrand r.	19
45	L18 N	Legraverend r.	12
7-6	B13-B12	Leibnitz r.	18
6-7	B12-B13	Leibnitz sq.	18
27	J5	Lekain r.	16
55	R14 N	Lemaignan r.	14
23	E22	Léman r. du	19
38	M3 S	Le Marois r.	16
6	C11 S	Lemercier cité	17
6	D12-C11	Lemercier r.	17
20	G15 N	Lemoine pass.	2
22	F19 S	Lémon r.	20
54	P12 S	Leneveux r.	14
18	E11-D12	Léningrad r. de	8
28	H7 S	Le Nôtre r.	16
20	E15 N	Lentonnet r.	9
28	G7	Léo-Delibes r.	16
8	C15 N	Léon pass.	18
8	C15	Léon r.	18
15	F6	Léonard-de-Vinci r.	16
34	J19 N	Léon-Blum pl.	11
57-56	S17-S16	Léon-Bollée av.	13
26	K4	Léon-Bonnat r.	16
28	G8 S	Léonce-Reynaud r.	16
19	G14 N	Léon-Cladel r.	2
17	E9-D9	Léon-Cogniet r.	17
17	D10	Léon-Cosnard r.	17
39	N6	Léon-Delagrange r.	15
40	M8 S	Léon-Delhomme r.	15
38	M3 S	Léon-Deubel pl.	16
52	P8	Léon-Dierx r.	15
18	D11 S	Léon-Droux r.	17
53	P10 S	Léone villa	14
24	F23	Léon-Frapié r.	20
34	J20-J19	Léon-Frot r.	11
36-48	J24-K24	Léon-Gaumont av.	20
10	C19 S	Léon-Giraud r.	19
40	N8	Léon-Guillot sq.	15
38	K4-L4	Léon-Heuzey av.	16
54	P11-N11	Léonidas r.	14
17-16	E9-D8	Léon-Jost r.	17
21	G17 N	Léon-Jouhaux r.	10

Plan n°	Repère	Nom	Arrondissement
40	L8	Léon-Lhermitte r.	15
43	N14	Léon-Maurice-Nordmann r.	13
41	L10 N	Léon-Paul-Fargue pl.	6-7
40	M8 N	Léon-Séché r.	15
39	L5	Léontine r.	15
41	K9-L9	Léon-Vaudoyer r.	7
31	G14	Léopold-Bellan r.	2
26-27	K5-K4	Léopold-II av.	16
42	M12 N	Léopold-Robert r.	14
21	E18 N	Lepage cité	19
19	F13-E14	Le Peletier r.	9
19	D13	Lepic pass.	18
7	D13-C13	Lepic r.	18
57	P18	Leredde r.	13
32	K15-K16	Le Regrattier r.	4
40	N7-N8	Leriche r.	15
16-15	F7-F6	Leroux r.	16
23	F21 S	Leroy cité	20
26	J4 S	Leroy-Beaulieu sq.	16
47	L22 S	Leroy-Dupré r.	12
22	F19	Lesage cour	20
22	F19	Lesage r.	20
33	K17-J17	de Lesdiguières r.	4
34-35	J20-J21	Lespagnol r.	20
35	J22-H21	de Lesseps r.	20
16	F7-E7	Le Sueur r.	16
27	H6	Le Tasse r.	16
40	K7-L8	Letellier r.	15
40	K8 S	Letellier villa	15
7	B14	Letort imp.	18
7	B14	Letort r.	18
35	H22 N	Leuck-Mathieu r.	20
36-24	G23-F23	Le Vau r.	20
43	L13-M13	Le Verrier r.	6
22	F20	Levert r.	20
17	D10 S	Lévis imp. de	17
17	D10	Lévis pl. de	17
17	D10	Lévis r. de	17
33	K18 N	Lhomme pass.	11
43-44	L14-M15	Lhomond r.	5
40	N8	Lhuillier r.	15
42	N12-N11	Liancourt r.	14
34	J20 N	Liandier cité	11
55	R14 S	Liard r.	14
22	G20 N	Liban r. du	20
23	E21 N	Liberté r. de la	19
17	F9	Lido arcades du	8
18	E12-E11	Liège r. de n°s 1-19, 2-18	9
		n°s 21-fin, 20-fin	8
48	M23 N	Lieutenance sentier de la	12
23-35	G22	Lieutenant-Chauré r. du	20
7	A14-A13	Lieutenant-Colonel-Dax r.	18
37	M2	Lieutenant-Colonel-Deport r. du	16
53	P10 S	Lieutenant-Lapeyre r. du	14
53-54	N10-11	Lieutenant-Stéphane-Piobetta pl. du	14
53	N9-P9	Lieuvin r. du	15
35	J21 N	Ligner r.	20
23-24	E22-E23	Lilas porte des	20
23	E21	Lilas r. des	19
23	E21 N	Lilas villa des	19
18	D12 S	Lili-Boulanger pl.	9
31-30	J13-H11	Lille r. de	7
57	R18	Limagne sq. de la	13
57	R18	Limousin sq. du	13
17	G9-F9	Lincoln r.	8
31	H14	Lingerie r. de la	1
44	L16-L15	Linné r.	5
39	K6-L6	Linois r.	15

Plan n°	Repère	Nom	Arrondissement
33-32	K17-K16	Lions-Saint-Paul r. des	4
48	K23 S	Lippmann r.	20
33-34	J18-J19	Lisa pass.	11
18-17	E11-E9	Lisbonne r. de	8
55	R14	Liserons r. des	13
35	H22	Lisfranc r.	20
42	L11	Littré r.	6
19	D14	Livingstone r.	18
32	J15	Lobau r. de	4
31	K13 N	Lobineau r.	6
17	D9 S	Logelbach r. de	17
35	J22 S	Loi imp. de la	20
54	P12 S	Loing r. du	14
9-10	D18-C19	Loire quai de la	19
58	P19 S	Loiret r. du	13
8	C16 N	L'Olive r.	18
32	H15 S	Lombards r. des	
		n°s 1-25, 2-28	4
		n°s 27-fin, 30-fin	1
18	E12 S	Londres cité de	9
18	E12-E11	Londres r. de	
		n°s 1-37, 2-38	9
		n°s 39-fin, 40-fin	8
28-15	G7-G5	Longchamp r. de	16
28	G7 S	Longchamp villa de	16
56-55	R15-R14	Longues-Raies r. des	13
16	F8	Lord-Byron r.	8
10	D19 N	Lorraine r. de	19
23	D21-E21	Lorraine villa de	19
10	A19	Lot quai du	19
27	G5	Lota r. de	16
45	L18	Louis-Armand cour	12
39-51	N6-N5	Louis-Armand r.	15
26	G4-H4	Louis-Barthou av.	16
21-20	E17-D16	Louis-Blanc r.	10
39-38	K5-M4	Louis-Blériot quai	16
26	H4 S	Louis-Boilly r.	16
21	F18 S	Louis-Bonnet r.	11
47	M22	Louis-Braille r.	12
29	J9	Louis-Codet r.	7
27	H6	Louis-David r.	16
48	K23 S	Louis-Delaporte r.	20
54	P12 S	Louise-et-Tony sq.	14
22	F19-E19	Louise-Labé allée	19
23	E21	Louise-Thuliez r.	19
36	H23 N	Louis-Ganne r.	20
47	N22	Louis-Gentil sq.	12
9	C17 N	Louisiane r. de la	18
18-19	G12-F13	Louis-le-Grand r.	2
32	J15	Louis-Lépine pl.	4
6	A12 S	Louis-Loucheur r.	17
36	J23-H23	Louis-Lumière r.	20
43	L13	Louis-Marin pl.	5
54	P11	Louis-Morard r.	14
17	E9 S	Louis-Murat r.	8
7-6	A13-A12	Louis-Pasteur-Vallery-Radot r.	18
55-56	S14-S15	Louis-Pergaud r.	13
33	J18 S	Louis-Philippe pass.	11
32	J15 S	Louis-Philippe pont	4
22	F20	Louis-Robert imp.	20
43	L14 S	Louis-Thuillier r.	5
52	P8-P7	Louis-Vicat r.	15
40-39	K7-M6	de Lourmel r.	15
42	N12	Louvat villa	14
19	G13 N	Louvois r. de	2
31	H14 S	Louvre pl. du	1
31-30	H13-H12	Louvre port du	1
31	J14-H13	Louvre quai du	1
31	H14-G14	Louvre r. du	
		n°s 1-25, 2-52	1
		n°s 27-fin, 54-fin	2
29-41	J10-K9	de Lowendal av.	
		n°s 1-23, 2-14	7
		n°s 25-fin, 16-fin	15
41	K9 S	Lowendal sq.	15
28	G8-H7	Lübeck r. de	16
38-39	M4-M5	Lucien-Bossoutrot r.	15
55-54	S13-S12	Lucien-Descaves av.	14
47	K22 S	Lucien-et-Sacha-Guitry r.	20
7	C13	Lucien-Gaulard r.	18
44	M15 N	Lucien-Herr pl.	5
36	J23 N	Lucien-Lambeau r.	20
35	H22	Lucien-Leuwen r.	20
20	F16	Lucien-Sampaix r.	10
19	G13	Lulli r.	2
54	P12 S	Lunain r. du	14
20	G15-F15	Lune r. de la	2
10	C20-D20	Lunéville r. de	19
31	J14	Lutèce r. de	4
30	J12	de Luynes r.	7
30	J12	de Luynes sq.	7
35	H22 N	Lyanes r. des	20
35	H22 N	Lyanes villa des	20
27	J6	Lyautey r.	16
45-33	L18-K17	Lyon r. de	12
43	M14	Lyonnais r. des	5

Au-delà des limites du plan de Paris
utilisez la carte Michelin n° **101** " **Banlieue de Paris** "

Beyond the area covered by the plan of Paris
use the Michelin map no **101** " **Outskirts of Paris** "

Benutzen Sie für den Großraum Paris
die Michelin-Karte Nr **101** " **Paris und Vororte** "

Más allá de los limites del plano de París
utilice el mapa Michelin n° **101** " **Aglomeración de París** "

Plan n°	Repère	Nom	Arrondissement

Plan n°	Repère	Nom	Arrondissement
31	K13 N	**Mabillon** r.	6
11-9	B21-A18	**Macdonald** bd	19
16	F8-E7	**Mac-Mahon** av.	17
47	N21	**Madagascar** r. de	12
30-42	K12-L12	**Madame** r.	6
18	G12 N	**Madeleine** bd de la	
		n°s 1-23	1
		n°s 25-fin, 14-fin	8
		n°s 2-12	9
18	G11 N	**Madeleine** galerie de la	8
18	F11 S	**Madeleine** pass. de la	8
18	F12-G11	**Madeleine** pl. de la	8
40	L7-L8	**Mademoiselle** r.	15
8	B16 S	**Madone** r. de la	18
18	E11	**Madrid** r. de	8
28	H7-G7	**Magdebourg** r. de	16
16	G8-F8	**Magellan** r.	8
43	N14	**Magendie** r.	13
21-20	G17-D15	**Magenta** bd de	
		n°s 1-153, 2-fin	10
		n°s 155-fin	9
20	F16 S	**Magenta** cité de	10
10-11	A20-A21	**Magenta**, r. n°s 2-8	19
		autres n°s	Pantin
35	K22	**Maigrot-Delaunay** pass.	20
31	G14	**Mail** r. du	2
34	J20 N	**Maillard** r.	11
15	E6	**Maillot** porte	8-16
34	K19	**Main-d'Or** pass. de la	11
34	K19	**Main-d'Or** r. de la	11
42-54	L11-P12	**Maine** av. du	
		n°s 1-39, 2-58	15
		n°s 41-fin, 60-fin	14
42	M11 N	**Maine** r. du	14
42	L11	**Maintenon** allée	6
32	G16 S	**Maire** r. au	3
19	D14	**Mairie** cité de la	18
56	P16 S	**Maison-Blanche** r. de la	13
33	K18 N	**Maison-Brûlée** cour de la	11
42	N11 N	**Maison-Dieu** r.	14
32	K15	**Maître-Albert** r.	5
15	F6-E6	**Malakoff** av. de	16
15	E6 S	**Malakoff** imp. de	16
27-28	G6-G7	**Malakoff** villa	16
31	J13 N	**Malaquais** quai	6
29	H9	**Malar** r.	7
40	N7	**Malassis** r.	15
43	L14 N	**Malebranche** r.	5
18-5	F11-C9	**Malesherbes** bd	
		n°s 1-121, 2-92	8
		n°s 123-fin, 94-fin	17
19	E14-E13	**Malesherbes** cité	17
17	D9-D10	**Malesherbes** villa	17
17	E10	**Maleville** r.	8
32	J16	**Malher** r.	4
38	K3 S	**Malherbe** sq.	16
53	P10	**Mallebay** villa	14
26	J4 S	**Mallet-Stevens** r.	16
57-56	R17-R18	**Malmaisons** r. des	13
33	H17-G17	**Malte** r. de	11
35	H21-G21	**Malte-Brun** r.	20
44	L15 S	**Malus** r.	5
31	G14 S	**Mandar** r.	2
22-23	E19-D21	**Manin** r.	19
23	D21	**Manin** villa	19
19	D13-D12 S	**Mansart** r.	9
19	E14	**Manuel** r.	9
28	H8-G8	**Manutention** r. de la	16
24	E23	**Maquis-du-Vercors** pl.	19-20
48-35	K23-J22	**Maraîchers** r. des	20
20	F16	**Marais** pass. des	10
15	F6-F5	**Marbeau** bd	16
15	F6 N	**Marbeau** r.	16
16-17	G8-G9	**Marbeuf** r.	8
8-6	C15-B12	**Marcadet** r.	18
28-16	G8-F8	**Marceau** av. n°s impairs	16
		n°s pairs	8
22	E20 N	**Marceau** villa	19
38	M3-N3	**Marcel-Doret** av.	16
47	N22	**Marcel-Dubois** r.	12
33	H17	**Marcel-Gromaire** r.	11
43	K14	**Marcelin-Berthelot** pl.	5
27	J6	**Marcel-Proust** av.	16
16	E7 N	**Marcel-Renault** r.	17
7	A13 S	**Marcel-Sembat** r.	18
40	N8 N	**Marcel-Toussaint** sq.	15
33	H18-J18	**Marcès** imp.	11
23	D21	**Marchais** r. des	19
20	F16 S	**Marché** pass. du	10
44	M16	**Marché-aux-Chevaux** imp.	5
32	J16 N	**Marché-des-Blancs-Manteaux** r.	4
44	M15 N	**Marché-des-Patriarches** r.	5
31	J14 S	**Marché-Neuf** quai du	4
7	B13	**Marché-Ordener** r. du	18
33	H18 N	**Marché-Popincourt** r. du	11
33-32	J17-J16	**Marché-Ste-Catherine** pl. du	4
30-31	G12-G13	**Marché-St-Honoré** pl. du	1
30-18	G12	**Marché-St-Honoré** r. du	1
53	P9-R10	**Marc-Sangnier** av.	14
9-8	C17-C16	**Marc-Séguin** r.	18
22	G20 N	**Mare** imp. de la	20
22	G20-F20	**Mare** r. de la	20
15	F5	**Maréchal-de-Lattre-de-Tassigny** pl. du	16
15-26	F5-G4	**Maréchal-Fayolle** av. du	16
26	J3	**Mar.-Franchet-d'Espérey** av. du	16
29	H10-J10	**Maréchal-Gallieni** av. du	7
28	J8 N	**Maréchal-Harispe** r. du	7
16	D8	**Maréchal-Juin** pl. du	17
26-38	K3	**Maréchal-Lyautey** av. du	16
26	H4-J3	**Maréchal-Maunoury** av. du	16
31	H13	**Marengo** r. de	1
54	P12 S	**Marguerin** r.	14
16	E8 N	**Margueritte** r.	17
48	L23 S	**Marguettes** r. des	12
6	B12	**Maria-Deraismes** r.	17
6	B11	**Maria** cité	17
32	K16 S	**Marie** pont	4
47	L21 N	**Marie-Benoist** r.	12
7	D13 N	**Marie-Blanche** imp.	18
54	P12 S	**Marié-Davy** r.	14
36	J23	**Marie-de-Miribel** pl.	20
21	F17 S	**Marie-et-Louise** r.	10
35-47	K22	**Marie-Laurent** allée	20
54	P12 S	**Marie-Rose** r.	14
32-31	G15-G14	**Marie-Stuart** r.	2
27	J5	**Marietta-Martin** r.	16

Plan n°	Repère	Nom	Arrondissement
17	G9 N	Marignan pass.	8
17	G9	Marignan r. de	8
17	G10-F10	Marigny av. de	8
53	P10 S	Mariniers r. des	14
28	J8	Marinoni r.	7
41	K9 S	Mario-Nikis r.	15
18	D11	Mariotte r.	17
19	F13 S	de Marivaux r.	2
40	M8 S	Marmontel r.	15
44	N15 N	Marmousets r. des	13
10	C19-C20	Marne quai de la	19
10	C19	Marne r. de la	19
9	C17 S	Maroc imp. du	19
9	D17 N	Maroc pl. du	19
9	D18-C17	Maroc r. du	19
22	G19-G20	Maronites r. des	20
27	J5 S	Marronniers r. des	16
11	C21-D21	Marseillaise r. de la	19
21	F17 S	Marseille r. de	10
19	G13	Marsollier r.	2
47	L22	Marsoulan r.	12
20	F15 N	Martel r.	10
30	J11	Martignac cité	7
30	H11-J11	de Martignac r.	7
56	P15 S	Martin-Bernard r.	13
35	H22-G22	Martin-Garat r.	20
20	G16-F16	Martini imp.	10
8	C16 N	Martinique r. de la	18
35	G21 S	Martin-Nadaud pl.	20
6	B12 N	Marty imp.	17
19	E13-D13	Martyrs r. des	
		n°s 1-67, 2-fin	9
		n°s 69-fin	18
8	D16-C16	Marx-Dormoy r.	18
57	R18 S	Maryse-Bastié r.	13
36-48	K23	Maryse-Hilsz r.	20
27-26	H5-H4	Maspéro r.	16
58-56	P20-S16	Masséna bd	13
57	R18	Masséna sq.	13
27	J6-H5	Massenet r.	16
41	K10 S	Masseran r.	7
47-59	N21-N22	Massif-Central sq. du	12
32	J15-K15	Massillon r.	4
8	B15	Massonnet imp.	18
9	C18 N	Mathis r.	19
21	E18	Mathurin-Moreau av.	19
41	M9	Mathurin-Régnier r.	15
18	F12-F11	Mathurins r. des	
		n°s 1-21, 2-28	9
		n°s 23-fin, 30-fin	8
17	G10-F10	Matignon av.	8
32	K15	Maubert imp.	5
32-44	K15	Maubert pl.	5
19-20	E14-D16	Maubeuge r. de n°s 1-65, 2-84	9
		n°s 67-fin, 86-fin	10
19	E14	Maubeuge sq. de	9
40	M8	Maublanc r.	15
32-31	H15-H14	Mauconseil r.	1
32	H15	Maure r. du	3
45	L17 S	Maurel pass.	5
30	G12	Maurice-Barrès pl.	1
24	G23	Maurice-Berteaux r.	20
53	P9-P10	Maurice-Bouchor r.	14
27	K5	Maurice-Bourdet r.	16
22	G20	Maurice-Chevalier pl.	20
46	L20	Maurice-de-Fontenay pl.	12
41	K10-L10	Maurice-de-la-Sizeranne r.	7
53	R10 N	Maurice-d'Ocagne av.	14
55	P13 S	Maurice-Loewy r.	14
53	P9 S	Maurice-Noguès r.	14

Plan n°	Repère	Nom	Arrondissement
31	H14	Maurice-Quentin pl.	1
48	M23-L23	Maurice-Ravel av.	12
42	N11	Maurice-Ripoche r.	14
22	D20 S	Maurice-Rollinat villa	19
53	P10-N9	Maurice-Rouvier r.	14
7	D14 N	Maurice-Utrillo r.	18
32	J16	Mauvais-Garçons r. des	4
23	E22	Mauxins pass. des	19
56	S16-R15	Max-Jacob r.	13
4	C8	Mayenne sq. de la	17
42	L11 S	Mayet r.	6
19	E14 S	Mayran r.	9
55	S14 S	Mazagran av. de	14
20	F15 S	Mazagran r. de	10
31	J13	Mazarine r.	6
45	L17	Mazas pl.	12
31	J13 S	Mazet r.	6
21-22	E18-D19	Meaux r. de	19
43	N14-N13	Méchain r.	14
17	E9-D9	Médéric r.	17
43	K13 S	Médicis r. de	6
31	J14 N	Mégisserie quai de la	1
19-31	G13	Méhul r.	2
40	L8	Meilhac r.	15
17	D9	Meissonier r.	17
22	F20-E20	Melingue r.	19
21	D18	Melun pass. de	19
19	G13 N	Ménars r.	2
36	J23	Mendelssohn r.	20
32	H15	Ménétriers pass. des	3
34	H20-G19	Ménilmontant bd de	
		n^{os} impairs 11e - n^{os} pairs	20
34	G19 S	Ménilmontant pass.	11
22	G20 N	Ménilmontant pl. de	20
24	F23	Ménilmontant porte de	20
22-23	G19-F21	Ménilmontant r. de	20
34	J19-J20	Mercœur r.	11
33	G6-G5	Mérimée r.	16
48	L23 S	Merisiers sentier des	12
34	H20-H19	Merlin r.	11
37	L2	Meryon r.	16
20	G16	Meslay pass.	3
21-20	G17-G16	Meslay r.	3
15	M6	Mesnil r.	16
20	E15 S	Messageries r. des	10
47	M22	Messidor r.	12
43	N13	Messier r.	14
17	E10 N	Messine av. de	8
17	E10 S	Messine r. de	8
10	C20	Metz quai de	19
20	F16-F15	Metz r. de	10
45	N21	Meuniers r. des	12
10	C19	Meurthe r. de la	19
27	G6 S	Mexico pl. de	16
19	F13	Meyerbeer r.	9
22	D19	Meynadier r.	19
31-30	K13-K12	Mézières r. de	6
56	P15 S	Michal r.	13
38	M3	Michel-Ange hameau	16
38	L3-M3	Michel-Ange r.	16
38	K4 S	Michel Ange villa	16
57	R18	Michel-Bréal r.	13
45	L18-K18	Michel-Chasles r.	12
35	J22 S	Michel-de-Bourges r.	20
43	L13 S	Michelet r.	6
32	H16-H15	Michel-le-Comte r.	3
44	M15-N15	Michel-Peter r.	13
19	D13	Midi cité du	18
27	H5 N	Mignard r.	16

33

Plan nº	Repère	Nom	Arrondissement
38	K4 S	Mignet r.	16
31	K14 N	Mignon r.	6
27	H6	Mignot sq.	16
22	E20 N	Mignottes r. des	19
22	D20 S	Miguel-Hidalgo r.	19
18	E12	Milan r. de	9
27-26	J5-K4	Milleret-de-Brou av.	16
16	D7 S	Milne-Edwards r.	17
6	B12 N	Milord imp.	18
19	E14	Milton r.	9
55	R14	Mimosas sq. des	13
33	J17 N	Minimes r. des	3
41	L9 S	Miollis r.	15
39	L5	Mirabeau pont	16-15
39-38	L5-L4	Mirabeau r.	16
44	M15 N	de Mirbel r.	5
7	D13-C13	Mire r. de la	18
17	F10-E10	de Miromesnil r.	8
26-38	K4	Mission-Marchand r. de la	16
41	M10 S	Mizon r.	15
22	D19	Moderne av.	19
54	P11 N	Moderne villa	14
39	M5-M6	Modigliani r.	15
42	M11	Modigliani terrasse	15
18	F12-E12	Mogador r. de	9
6	C11-B11	Moines r. des	17
38	L3 S	Molière av.	16
32	H15	Molière pass.	3
31	G13 S	Molière r.	1
9	C17	Molin imp.	18
37	L2	Molitor porte	16
38	L4-L3	Molitor r.	16
38	L4	Molitor villa	16
17	E10	Mollien r.	8
5	C9 S	Monbel r. de	17
17	F9-E10	Monceau r. de	8
18	D11 S	Monceau sq.	17
16	D8	Monceau villa	17
6	C12	Moncey pass.	17
18	E12 N	Moncey r.	9
18	E12 N	Moncey sq.	9
32	H15 N	Mondétour r.	1
30	G11	Mondovi r. de	1
44	L15 S	Monge pl.	5
44	K15-M15	Monge r.	5
48	L24-L23	Mongenot r. nᵒˢ 29-fin, 12-fin	12
		autres nᵒˢ	St-Mandé
21	E18 S	Monjol r.	19
31	H14 S	Monnaie r. de la	1
34	G20 S	Monplaisir imp.	20
17	D9	Monseigneur-Loutil pl.	17
29	K10	Monsieur r.	7
31-43	K13-K14	Monsieur-le-Prince r.	6
19	G13 N	Monsigny r.	2
35	J21	Monsoreau sq. de	20
44	K15-L15	Montagne-Ste-Geneviève r.	5
17-29	G9	Montaigne av.	8
30	J12	Montalembert r.	7
18	F11 S	Montalivet r.	8
40	N8	Montauban r.	15
39	K5 S	Mont-Blanc sq. du	16
54	P12	Montbrun pass.	14
54	P12	Montbrun r.	14
7	C13-B14	Montcalm r.	18
7	B13 S	Montcalm villa	18
7	B14 N	Mont-Cenis pass. du	18
7	C14-B14	Mont-Cenis r. du	18
18	D11	Mont-Dore r. du	17
32	K15	Montebello port de	5
32	K15	Montebello quai de	5
53	P9 N	Montebello r. de	15
35	J21	Monte-Cristo r.	20
48	M23	Montempoivre porte de	12
47-48	M22-M23	Montempoivre r. de	12
47	M22	Montempoivre sentier de	12
23	E22 S	Montenegro pass. du	19
16	E8	Montenotte r. de	17
48	L23	Montéra r.	12
27	G5 S	de Montespan av.	16
31	H13 N	Montesquieu r.	1
48	N23	Montesquiou-Fezensac r.	12
15-27	G5	Montevideo r. de	16
31	K13 N	de Montfaucon r.	6
46	L20	Montgallet pass.	12
46	L20 S	Montgallet r.	12
32	G16	Montgolfier r.	3
18	E12 N	Monthiers cité	9
20-19	E15-E14	de Montholon r.	9
35	G22	Montibœufs r. des	20
54	R12 S	Monticelli r.	14
34	J20 N	Mont-Louis imp. de	11
34	J20 N	Mont-Louis r. de	11
19	F14	Montmartre bd nᵒˢ impairs	2
		nᵒˢ pairs	9
31	G14 S	Montmartre cité	2
19	F14 S	Montmartre galerie	2
7	A13-B13	Montmartre porte de	18
31-19	H14-F14	Montmartre r.	
		nᵒˢ 1-21, 2-36	1
		nᵒˢ 23-fin, 38-fin	2
38	K4-K3	de Montmorency av.	16
26	J3-K3	de Montmorency bd	16
32	H16-H15	de Montmorency r.	3
26-38	K3	de Montmorency villa	16
31	H14-G14	Montorgueil r.	
		nᵒˢ 1-35, 2-40	1
		nᵒˢ 37-fin, 42-fin	2
42-43	L11-M13	Montparnasse bd du	
		nᵒˢ impairs	6
		nᵒˢ 2-66	15
		nᵒˢ 68-fin	14
42	L12-M12	Montparnasse r. du	
		nᵒˢ 1-35, 2-40	6
		nᵒˢ 37-fin, 42-fin	14
31	G13 S	de Montpensier galerie	1
31	H13-G13	de Montpensier r.	1
36	J23-J24	Montreuil porte de	20
34-35	K19-K21	Montreuil r. de	11
54	R11	Montrouge porte de	14
55	R13	Montsouris sq. de	14
28	H8 S	de Monttessuy r.	7
30	G12 S	Mont-Thabor r. du	1
42	L11	Mont-Tonnerre imp. du	15
19	F14	de Montyon r.	9
27	G5	Mony r.	16
21	G18 N	Morand r.	11
45	K18	Moreau r.	12
54	R11 N	Morère r.	14
22-34	G19	Moret r.	11
28	J8-K8	Morieux cité	15
40-53	N8-N9	Morillons r. des	15
33-45	K17	Morland bd	4
45	L17 N	Morland pont	12-4
35-47	K21	Morlet imp.	11
18	E12	Morlot r.	9
45	K17	Mornay r.	4
42	N11	de Moro-Giafferi pl.	14
36-23	G23-E22	Mortier bd	20
34	H19 S	Morvan r. du	11
18	E12-D11	Moscou r. de	8

Plan nº	Repère	Nom	Arrondissement
22	D19	**Moselle pass. de la**	19
9-21	D18 N	**Moselle r. de la**	19
7	B13 N	**Moskowa cité de la**	18
44	L15-M15	**Mouffetard r.**	5
33	H18 S	**Moufle r.**	11
45	L18	**Moulin pass.**	12
56	R16	**Moulin-de-la-Pointe r. du**	13
41-53	N10 S	**Moulin-de-la-Vierge r. du**	14
56	P15 N	**Moulin-des-Prés pass.**	13
56	P15-R16	**Moulin-des-Prés r. du**	13
56	P15 S	**Moulinet pass. du**	13
56	P16-P15	**Moulinet r. du**	13
22	G19-F19	**Moulin-Joly r. du**	11
31	G13	**Moulins r. des**	1
54	P11 N	**Moulin-Vert imp. du**	14
54	P12-N11	**Moulin-Vert r. du**	14
47	K22 S	**Mounet-Sully r.**	20
36	J23	**Mouraud r.**	20
46	L20	**Mousset imp.**	12
47	L22 S	**Mousset-Robert r.**	12
32	J16 N	**de Moussy r.**	4
54	N12 S	**Mouton-Duvernet r.**	14
23-22	E21-E20	**Mouzaïa r. de**	19
46	L20 S	**Moynet cité**	12
27-26	J5-K4	**Mozart av.**	16
26	J4	**Mozart sq.**	16
26	J4-K4	**Mozart villa**	16
27-26	J5-J4	**Muette chaussée de la**	16
26	H4	**Muette porte de la**	16
19	G14	**Mulhouse r. de**	2
38	M3	**Mulhouse villa**	16
7	C14-D14	**Muller r.**	18
38	L3-M4	**Murat bd**	16
38	M3 S	**Murat villa**	16
34	H20-G20	**Mûriers r. des**	20
17	E9	**Murillo r.**	8
38	M4-M3	**de Musset r.**	16
44	K15 S	**Mutualité sq. de la**	5
8	C16-D15	**Myrha r.**	18
17	F10	**Myron-Timothy-Herrick av.**	8

n

Plan nº	Repère	Nom	Arrondissement
6	B11	**Naboulet imp.**	17
20	F16	**Nancy r. de**	10
34	H19-G19	**Nanettes r. des**	11
55	R13 S	**Nansouty imp.**	14
55	R13	**Nansouty r.**	14
10	C19-B19	**Nantes r. de**	19
41	N9	**Nanteuil r.**	15
18-17	E11-E10	**Naples r. de**	8
39	M5 N	**Napoléon-Chaix r.**	15
30	K12 N	**Narbonne r. de**	7
38	L4 N	**Narcisse-Diaz r.**	16
17	E10 S	**Narvik pl. de**	8
47	K21 S	**Nation pl. de la** nºs impairs 11
		nºs pairs	12
57	R18-R17	**National pass.**	13
58	P20	**National pont**	12-13
57	R17 N	**Nationale imp.**	13
57	P17	**Nationale pl.**	13
57	R17-N17	**Nationale r.**	13
28	H7	**Nations-Unies av. des**	16
7	C13	**Nattier pl.**	18
19	E13 N	**Navarin r. de**	9
44	L15	**Navarre r. de**	6
6	B12-B11	**Navier r.**	17
33	J17	**Necker r.**	4
29	J9 N	**Négrier cité**	7
28	J7-K7	**Nélaton r.**	15
33	G18 S	**Nemours r. de**	11
31	J13	**de Nesle r.**	6
31	J14	**Neuf pont**	1-6
15	E6	**Neuilly av. de**	16-17
8	B15	**Neuve-de-la-Chardonnière r.**	18
34	J20 S	**Neuve-des-Boulets r.**	11
33	G18-H18	**Neuve-Popincourt r.**	11
33	J17	**Neuve-St-Pierre r.**	4
16	E8	**Néva r. de la**	8
31	J13	**Nevers imp. de**	6
31	J13	**Nevers r. de**	6
16	F8 S	**Newton r.**	16
28	H8-J7	**New-York av. de**	16
9-6	A17-B12	**Ney bd**	18
5-17	D9 N	**Nicaragua pl. du**	17
34	J20 S	**Nice r. de**	11
47	N21-M21	**Nicolaï r.**	12
36	J23 N	**Nicolas imp.**	20
41	L10-M10	**Nicolas-Charlet r.**	15
5	C9	**Nicolas-Chuquet r.**	17
32	J15-H15	**Nicolas-Flamel r.**	4
56	P16 N	**Nicolas-Fortin r.**	13
45-44	M17-M16	**Nicolas-Houël r.**	5
44	N15 N	**Nicolas-Roret r.**	13
54	R11	**Nicolas-Taunay r.**	14
6	C11 S	**Nicolay sq.**	17
7	C14	**Nicolet r.**	18
27	J6-H5	**Nicolo r.**	16
16	E8-D8	**Niel av.**	17
16	D8 S	**Niel villa**	17
42	N11	**Niepce r.**	14
57	R18 N	**Nieuport villa**	13
48	L23	**Niger r. du**	12
20-32	G15	**Nil r. du**	2
7	C14	**Nobel r.**	18
28	J7 S	**Nocard r.**	15
32	H15-H16	**Noël cité**	3
48	K23 S	**Noël-Ballay r.**	20
15	G5 N	**Noisiel r. de**	16
24	F23-E24	**Noisy-le-Sec r. de** nºs 1-47, 2-72	20
6	D11-C11	**Nollet r.**	17
6	C11	**Nollet sq.**	17
7	B13	**Nollez cité**	18
33	K18 N	**Nom-de-Jésus cour du**	11
32	J16 S	**Nonnains-d'Hyères r. des**	4
10-22	D19	**Nord pass. du**	19
8	B15 S	**Nord r. du**	18
33	H17 N	**Normandie r. de**	3

Pa. At. 3   **35**

Plan nº	Repère	Nom	Arrondissement
7	C14-C13	Norvins r.	18
32	J15	Notre-Dame pont	4
20	G15-F15	Notre-Dame-de-Bonne-Nouvelle r.	2
19	E13	N.-D.-de-Lorette r.	9
20-32	G16-G15	N.-D.-de-Nazareth r.	3
20	G15-F15	N.-D.-de-Recouvrance r.	2
42-43	L12-M13	N.-D.-des-Champs r.	6
19-31	G14	N.-D.-des-Victoires r.	2
22	G19	Nouveau-Belleville sq. du	20
16	E8 S	Nouvelle villa	8
48	M23 S	Nouvelle-Calédonie r.	12
11	D21-C21	Noyer-Durand r. du	19
37	L2	Nungesser-et-Coli r.	16

O

33-34	H17-G19	Oberkampf r.	11
43	L13-M13	Observatoire av. de l'	
		nos 1-27, 2-20	6
		nos 29-47	5
		nos 49-fin, 22-fin	14
35	G22	Octave-Chanute pl.	20
27-26	H5-H4	Octave-Feuillet r.	16
28	J7	Octave-Gréard av.	7
31	K13 N	Odéon carr. de l'	6
31-43	K13	Odéon pl. de l'	6
31-43	K13	Odéon r. de l'	6
42	L11-M12	Odessa r. d'	14
17	F9	Odiot cité	8
10	C19-C20	Oise quai de l'	19
10	C19	Oise r. de l'	19
32	H16 N	Oiseaux r. des	3
40	N7 N	Olier r.	15
42	K11	Olivet r. d'	7
40	N8 N	Olivier-de-Serres pass.	15
40-52	M8-N7	Olivier-de-Serres r.	15
23	F21	Olivier-Métra r.	20
23	F21	Olivier-Métra villa	20
54	P11-N11	Olivier-Noyer r.	14
34	H19	Omer-Talon r.	11
56	R16 N	Onfroy imp.	13
2	E16 S	Onze-Novembre-1918 pl.	10
19-31	H13-G13	Opéra av. de l'	
		nos 1-31, 2-26	1
		nos 33-fin, 28-fin	2
19-18	F13-F12	Opéra pl. de l'	
		nos 1-3, 2-4	2
		nos 5, 6-8	9
18	F12	Opéra-Louis-Jouvet sq.	9
51	P6-N6	Oradour-sur-Glane r. d'	15
8	C15	Oran r. d'	18
31	H14	Oratoire r. de l'	1
7	D13-C13	d'Orchampt r.	18
55	R14	Orchidées r. des	13
8-7	C16-B13	Ordener r.	18
7	B14 S	Ordener villa	18
31	J14	Orfèvres quai des	1
31	J14 N	Orfèvres r. des	1
35	G21	Orfila imp.	20
23-35	G21-G22	Orfila r.	20
20	G16	Orgues pass. des	3
9	C18	Orgues-de-Flandre allée des	19
21-22	G18-F19	Orillon r. de l'	11
31	H13 N	Orléans galerie d'	1
54	R12	Orléans porte d'	14
54	N12 S	Orléans portiques d'	14
32	K16-K15	Orléans quai d'	4
19	E13	Orléans sq. d'	9
54	P12	Orléans villa d'	14
23	E22	Orme r. de l'	19
35	K21-K22	Ormeaux r. des	20
33-32	J17-J16	d'Ormesson r.	4
8-7	C15-B14	Ornano bd	18
8	B15 S	Ornano sq.	18
7	B14 N	Ornano villa	18
30-29	H11-H9	Orsay quai d'	7
19	D14	Orsel cité d'	18
19	D14	Orsel r. d'	18
35	J21	Orteaux imp. des	20
35-36	J21-J23	Orteaux r. des	20
44	L15 S	Ortolan r.	5
39-40	L6-M7	Oscar-Roty r.	15
6	C12-B12	Oslo r. d'	18
26	J4	Oswaldo-Cruz r.	16
26	J4	Oswaldo-Cruz villa	16
23	F22 N	Otages villa des	20
22	F19	Ottoz villa	20
30	K11	Oudinot imp.	7
42-41	K11-K10	Oudinot r.	7
44	M16	Oudry r.	13
28-40	K8	Ouessant r. d'	15
42	M11 S	Ouest imp. de l'	14
42-41	M11-N10	Ouest r. de l'	14
10-9	C19-B18	Ourcq r. de l'	19
33	K18 N	Ours cour de l'	11
32	H15 N	Ours r. aux	3
42	L12 S	Ozanam pl.	6

Participez à notre effort permanent de mise à jour.

Adressez-nous vos remarques et vos suggestions :

Cartes et guides Michelin
46, avenue de Breteuil - 75341 Paris Cedex 07

Plan n°	Repère	Nom	Arrondissement
		p	
4	C7	**Pablo-Casals r.**	17
34	J19-H19	**Pache r.**	11
26	K3 N	**Padirac sq. de**	16
36	K23	**Paganini r.**	20
43	L14 N	**Paillet r.**	5
18	G12 N	**Paix r. de la**	2
8-9	D16-B17	**Pajol r.**	18
27	J5	**Pajou r.**	16
31	J14	**Palais bd du** n°s pairs	1
		n°s impairs	4
30	H11	**Palais-Bourbon pl. du**	7
31	H13	**Palais-Royal pl. du**	1
22	E20 S	**Palais-Royal-de-Belleville cité du**	19
31	K13	**Palatine r.**	6
22	F20-E20	**Palestine r. de**	19
32	G15	**Palestro r. de**	2
22	G19-F19	**Pali-Kao r. de**	20
8	C15 S	**Panama r. de**	18
33	K18 N	**Panier-Fleuri cour du**	11
19	F14 S	**Panoramas pass. des**	2
19	F14 S	**Panoramas r. des**	2
34	G19-G20	**Panoyaux imp. des**	20
22-34	G19-G20	**Panoyaux r. des**	20
43	L14	**Panthéon pl. du**	5
11	C21	**Pantin porte de**	19
30	K12	**Pape-Carpentier r.**	6
20-19	E15-E14	**Papillon r.**	9
32	G15	**Papin r.**	3
20	F15 N	**Paradis cité**	10
20	F16-E15	**Paradis r. de**	10
15	F5 S	**Paraguay pl. du**	16
22	E19 S	**Parc villa du**	19
35	H22	**Parc-de-Charonne chemin du**	20
55	R13	**Parc-de-Montsouris r. du**	14
55	R13	**Parc-de-Montsouris villa**	14
27	J6	**Parc-de-Passy av. du**	16
37	L2-M2	**Parc-des-Princes av. du**	16
33	K18 N	**Parchappe cité**	11
31	K14	**Parcheminerie r. de la**	5
33	J17 N	**Parc-Royal r. du**	3
38	M3	**Parent-de-Rosan r.**	16
18	D12 S	**Parme r. de**	9
34-21	J19-F18	**Parmentier av.**	
		n°s 1-135, 2-150	11
		n°s 137-fin, 152-fin	10
45	L18 N	**Parrot r.**	12
34-35	G20-G21	**Partants r. des**	20
32	J15-J16	**Parvis-Notre-Dame pl. de**	4
7	D14 N	**Parvis-du-Sacré-Cœur pl. du**	18
44	M15-N15	**Pascal r.** n°s 1-25, 2-30	5
		n°s 27-fin, 32-fin	13
33	J17	**Pas-de-la-Mule r. du** n°s impairs 4e - n°s pairs	3
33	H17 N	**Pasdeloup pl.**	11
18	F11	**Pasquier r.**	8
29	H9	**Passage commun**	7
29	G9 S	**Passage commun**	8
17	F10 N	**Passage commun**	8
17	F10	**Passage commun**	8
18	E12	**Passage commun**	8
17	E10	**Passage commun**	8
22-34	G19	**Passage commun**	11
33	H18	**Passage commun**	11
45	K18 S	**Passage commun**	12
45	L18 N	**Passage commun**	12
46	L20	**Passage commun**	12
38	K4 S	**Passage commun**	16
27	H5 S	**Passage commun**	16
15-27	G6	**Passage commun**	16
6	B12 N	**Passage commun**	18
35	J22 S	**Passage commun**	20
35	J22 S	**Passage commun**	20
27	J5 N	**Passy pl. de**	16
28-27	J7-K6	**Passy port de**	16
26	J3 N	**Passy porte de**	16
27	J6-J5	**Passy r. de**	16
41	L10-M10	**Pasteur bd**	15
33	H18	**Pasteur r.**	11
27	H6	**Pasteur-Marc-Bœgner r. du**	16
33	J17-J18	**Pasteur-Wagner r. du**	11
32	H16	**Pastourelle r.**	3
57	R18-P18	**Patay r. de**	13
35-47	K22	**Patenne sq.**	20
44	M15 N	**Patriarches pass. des**	5
44	M15 N	**Patriarches r. des**	5
27	K5	**Patrice-Boudart villa**	16
39	K5	**Pâtures r. des**	16
53	P9 N	**Paturle r.**	14
4	C8 S	**Paul-Adam av.**	17
7	D14-C14	**Paul-Albert r.**	18
54	R12 S	**Paul-Appell av.**	14
41	M9	**Paul-Barruel r.**	15
17	F9	**Paul-Baudry r.**	8
38	K4 S	**Paul-Beauregard pl.**	16
34	K19	**Paul-Bert r.**	11
47	N22	**Paul-Blanchet sq.**	12
5-6	B10-B11	**Paul-Bodin r.**	17
17	D9	**Paul-Borel r.**	17
56	S16	**Paul-Bourget r.**	13
17	F9 N	**Paul-Cézanne r.**	8
40	L8	**Paul-Chautard r.**	15
43	K13 S	**Paul-Claudel pl.**	6
47	M22 N	**Paul-Crampel r.**	12
23	E21	**Paul-de-Kock r.**	19
27	J5-H5	**Paul-Delaroche r.**	16
40	N7-N8	**Paul-Delmet r.**	15
28-40	K8	**Paul-Deroulède av.**	15
27	H6-J5	**Paul-Doumer av.**	16
32	G16 S	**Paul-Dubois r.**	3
27-39	K5	**Paul-Dupuy r.**	16
8	C16	**Paul-Eluard pl.**	18
18-19	E12-E13	**Paul-Escudier r.**	9
7	C14	**Paul-Féval r.**	18
54	R12	**Paul-Fort r.**	14
56-55	N15-P14	**Paul-Gervais r.**	13
39	L6 N	**Paul-Hervieu r.**	15
56-57	S16-S17	**Paulin-Enfert r.**	13
56	P15 N	**Paulin-Méry r.**	13
19-31	G14	**Paul-Lelong r.**	2
30	J11	**Paul-Louis-Courier imp.**	7
30	J12-J11	**Paul-Louis-Courier r.**	7
24	F23-E23	**Paul-Meurice r.**	20
31-43	K14	**Paul-Painlevé pl.**	5
38	M3	**Paul-Reynaud pl.**	16
27	H6 S	**Paul-Saunière r.**	16
42	M12 N	**Paul-Séjourné r.**	6
23-35	G22	**Paul-Signac pl.**	20
35-36	G22-G23	**Paul-Strauss r.**	20

Plan nº	Repère	Nom	Arrondissement
55	S14-S13	P.-Vaillant-Couturier av.	
		nºs pairs 142-156	14
		autres nºs	Gentilly
16	G7-F7	Paul-Valéry r.	16
56	P15	Paul-Verlaine pl.	13
22	D20 S	Paul-Verlaine villa	19
53	P10 N	Pauly r.	14
32	J16	Pavée r.	4
16	D7 S	Pavillons av. des	17
7	B13 N	Pavillons imp. des	18
23	F21	Pavillons r. des	20
32-33	J16-J17	Payenne r.	3
57	R18	Péan r.	13
40	L8-M8	Péclet r.	15
32	H16 S	Pecquay r.	4
38	N4 N	Pégoud r.	15
42	L12 S	Péguy r.	6
32	H15 N	Peintres imp. des	2
22	F19 S	Pékin pass. de	20
33	H17-H18	Pelée r.	11
5	B10	Pèlerin imp. du	17
31	H14-H13	Pélican r. du	1
35-23	H22-F21	Pelleport r.	20
23	F21	Pelleport villa	20
18	D11 S	Pelouze r.	8
7	B14	Penel pass.	18
47	L21 N	Pensionnat r. du	12
18-17	F9-F10	Penthièvre r. de	8
18	F11 N	Pépinière r. de la	8
42	M11 S	Perceval pass. de	14
42	M11	Perceval r. de	14
38	K4 S	Perchamps r. des	16
32	H16	Perche r. du	3
17	F10 N	Percier av.	8
20	D16	Perdonnet r.	10
26-38	K4	Père-Brottier r. du	16
54	P12-R12	Père-Corentin r. du	14
56	P15 N	Père-Guérin r. du	13
34	J19	Père-Chaillet pl. du	11
5-15	C10-E6	Pereire bd	17
35	H21 N	Père-Lachaise av. du	20
27	J6	Père-Marcellin-Champagnat pl. du	16
33	K17	Père-Teilhard-de-Chardin pl. du	4
44	M15 N	Père-Teilhard-de-Chardin r.	5
15	E6-F6	Pergolèse r.	16
52	P8 N	Périchaux r. des	15
41	K10-L9	Pérignon r. nºs 2-28	7
		nºs impairs, 30-fin	15
36	J23 S	Périgord sq. du	20
23	D21	Périgueux r. de	19
32	H16 S	Perle r. de la	3
32	J15 N	Pernelle r.	4
21	F18	Pernette-du-Guillet allée	19
42-41	N11-N10	Pernety r.	14
17	E9 S	Pérou pl. du	8
31	H14 S	Perrault r.	1
33-32	H17-G16	Perrée r.	3
41	N10 N	Perrel r.	14
23-35	G22 N	Perreur pass.	20
23	G22 N	Perreur villa	20
39	K5 S	Perrichont av.	16
30	J12	Perronet r.	7
7	C14	Pers imp.	18
15	D6-E6	Pershing bd	17
44	L15-M15	Pestalozzi r.	5
40	M8 N	Petel r.	15
16	D7 S	Péterhof av. de	17

Plan nº	Repère	Nom	Arrondissement
6	B12	Petiet r.	17
23	E21	Pétin imp.	19
34	J19-H19	Pétion r.	11
22-11	D19-D21	Petit r.	19
5	B10 S	Petit-Cerf pass.	17
38	N3 N	Petite-Arche r. de la	16
31	J13 S	Petite-Boucherie pass.	6
34	J20 S	Petite-Pierre r. de la	11
20	F15	Petites-Ecuries cour des	10
20	F15	Petites-Ecuries pass. des	10
20	F15	Petites-Ecuries r. des	10
32	H15 N	Petite-Truanderie r. de la	1
44-56	N16 S	Petit-Modèle imp. du	13
44	M15 S	Petit-Moine r. du	5
33	K17-J17	Petit-Musc r. du	4
23	E21	Petitot r.	19
31	J14-K14	Petit-Pont	4-5
31	K14 N	Petit-Pont pl. du	5
31	K14 N	Petit-Pont r. du	5
31-20	G14-G15	Petits-Carreaux r. des	2
31	G13	Petits-Champs r. des	
		nºs impairs 1er - nºs pairs	2
20	E15	Petits-Hôtels r. des	10
31	G14	Petits-Pères pass. des	2
31	G14	Petits-Pères pl. des	2
31	G14	Petits-Pères r. des	2
11	C21-B21	Petits-Ponts rte des	19
27	H6	Pétrarque r.	16
27	H6	Pétrarque sq.	16
20-19	E15-E14	Pétrelle r.	9
20	E15 N	Pétrelle sq.	9
38	K3 S	Peupliers av. des	16
56	R15	Peupliers poterne des	13
56	R15	Peupliers r. des	13
56	P15-R15	Peupliers sq. des	13
34	J19-J20	Phalsbourg cité de	11
17	D9 S	Phalsbourg r. de	17
4-5	C8-C9	Philibert-Delorme r.	17
57-56	R17-R16	Philibert-Lucot r.	13
36-48	K23	Philidor imp.	20
36	K23	Philidor r.	20
47-34	K21-J20	Philippe-Auguste av.	11
35	K21	Philippe-Auguste pass.	11
44-56	N16 S	Philippe-de-Champagne r.	13
20-8	E16-C16	Philippe-de-Girard r.	
		nºs 1-33, 2-34	10
		nºs 35-fin, 36-fin	18
22-21	E19-E18	Philippe-Hecht r.	19
22	F20 S	Piat pass.	20
22	F20-F19	Piat r.	20
33	H17 N	Picardie r. de	3
15	F6 N	Piccini r.	16
15	F6 S	Picot r.	16
47	M22-L21	Picpus bd de	12
48	N23	Picpus porte de (Pte Dorée)	12
46-47	K20-N22	Picpus r. de	12
19	D13	Piémontési r.	18
32	H15	Pierre-au-Lard r.	4
34	J20-H20	Pierre-Bayle r.	20
46	L20 N	Pierre-Bourdan r.	12
28	G8 S	Pierre-Brisson pl.	16
44-43	M15-M14	Pierre-Brossolette r.	5
8	C15	Pierre-Budin r.	18
20	F16 S	Pierre-Bullet r.	10
16-17	G8-F9	Pierre-Charron r.	8
20	F16 S	Pierre-Chausson r.	10
38	N3 N	Pierre-de-Coubertin pl.	16
16	E7-D8	Pierre-Demours r.	17
21	E17	Pierre-Dupont r.	10
43	L14	Pierre-et-Marie-Curie r.	5

38

Plan n°	Repère	Nom	Arrondissement
24	F23 S	**Pierre-Foncin r.**	20
6	C12 S	**Pierre-Ginier r.**	18
6	C12 S	**Pierre-Ginier villa**	18
10	D19 N	**Pierre-Girard r.**	19
57	N18-P18	**Pierre-Gourdault r.**	13
26-38	K4	**Pierre-Guérin r.**	16
18	D12	**Pierre-Haret r.**	9
42	L12	**Pierre-Lafue r.**	6
43	M14 N	**Pierre-Lampué pl.**	5
53	P10	**Pierre-Larousse r.**	14
16	E8	**Pierre-le-Grand r.**	8
20-8	D16 N	**Pierre-l'Ermite r.**	18
42	K11 S	**Pierre-Leroux r.**	7
53	P10 S	**Pierre-Le-Roy r.**	14
32	H15	**Pierre-Lescot r.**	1
21-33	G18	**Pierre-Levée r. de la**	11
27-39	K5	**Pierre-Louÿs r.**	16
55	S13	**Pierre-Masse av.**	14
40-52	N7	**Pierre-Mille r.**	15
24-36	G23	**Pierre-Mouillard r.**	20
43	M14-M13	**Pierre-Nicole r.**	5
7-19	D14	**Pierre-Picard r.**	18
16-28	G8	**Pierre-1er-de-Serbie av.**	
		n°s 1-33, 2-28	16
		n°s 35-fin, 30-fin	8
36	G23	**Pierre-Quillard r.**	20
6-5	A11-B10	**Pierre-Rebière r.**	17
31	K14	**Pierre-Sarrazin r.**	6
19-20	E14-E15	**Pierre-Semard r.**	9
24	F23	**Pierre-Soulié r.**	20
29	H9 S	**Pierre-Villey r.**	7
19	E13 N	**Pigalle cité**	9
19	D13 S	**Pigalle pl.**	9
19	E13-D13	**Pigalle r.**	9
33	H18 N	**Pihet r.**	11
19	F13	**Pillet-Will r.**	9
6	C12	**Pilleux cité**	18
44	N16	**Pinel pl.**	13
44	N16	**Pinel r.**	13
44	M16-N16	**Pirandello r.**	13
4	C8	**Pissarro r.**	17
21	F18 S	**Piver imp.**	11
21	F18 S	**Piver pass.**	11
23	F21	**Pixérécourt imp.**	20
23	F21	**Pixérécourt r.**	20
52	P8	**Plaine porte de la**	15
35-47	K21-K22	**Plaine r. de la**	20
52	P8	**Plaisance porte de**	15
42-54	N11 S	**Plaisance r. de**	14
23	F22 S	**Planchart pass.**	20
35	K21-J21	**Planchat r.**	20
20	G16 N	**Planchette imp. de la**	3
46	M20	**Planchette ruelle de la**	12
54	N11-R11	**Plantes r. des**	14
54	P11 N	**Plantes villa des**	14
22	F20 S	**Plantin pass.**	20
19	D13	**Platanes villa des**	18
31	H14 S	**Plat-d'Étain r. du**	1
22	E20	**Plateau pass. du**	19
22	E20-E19	**Plateau r. du**	19
41	M10 S	**Platon r.**	15
32	H16-H15	**Plâtre r. du**	4
22-34	G20	**Plâtrières r. des**	20
40-39	M7-M6	**Plélo r. de**	15
46	M20	**Pleyel r.**	12
34	H20	**Plichon r.**	11
41	M9	**Plumet r.**	15
42	M11 N	**Poinsot r.**	14
38	M3	**Point-du-Jour porte du**	16
35	J22	**Pointe sentier de la**	20
57	R17	**Pointe-d'Ivry r. de la**	13
17	F9 S	**Point-Show galerie**	8
41	L9	**Poirier villa**	15
54	R12-R11	**Poirier-de-Narçay r.**	14
33	J17	**Poissonnerie imp. de la**	4
19	F14 S	**Poissonnière bd n^{os} impairs**	2
		n^{os} pairs	9
20	G15-F15	**Poissonnière r.**	2
8	D15 N	**Poissonnière villa**	18
8	A15-B15	**Poissonniers porte des**	18
8	D15-B15	**Poissonniers r. des**	18
44	K15	**Poissy r. de**	5
31	K14 N	**Poitevins r. des**	6
30	H12-J12	**Poitiers r. de**	7
33-32	H17-H16	**Poitou r. de**	3
7	B13	**Pôle-Nord r. du**	18
44	M16	**Poliveau r.**	5
15	G5 N	**Pologne av. de**	16
8	D15	**Polonceau r.**	18
15	G5	**Pomereu r. de**	16
46	N20-M19	**Pommard r. de**	12
27-15	J5-F6	**Pompe r. de la**	16
20-32	G15	**Ponceau pass. du**	2
32	G15	**Ponceau r. du**	2
16	E8 N	**Poncelet pass.**	17
16	E8	**Poncelet r.**	17
28-40	K8	**Pondichéry r. de**	15
58-47	P20-N22	**Poniatowski bd**	12
57	P17 S	**Ponscarme r.**	13
6	A11 S	**Pont-à-Mousson r. de**	17
20-32	G16	**Pont-aux-Biches pass. du**	3
33	H17	**Pont-aux-Choux r. du**	3
31	J14 S	**Pont-de-Lodi r. du**	6
17	F10-F9	**Ponthieu r. de**	8
32	J16	**Pont-Louis-Philippe r. du**	4
39	L5 N	**Pont-Mirabeau rd-pt du**	15
31	J14	**Pont-Neuf pl. du**	1
31	H14 S	**Pont-Neuf r. du**	1
44	K15	**Pontoise r. de**	5
33	H18	**Popincourt cité**	11
33	H18 S	**Popincourt imp.**	11
34-33	J19-H18	**Popincourt r.**	11
18	E11	**Portalis r.**	8
57	S17 N	**Port-au-Prince pl. de**	13
52	P8	**Pte-Brancion av. de la**	15
23	D21	**Pte-Brunet av. de la**	19
11	D21 N	**Pte-Chaumont av. de la**	19
5-4	C9-B8	**Pte-d'Asnières av. de la**	17
9	A18	**Pte-d'Aubervilliers av.**	
		n^{os} impairs 18 - n^{os} pairs	19
38	K3 S	**Pte-d'Auteuil av. de la**	16
36	G23 S	**Pte-de-Bagnolet av. de la**	20
36	G23-H23	**Pte-de-Bagnolet pl. de la**	20
3-4	D7-D6	**Pte-de-Champerret av.**	17
4	D7 N	**Pte-de-Champerret pl. de**	17
59	N21-P22	**Pte-de-Charenton av. de la**	12
54-53	R11-R10	**Pte-de-Châtillon av. de la**	14
54	R11 N	**Pte-de-Châtillon pl. de la**	14
57	S17	**Pte-de-Choisy av. de la**	13
5	B10	**Pte-de-Clichy av. de la**	17
7	A14	**Pte-de-Clignancourt av.**	18
55	S14	**Pte-de-Gentilly av. de la**	
		n^{os} impairs 13e - n^{os} pairs	14
8	A16	**Pte-de-la-Chapelle av.**	18
52	P7	**Pte-de-la-Plaine av. de la**	15
10	A20	**Pte-de-la-Villette av. de la**	19
24	F23 S	**Pte-de-Ménilmontant av. de la**	20
7	A13	**Pte-de-Montmartre av.**	18
36	J23 S	**Pte-de-Montreuil av. de la**	20

39

Plan n°	Repère	Nom	Arrondissement
36	J23 S	Pte-de-Montreuil pl. de la	20
54	R11	Pte-de-Montreuil av. de la	14
11	C21	Pte-de-Pantin av. de la	19
11	C21	Pte-de-Pantin pl. de la	19
26	J3 N	Pte-de-Passy pl. de la	16
52	P8	Pte-de-Plaisance av. de la	15
37	M2	Pte-de-St-Cloud av. de la	16
37-38	M2-M3	Pte-de-St-Cloud pl. de la	16
6	A12	Pte-de-St-Ouen av. de la	
		n°s impairs 17e - n°s pairs	18
39	N5	Pte-de-Sèvres av. de la	15
23-24	E22-E23	Pte-des-Lilas av. de la	
		n°s impairs	19
		n°s pairs	20
8	A15	Pte-des-Poissonniers av.	18
15	D6 S	Pte-des-Ternes av. de la	17
53	P9-R9	Pte-de-Vanves av. de la	14
53	P9 S	Pte-de-Vanves pl. de la	14
53	P9-R9	Pte-de-Vanves sq. de la	14
40-52	N7 S	Pte-de-Versailles pl. de la	15
3-15	D6	Pte-de-Villiers av. de la	17
48	L24-L23	Pte-de-Vincennes av.	
		n°s 2-24, 143-151	12
		n°s 1-23, 198	20
58	R19	Pte-de-Vitry av. de la	13
53	P10 S	Pte-Didot av. de la	14
39	N6	Pte-d'Issy r. de la	15
56	S16	Pte-d'Italie av. de la	13
57	S18-R17	Pte-d'Ivry av. de la	13
54	R12 S	Pte-d'Orléans av. de la	14
23	E22-D22	Pte-du-Pré-St-Gervais av. de la	19
32	H16 N	Portefoin r.	3
15	E6	Pte-Maillot pl. de la	16-17
37	L2	Pte-Molitor av. de la	16
37-38	L2-L3	Pte-Molitor r. de la	16
6	B11-A11	Pte-Pouchet av. de la	17
8	C15 N	Portes-Blanches r. des	18
19	G13 N	Port-Mahon r. de	2
44-43	M15-M13	Port-Royal bd de	
		n°s 1-93	13
		n°s 95-fin	14
		n°s pairs	5
43	M14 S	Port-Royal cité de	13
43	M14 S	Port-Royal sq. de	13
16	F7 S	Portugais av. des	16
27	H5 S	Possoz pl.	16
44	M15 N	Postes pass. des	5
44	L15 S	Pot-de-Fer r. du	5
7	B13 N	Poteau pass. du	18
7	B14-B13	Poteau r. du	18
56	R15-S15	Poterne-des-Peupliers r. de	13
31	G13 S	Potier pass.	1
9	B18-C18	Pottier cité	19
6	B11	Pouchet pass.	17
6	A11-B11	Pouchet porte	17
6	C11-B11	Pouchet r.	17
7	C13-D14	Poulbot r.	18
35	J21-K21	Poule imp.	20
8	C15 N	Poulet r.	18
32	K16	Pouletier r.	4
38	K4-K3	Poussin r.	16
56	P15 S	Pouy r. de	13
22	F19-E19	Pradier r.	19
20	G15-F15	Prado pass. du	10
33-45	K18 S	Prague r. de	12

Plan n°	Repère	Nom	Arrondissement
35	H22	Prairies r. des	20
8	B16 N	Pré r. du	18
22	E19	Préault r.	19
30	J12	Pré-aux-Clercs r. du	7
32	H15	Prêcheurs r. des	1
23	D21-D22	Pré-St-Gervais porte du	19
23	E21 S	Pré-St-Gervais r. du	19
16	F8-F7	Presbourg r. de	
		n°s 1-2	8
		n°s 3-fin, 4-fin	16
22-21	F19-F18	Présentation r. de la	11
30	H11	Président-Ed.-Herriot pl.	7
28-27	J7-K5	Président-Kennedy av. du	16
29	K10	Président-Mithouard pl.	7
28	G8-H7	Président-Wilson av. du	
		n°s impairs n°s 8-fin	16
		n°s 2-6	8
28	K8 N	Presles imp. de	15
28	K8 N	Presles r. de	15
22	G19 N	Pressoir r. du	20
27	G6 S	Prêtres imp. des	16
31	H14 S	Prêtres-St-Germain-l'Auxerrois r. des	1
31	K14 N	Prêtres-St-Séverin r. des	5
53	P9 S	Prévost-Paradol r.	14
32	J16 S	Prévôt r. du	4
22-23	D20-D21	Prévoyance r. de la	19
44-56	N16	Primatice r.	13
33	J17-H18	Primevères imp. des	11
19	F13 S	Princes pass. des	2
31	K13 N	Princesse r.	6
5	C9 S	Printemps r. du	17
54	R12-P12	Prisse-d'Avennes r.	14
41	M9-N10	Procession r. de la	15
36	J24-J23	Prof.-André-Lemierre av. du	
		n°s impairs	20
		n°s pairs Montreuil-Bagnolet	
8-7	A15-A14	Professeur-Gosset r. du	18
54	R12-S12	Professeur-Hyacinthe-Vincent r. du	14
56	R16-R15	Prof.-Louis-Renault r. du	13
23	E21 N	Progrès villa du	19
17-16	E9-D8	de Prony r.	17
17	D10 S	Prosper-Goubaux pl.	
		n°s impairs	8
		n°s pairs	17
34	K20 N	Prost cité	11
46	M20 S	Proudhon r.	12
31	H14	Prouvaires r. des	1
9	F13 N	Provence av. de	
19-18	F14-F12	Provence r. de	
		n°s 1-125, 2-118	9
		n°s 127-fin, 120-fin	
35	J22 S	Providence imp. de la	20
56-55	R15-P14	Providence r. de la	13
26	J4-H4	Prudhon av.	16
34	H20	Pruniers r. des	20
19	D13	Puget r.	18
44	L15 S	Puits-de-l'Ermite pl. du	5
44	L15-M15	Puits-de-l'Ermite r. du	5
5	C10 S	Pusy cité de	17
18	F11	Puteaux pass.	8
18	D11	Puteaux r.	17
4	D8 N	Puvis-de-Chavannes r.	17
35	H22-G22	Py r. de la	20
31-30	H13-H12	Pyramides pl. des	1
31	H13-G13	Pyramides r. des	1
47-22	K22-F20	Pyrénées r. des	20
35	J22-K22	Pyrénées villa des	20

40

Plan n°	Repère	Nom	Arrondissement
		q	
44	L15 S	de Quatrefages r.	5
32	H16	Quatre-Fils r. des	3
7	C13	Quatre-Frères-Casadesus pl. des	18
39	L6 N	Quatre-Frères-Peignot r.	15
19	G13-F13	Quatre-Septembre r. du	2
31	K13 N	Quatre-Vents r. des	6
31	J13 S	Québec pl. du	6
33	J18 S	Quellard cour	11
16-17	G8-F9	Quentin-Bauchart r.	8
36	K23 N	Quercy sq. du	20
22	G19	Questre imp.	11
40	L8	Quinault r.	15
32	H15	Quincampoix r.	
		n°s 1-63, 2-64	4
		n°s 65-fin, 66-fin	3

		r	
17	F10 S	Rabelais r.	8
38	K3	Racan sq.	16
18	D12	Rachel av.	18
38	L3 S	Racine imp.	16
31-43	K14-K13	Racine r.	6
31	G13 S	Radziwill r.	1
37	L2 S	Raffaëlli r.	16
26	K4	Raffet imp.	16
26	K4-K3	Raffet r.	16
46	L19	Raguinot pass.	12
47	M22 N	Rambervillers r. de	12
45-46	L18-L19	Rambouillet r. de	12
32-31	H16-H14	Rambuteau r.	
		n°s 1-73	4
		n°s 2-66	3
		n°s 75-fin, 68-fin	1
19	G13	Rameau r.	2
7-8	C14-C15	Ramey pass.	18
8-7	C15-C14	Ramey r.	18
22	F19	Rampal r.	19
33	G17	Rampon r.	11
22	F19	Ramponeau r.	20
35	H21	Ramus r.	20
35	J22	Rançon imp.	20
26	J4 N	Ranelagh av. du	16
27-26	K6-J4	Ranelagh r. du	16
26	J4	Ranelagh sq. du	16
47	M21	Raoul r.	12
42	M11 N	Raoul-Dautry pl.	15
45	M18-L17	Rapée port de la	12
45	M18-L17	Rapée quai de la	12
26	H4-J4	Raphaël av.	16
28	H8-J8	Rapp av.	7
28	J8 N	Rapp sq.	7
30-42	J12-N12	Raspail bd	
		n°s 1-41, 2-46	7
		n°s 43-147, 48-136	6
		n°s 201-fin, 202-fin	14
36	J23	Rasselins r. des	20
43	L14-M14	Rataud r.	5
34	J19 S	Rauch pass.	11
7	D13 N	Ravignan r.	18
56	R16 S	Raymond pass.	13
42-53	M11-P9	Raymond-Losserand r.	14
4	C8	Raymond-Pitet r.	17
27-15	H6-F6	Raymond-Poincaré av.	16
27	J6-K5	Raynouard r.	16
27	J6 N	Raynouard sq.	16
32-19	G16-G14	Réaumur r. n°s 1-49, 2-72	3
		n°s 51-fin, 74-fin	2
21-22	F18-F19	Rébeval r.	19
30	K12 N	Récamier r.	7
20	F16 N	Récollets pass. des	10
21-20	F17-F16	Récollets r. des	10
27-26	K5-J4	Recteur-Poincaré av. du	16
56	N15 S	Reculettes r. des	13
4-5	C8-C9	Redon r.	17
42	K12 S	Regard r. du	6
42	K11 S	Régis r.	6
36	J23 S	Réglises r. des	20
31-43	K13	Regnard r.	6
58-57	P19-R17	Regnault r.	13
20	F15-F16	Reilhac pass.	10
55	P14-R13	Reille av.	14
55	P14-P13	Reille imp.	14
4	C8	Reims bd de	17
57	P18	Reims r. de	13
30-29	G11-G10	Reine cours la	8
29	G9 S	Reine-Astrid pl. de la	8
44	M15-N15	Reine-Blanche r. de la	13
31	H14 N	Reine-de-Hongrie pass.	1
17	E9	Rembrandt r.	8
39-38	K5-K4	de Rémusat r.	16
22-21	E19-E18	Rémy-de-Gourmont r.	19
55-54	P13-P12	Remy-Dumoncel r.	14
29-17	G9	Renaissance r. de la	8
23	E21 N	Renaissance villa de la	19
32	J15-H15	Renard r. du	4
16	E8-D8	Renaudes r. des	17
47	L22	Rendez-vous cité du	12
47	L22	Rendez-vous r. du	12
26	J4-K4	René-Bazin r.	16
7	A14-A13	René-Binet r.	18
20	G16 N	René-Boulanger r.	10
27	J6	René-Boylesve av.	16
43-55	N13-R13	René-Coty av.	14
24	E23	René-Fonck av.	19
44	M16	René-Panhard r.	13
34	H20	René-Villermé r.	11
16	E8-D8	Rennequin r.	17
31-42	J13-L11	Rennes r. de	6
34	J20-H20	Repos r. du	20
33-34	G17-H20	République av. de la	11

Plan n°	Repère	Nom	Arrondissement
21-33	G17	**République pl. de la**	
		n^{os} impairs	3
		n°s 2-10	11
		n°s 12-16	10
17	E9	**Rép.-de-l'Equateur pl. de la**	8
17	E9 N	**Rép.-Dominicaine pl. de la**	
		n^{os} impairs 8e - n^{os} pairs	17
57	P18 S	**Résal r.**	13
28	H8	**Résistance pl. de la**	7
18	G11 N	**Retiro cité du**	8
23	G21 N	**Retrait pass. du**	20
23-35	G21	**Retrait r. du**	20
46-47	M20-M21	**Reuilly bd de**	12
47	N22	**Reuilly porte de**	12
46-47	K20-M21	**Reuilly r. de**	12
35	J22	**Réunion pl. de la**	20
35	K22-J21	**Réunion r. de la**	20
38	L4 S	**Réunion villa de la**	16
36-48	K23	**Reynaldo-Hahn r.**	20
22	D19	**Rhin r. du**	19
11-23	D21 S	**Rhin-et-Danube pl. de**	19
4	C8	**Rhône sq. du**	17
26	K4	**Ribera r.**	16
35	J21 S	**Riberolle villa**	20
40	L8 N	**Ribet imp.**	15
35	H22 S	**Riblette r.**	20
22-34	G19	**Ribot cité**	11
19	E14 S	**Riboutté r.**	9
56	P16 N	**Ricaut r.**	12
41	N9	**Richard imp.**	15
18	D11	**Richard-Baret pl.**	17
16	F8	**Richard-de-Coudenhove-Kalergi pl.**	16
33	J17-G17	**Richard-Lenoir bd**	11
34	J19	**Richard-Lenoir r.**	11
31	G13-H13	**Richelieu pass. de**	1
31-19	H13-F14	**Richelieu r. de**	
		n°s 1-53, 2-56	1
		n°s 55-fin, 58-fin	2
57	P17	**Richemond r. de**	13
18	G11-G12	**Richepance r.** n^{os} impairs	8
		n^{os} pairs	1
20-19	F15-F14	**Richer r.**	9
21	F17	**Richerand av.**	10
8	D15 N	**Richomme r.**	18
53	N10 S	**Ridder r. de**	14
18	F11 N	**Rigny r. de**	8
23-22	F21-F20	**Rigoles r. des**	20
22	D20 S	**Rimbaud villa**	19
54	P12 N	**Rimbaut pass.**	14
17	E10	**Rio-de-Janeiro pl. de**	8
9-8	C18-C16	**Riquet r.** n°s 1-53, 2-64	19
		n°s 65-fin, 66-fin	18
20	F16-G16	**Riverin cité**	10
34	G20	**Rivière pass.**	19
32-30	J16-G11	**Rivoli r. de** n°s 1-39, 2-96	4
		n°s 41-fin, 98-fin	1
7	B13	**Robert imp.**	18
21	E17	**Robert-Blache r.**	10
27-39	K6	**Robert-de-Flers r.**	15
21	E17	**Robert-Desnos pl.**	10
29	H10	**Robert-Esnault-Pelterie r.**	7
17	G9 N	**Robert-Estienne r.**	8
58	P20	**Robert-Etlin r.**	12
40	L8	**Robert-Fleury r.**	15
21	F18 S	**Robert-Houdin r.**	11
27	J5 S	**Robert-Le-Coin r.**	16
40	N8	**Robert-Lindet r.**	15
40	N8	**Robert-Lindet villa**	15
19	D13	**Robert-Planquette r.**	18
29	H9	**Robert-Schuman av.**	7
26	K4 N	**Robert-Turquan r.**	16
6	B11	**Roberval r.**	17
29	J9 N	**Robiac sq. de**	7
35	G21 S	**Robineau r.**	20
42	L12 S	**Robiquet imp.**	6
26	K3 N	**Rocamadour sq. de**	16
28	G8 S	**Rochambeau pl.**	16
19	E14	**Rochambeau r.**	9
34	H19	**Rochebrune pass.**	11
34	H19	**Rochebrune r.**	11
20-19	D15-D14	**de Rochechouart bd**	
		n^{os} impairs	9
		n^{os} pairs	18
19	E14-D14	**de Rochechouart r.**	9
18	E11	**Rocher r. du**	8
20	E15-D15	**Rocroy r. de**	10
43	N13	**Rodenbach allée**	14
19	E14	**Rodier r.**	9
27	H5 N	**Rodin av.**	16
26	J4 S	**Rodin pl.**	16
42	N12 N	**Roger r.**	14
16	D7 S	**Roger-Bacon r.**	17
33	J17	**Roger-Verlomme r.**	3
31	K13 N	**Rohan cour de**	6
31	H13 N	**Rohan r. de**	1
8	B15	**Roi-d'Alger pass. du**	18
7-8	B14-B15	**Roi-d'Alger r. du**	18
32	J16	**Roi-de-Sicile r. du**	4
33	H17 S	**Roi-Doré r. du**	3
32	G15	**Roi-François cour du**	2
7	C13-C14	**Roland-Dorgelès carr.**	18
24-36	G23	**Roland-Garros sq.**	20
55	R14 S	**Roli r.**	14
35	J21-K21	**Rolleboise imp.**	20
44	L15	**Rollin r.**	5
54-53	S12-R10	**Romain-Rolland bd**	14
23	E21-E22	**Romainville r. de**	19
32	H16 N	**Rome cour de**	3
18	E11 S	**Rome cour de**	8
18-5	F12-C10	**Rome r. de** n°s 1-73, 2-82	8
		n°s 75-fin, 84-fin	17
35	G21 S	**Rondeaux pass. des**	20
35	H21-G21	**Rondeaux r. des**	20
46	L20 N	**Rondelet r.**	12
35	H21 N	**Rondonneaux r. des**	20
7	D14 N	**Ronsard r.**	18
41	L10 S	**Ronsin imp.**	15
18	F11	**Roquépine r.**	8
33	J18	**Roquette cité de la**	11
33-34	J18-H20	**Roquette r. de la**	11
41	L10-L9	**Rosa-Bonheur r.**	15
41-53	N9	**Rosenwald r.**	15
9-8	B17-B16	**Roses r. des**	18
8	B16 S	**Roses villa des**	18
40	L7	**Rosière r. de la**	15
32	J16	**Rosiers r. des**	4
56	S16	**Rosny-Aîné sq.**	20
19	F14-F13	**Rossini r.**	9
6	C12 S	**Rothschild imp.**	18
43	K13 S	**Rotrou r.**	6
47-48	M22-23	**Rottembourg r.**	12
20	E15-E16	**Roubaix pl. de**	10
34-46	K20	**Roubo r.**	11
28-40	K7	**Rouelle r.**	15
9	C18 S	**Rouen r. de**	19
54	P12 S	**Rouet imp. du**	14
19	F14	**Rougemont cité**	9

Plan n°	Repère	Nom	Arrondissement
19	F14	Rougemont r.	9
30	G12 S	Rouget-de-l'Isle r.	1
31	H14 S	Roule r. du	1
16	E8 S	Roule sq. du	8
42	K11 S	Rousselet r.	7
34	G20 S	Routy-Philippe imp.	20
10	B20-B19	Rouvet r.	19
38	L4-L3	Rouvray av. de	16
16	D8 S	Roux imp.	17
18	F11 N	Roy r.	8
30	H12 S	Royal pont	1-7
18	G11	Royale r.	8
43	L14	Royer-Collard imp.	5
43	L14	Royer-Collard r.	5
44	N16	Rubens r.	13
16	F7 N	Rude r.	16
18	C16 S	Ruelle pass.	18
15	D6 S	Ruhmkorff r.	17
7	C13-B14	Ruisseau r. du	18
55	R14	Rungis pl. de	13
55	R14	Rungis r. de	13
17	E10	Ruysdaël av.	8

S

Plan n°	Repère	Nom	Arrondissement
54	N12-N11	Sablière r. de la	14
27	G6-H6	Sablons r. des	16
15	E6-E5	Sablonville r. de	17
30	K12 N	Sabot r. du	6
7	C14 S	Sacré-Cœur cité du	18
23	E21 N	Sadi-Carnot villa	19
21	E18 N	Sadi-Lecointe r.	19
47-48	M22-M23	Sahel r. du	12
47	M22 N	Sahel villa du	12
15	F6-F5	Saïd villa	16
52	N7-N8	Saïda r. de la	15
16	F7 N	Saïgon r. de	16
54	N12 S	Saillard r.	14
54	R12	St-Alphonse imp.	14
41	N9	Saint-Amand r.	15
34-33	H19-H18	St-Ambroise pass.	11
33-34	H18-H19	St-Ambroise r.	11
31	K14 N	St-André-des-Arts pl.	6
31	J14-J13	St-André-des-Arts r.	6
6	B12 N	Saint-Ange imp.	17
6	B12 N	Saint-Ange pass.	17
33	K18 N	St-Antoine pass.	11
33-32	J17-J16	St-Antoine r.	4
18	F11 N	St-Augustin pl.	8
19	G13 N	St-Augustin r.	2
31	J13 S	St-Benoît r.	6
34	K19	St-Bernard pass.	11
45-44	L17-K16	St-Bernard port	5
45-44	L17-K16	St-Bernard quai	5
34	K19	St-Bernard r.	11
35	H22 N	St-Blaise pl.	20
35-36	H22-J23	St-Blaise r.	20
32	J15 N	St-Bon r.	4
8	D16-D15	St-Bruno r.	18
39	L6 N	St-Charles imp.	15
40	K7 S	St-Charles pl.	15
39	L6-M6	St-Charles rd-pt	15
28-39	K7-M5	St-Charles r.	15
46	L20 N	St-Charles sq.	12
21	F18-E18	St-Chaumont cité	19
39	L5-L6	St-Christophe r.	15
33	H17 S	St-Claude imp.	3
33	H17 S	St-Claude r.	3
37	M2-N2	St-Cloud porte de	16
20	G16-G15	St-Denis bd	
		n°s 1-9	3
		n°s 11-fin	2
		n°s pairs	10
20-32	G15	St-Denis galerie	2
32	G15 S	St-Denis imp.	2
31-20	J14-G15	St-Denis r.	
		n°s 1-133, 2-104	1
		n°s 135-fin, 106-fin	2
28-27	G7-G6	St-Didier r.	16
30-28	J11-J8	St-Dominique r.	7
7	D14 N	St-Eleuthère r.	18
46	L20 N	St-Eloi cour	12
34	K19	St-Esprit cour du	11
44	L15 N	St-Etienne-du-Mont r.	5
31	H14 N	St-Eustache imp.	1
38	M4-N3	Saint-Exupéry quai	16
23	F22 S	St-Fargeau pl.	20
23-24	F21-F23	St-Fargeau r.	20
16	E7	St-Ferdinand pl.	17
16-15	E7-E6	St-Ferdinand r.	17
32	H15 S	St-Fiacre imp.	4
19	G14-F14	St-Fiacre r.	2
18-30	G11	St-Florentin r. n°s pairs	1
		n°s impairs	8
7	B14 N	St-François imp.	18
19	E13	St-Georges pl.	9
19	F13-E13	St-Georges r.	9
44-30	K16-H11	St-Germain bd	
		n°s 1-73, 2-100	5
		n°s 75-175, 102-186	6
		n°s 177-fin, 188-fin	7
31	J13 S	St-Germain-des-Prés pl.	6
31	J14 N	St-Germain-l'Auxerrois r.	1
32	J15	St-Gervais pl.	4
33	J17 N	St-Gilles r.	3
55	P13	St-Gothard r. du	14
30	J12	St-Guillaume r.	7
44-43	N15-N14	St-Hippolyte r.	13
31-18	H14-G11	St-Honoré r.	
		n°s 1-271, 2-404	1
		n°s 273-fin, 406-fin	8
15-27	G6	St-Honoré-d'Eylau av.	16
34	H19 N	St-Hubert r.	11
30	G12 S	St-Hyacinthe r.	1
33	H18	St-Irénée sq.	11
43-55	N14-N13	St-Jacques bd	14
33	J18 S	St-Jacques cour	11
43	N13	St-Jacques pl.	14
31-43	K14-M14	St-Jacques r.	5
55	N13 S	St-Jacques villa	14

43

Plan n°	Repère	Nom	Arrondissement
6	C11-C12	St-Jean r.	17
42	L11 N	St-Jean-Baptiste-de-la-Salle r.	6
8	D16-C16	St-Jérôme r.	18
33	K18 N	St-Joseph cour	11
19	G14 N	St-Joseph r.	2
32	H15	St-Josse pl.	4
7	B13 N	St-Jules pass.	18
32-31	K15-K14	St-Julien-le-Pauvre r.	5
5	B10 N	Saint-Just r.	17
40	M7-N7	St-Lambert r.	15
20	E16 S	St-Laurent r.	10
19-18	E13-F12	St-Lazare r.	
		N°s 1-109, 2-106	9
		N°s 111-fin, 108-fin	8
33	K18-J18	St-Louis cour	11
32	K15 N	St-Louis pont	4
32	K16-K15	St-Louis-en-l'Ile r.	4
8	D15 N	St-Luc r.	18
47-48	L21-L23	St-Mandé av. de	12
48	L23	St-Mandé porte de	12
47	L22-L21	St-Mandé villa de	12
19	F14 S	St-Marc galerie	2
19	F14-F13	St-Marc r.	2
4	C8	de Saint-Marceaux r.	17
44	M16-M15	St-Marcel bd n°s impairs	13
		n°s pairs	5
20	G16	St-Martin bd	
		n°s impairs	3
		n°s pairs	10
20	F16	St-Martin cité	10
32-20	J15-G16	St-Martin r.	
		n°s 1-143, 2-152	4
		n°s 145-fin, 154-fin	3
8	D16-D15	St-Mathieu r.	18
34	H19 N	St-Maur pass.	11
34-21	H19-F18	St-Maur r.	
		n°s 1-175, 2-176	11
		n°s 177-fin, 178-fin	10
44	L15 S	St-Médard r.	5
32	H15	St-Merri r.	4
31-43	K14-M13	St-Michel bd n°s impairs	5
		n°s pairs	6
6	C12	St-Michel pass.	17
31	J14 S	St-Michel pl. n°s 1-7	5
		n°s 2-10, 9-13	6
31	J14	St-Michel pont	4-5
31	K14-J14	St-Michel quai	5
6	C12	St-Michel villa	18
34	K20	St-Nicolas cour	11
33	K18	St-Nicolas r.	12
6	C12-B12	St-Ouen av. de	
		n°s impairs	17
		n°s pairs	18
6	B12 S	St-Ouen imp.	17
6	A12	St-Ouen porte de	17-18
35	J22	St-Paul imp.	20
32	J16 S	St-Paul pass.	4
32-33	K16-J17	St-Paul r.	4
20	G15 N	St-Philippe r.	2
17	F10	St-Ph.-du-Roule pass.	8
17	F9	St-Philippe-du-Roule r.	8
6	C12-C11	St-Pierre cour	17
35	J22-J21	St-Pierre imp.	20
19	D14	St-Pierre pl.	18
33	H17-H18	St-Pierre-Amelot pass.	11
42	L12-K11	St-Placide r.	6
20	E16	St-Quentin r. de	10
31	G13 S	St-Roch pass.	1
30-31	H12-G13	St-Roch r.	1

Plan n°	Repère	Nom	Arrondissement
42	K11-L11	St-Romain r.	6
7	C14 S	St-Rustique r.	18
33	J18-H17	St-Sabin r.	11
28	J7-K7	St-Saëns r.	15
32	G15 S	St-Sauveur r.	2
33	H18	St-Sébastien imp.	11
33	H17-H18	St-Sébastien pass.	11
33	H17-H18	St-Sébastien r.	11
16	D7 S	de Saint-Senoch r.	17
31	K14 N	St-Séverin r.	5
30	J11	de Saint-Simon r.	7
23	F21 S	Saint-Simoniens pass. des	20
20	G15 N	St-Spire r.	2
31	K13	St-Sulpice pl.	6
31	K13	St-Sulpice r.	6
30	J12	St-Thomas-d'Aquin pl.	7
30	J12	St-Thomas-d'Aquin r.	7
44	K15 S	St-Victor r.	5
22	E20	St-Vincent imp.	19
7	C14-C13	St-Vincent r.	18
20	E15-D15	St-Vincent-de-Paul r.	10
55-54	R13-P12	St-Yves r.	14
33	H17 S	Ste-Anastase r.	3
19	G13	Ste-Anne pass.	2
19-31	G13	Ste-Anne r.	
		n°s 1-47, 2-38	1
		n°s 49-fin, 40-fin	2
33	J17-J18	Ste-Anne-Popincourt pass.	11
20	G16-G15	Ste-Apolline r.	
		n°s 1-11, 2-8	3
		n°s 13-fin, 10-fin	2
32	H16 S	Ste-Avoie pass.	3
42	L12	Sainte-Beuve r.	6
20-19	F15-F14	Ste-Cécile r.	9
46	L20	Sainte-Claire-Deville r.	12
6	B11	Ste-Croix imp.	17
32	J16-H15	Ste-Croix-de-la-Bretonnerie r.	4
32	J15 N	Ste-Croix-de-la-Bretonnerie sq.	4
32	G16 S	Ste-Elisabeth pass.	3
32	G16 S	Ste-Elisabeth r.	3
40	N8 N	Ste-Eugénie av.	15
41	M9	Ste-Félicité r.	15
20	G15	Ste-Foy galerie	2
20	G15 N	Ste-Foy pass.	2
20	G15 N	Ste-Foy r.	2
43-44	L14-L15	Ste-Geneviève pl.	5
56	R15-S15	Ste-Hélène r. de	13
7	B14 N	Ste-Henriette imp.	18
7	B14 N	Ste-Isaure r.	18
42	N11	Ste-Léonie imp.	14
39	L6	Ste-Lucie r.	15
48	N23-N24	Ste-Marie av.	12
24	F23 S	Ste-Marie villa	20
21	F18	Ste-Marthe imp.	10
21	F18	Ste-Marthe r.	10
6	B12	Ste-Monique imp.	18
32-31	H15-H14	Ste-Opportune pl.	1
31-32	H14-H15	Ste-Opportune r.	1
31-30	J13-H12	Sts-Pères port des	6-7
31-30	J13-K12	Sts-Pères r. des	
		n°s impairs	6
		n°s pairs	7
32-33	H16-G17	Saintonge r. de	3
33	J18	Salarnier pass.	11
31	K14 N	Salembrière imp.	5
5-17	D10 N	Salneuve r.	17

Plan nº	Repère	Nom	Arrondissement
32	G15	**Salomon-de-Caus r.**	3
15	D6 S	**Salonique av. de**	17
21	F17-F18	**Sambre-et-Meuse r. de**	10
56	P15	**Samson r.**	13
47	N22	**Sancerrois sq. du**	12
18	F12	**Sandrié imp.**	9
43	M14 S	**Santé imp. de la**	13
43-55	M14-P14	**Santé r. de la**	
		nos impairs	13
		nos pairs	14
47	L21-L22	**Santerre r.**	12
44	M16-M15	**Santeuil r.**	5
29	J10 N	**Santiago-du-Chili pl.**	7
41	N9	**Santos-Dumont r.**	15
41	N9	**Santos-Dumont villa**	15
54	P12	**Saône r. de la**	14
39	M6-L6	**Sarasate r.**	
54	P12-R12	**Sarrette r.**	14
35	J22	**Satan imp.**	20
6	C11-B11	**Sauffroy r.**	17
7	C13-C14	**Saules r. des**	18
19	F14-E14	**Saulnier r.**	9
18	F11 S	**Saussaies pl. des**	8
17-18	F10-F11	**Saussaies r. des**	8
16	E8	**Saussier-Leroy r.**	17
17-5	D10-C9	**de Saussure r.**	17
31	H14	**Sauval r.**	1
35	J22	**Savart pass.**	20
22	F20	**Savies r. de**	20
31	J14 S	**Savoie r. de**	6
29	J9 S	**Savorgnan-de-Brazza r.**	7
41	K9-L10	**Saxe av. de**	
		nos impairs, nos 2-48	7
		nos 50-fin	15
29-41	K9-K10	**Saxe villa de**	7
19	D14 S	**Say r.**	9
33	J17	**Scarron r.**	11
27	H6	**Scheffer r.**	16
27	H6-H5	**Scheffer villa**	16
42	N12 N	**Schœlcher r.**	14
45	K17 S	**de Schomberg r.**	4
36	K23 N	**Schubert r.**	20
28	K7	**Schutzenberger r.**	15
44	M15 S	**Scipion r.**	5
18	F12	**Scribe r.**	9
30	J12	**Sébastien-Bottin r.**	7
39	L5-L6	**Sébastien-Mercier r.**	15
32-20	J15-G15	**Sébastopol bd de**	
		nos 1-65	1
		nos 67-fin	2
		nos 2-40	4
		nos 42-fin	3
21-22	D18-E19	**Secrétan av.**	19
40	K8 S	**Sécurité pass.**	15
33	J18	**Sedaine cour**	11
33-34	J18-H19	**Sedaine r.**	11
28	H8-J8	**Sédillot r.**	7
28-29	J8-J9	**Sédillot sq.**	7
31	J14 S	**Séguier r.**	6
29-41	K10-L9	**de Ségur av.**	
		nos 1-73, 2-36	7
		nos 75-fin, 38-fin	15
29-41	K9-K10	**de Ségur villa**	7
9-10	D18-C19	**Seine quai de la**	19
31	J13-K13	**Seine r. de**	6
17-29	G10	**Selves av. de**	8
31-43	K13	**Séminaire allée du**	6
22	F19 S	**Sénégal r. du**	20
4	C8 S	**Senlis r. de**	17

Plan nº	Repère	Nom	Arrondissement
19	G14-F14	**Sentier r. du**	2
11	C21-C22	**Sept-Arpents r. des**	19
46-47	L20-L21	**Sergent-Bauchat r. du**	12
16	D7 S	**Sergent-Hoff r. du**	17
37	M2	**Sergent-Maginot r. du**	16
31	K14 N	**Serpente r.**	6
36	H23	**Serpollet r.**	20
40	M7 N	**Serret r.**	15
23-11	E22-B21	**Sérurier bd**	19
34	H19	**Servan r.**	11
34	H19	**Servan sq.**	11
43	K13	**Servandoni r.**	6
54-55	P12-P13	**Seurat villa**	14
42-54	N11 S	**Severo r.**	14
19	D14	**Seveste r.**	18
32-33	J16-J17	**de Sévigné r.**	
		nos 1-21, 2-34	4
		nos 23-fin, 36-fin	3
39	N5	**Sèvres porte de**	15
30-41	K12-L10	**Sèvres r. de**	
		nos 1-143, 2-8	6
		nos 10-98	7
		nos 145-fin, 100-fin	15
28	K7	**Sextius-Michel r.**	15
18	F12 S	**de Sèze r.** nos 1-11, 2-18	9
		nos 13-fin, 20-fin	8
15	F6 S	**Sfax r. de**	16
27	H5	**Siam r. de**	16
20	F16 N	**Sibour r.**	10
47	M22-L22	**Sibuet r.**	12
47	M21-M22	**Sidi-Brahim r.**	12
56	P15	**Sigaud pass.**	13
11-23	D21-D22	**Sigmund-Freud r.**	19
28	H8-J8	**Silvestre-de-Sacy av.**	7
8-7	C15-C14	**Simart r.**	18
22-21	F19-E18	**Simon-Bolivar av.**	19
7	C13	**Simon-Dereure r.**	18
56	P15	**Simonet r.**	13
57	R17	**Simone-Weil r.**	13
32	H15 S	**Simon-le-Franc r.**	4
8-7	B15-B14	**Simplon r. du**	18
27	J5	**Singer pass.**	16
27	J5	**Singer r.**	16
32	J16 N	**Singes pass. des**	4
5	C9	**Sisley r.**	17
42	N12	**Sivel r.**	14
9	A18	**Skanderbeg pl.**	19
55	P14	**Sœur-Catherine-Marie r.**	13
56	N15 S	**Sœur-Rosalie av. de la**	13
20	D15	**Sofia r. de**	18
9	D18 N	**Soissons r. de**	19
23	F21 N	**Soleil r. du**	20
41	M9 N	**Soleil-d'Or cour du**	15
34-35	G20-G21	**Soleillet r.**	20
30	H12	**Solférino pont de**	1-7
30	H12-H11	**Solférino port de**	7
30	H11 S	**Solférino r. de**	7
22-23	D20-D21	**Solidarité r. de la**	19
22	E20	**Solitaires r. des**	19
4	C7-D7	**Somme bd de la**	17
38	M3 S	**Sommeiller villa**	16
32-31	K15-K14	**du Sommerard r.**	5
53	P9 N	**Sommet-des-Alpes r. du**	15
15	F6 S	**Sontay r. de**	16
54	P12-N12	**Sophie-Germain r.**	14
22-35	G20-G21	**Sorbier r.**	20
43	K14 S	**Sorbonne pl. de la**	5
43	K14 S	**Sorbonne r. de la**	5
23-35	G22	**Souchet villa**	20
27	H5 N	**Souchier villa**	16

45

Plan nº	Repère	Nom	Arrondissement
28-40	K8	**Soudan r. du**	15
43	L14 N	**Soufflot r.**	5
35	J21 S	**Souhaits imp. des**	20
57	P17	**Souham pl.**	13
47-48	N22-L23	**Soult bd**	12
23	G21 N	**Soupirs pass. des**	20
26-38	K4	**Source r. de la**	16
34	K20	**Souzy cité**	11
34	H20 N	**Spinoza r.**	11
15-27	F5-G5	**Spontini r.**	16
15	G5	**Spontini villa**	16
38	K4-K3	**Square av. du**	16
7-6	B13-B12	**Square-Carpeaux r. du**	18
41	L9-L10	**de Staël r.**	15
21	D18-D17	**Stalingrad pl. de**	
		nºˢ impairs	10
		nºˢ pairs	19
42	L12 S	**Stanislas r.**	6
24	G23 N	**Stanislas-Meunier r.**	20
10	B19	**Station sentier de la**	19
19	D14	**Steinkerque r. de**	18
7	C13	**Steinlen r.**	18
21	F18-E18	**Stemler cité**	19
35	H22	**Stendhal pass.**	20
35	H22	**Stendhal r.**	20
35	H22	**Stendhal villa**	20
4	C7-D7	**Stéphane-Mallarmé av.**	17
44	N16 S	**Stéphen-Pichon av.**	13
8	D16-C16	**Stephenson r.**	18
57	P17	**Sthrau r.**	13
46	L20	**Stinville pass.**	12
18	E11 S	**Stockholm r. de**	8
20	G15-E16	**Strasbourg bd de**	10
4	D7 N	**Stuart-Merrill pl.**	17
26-38	H4-K3	**Suchet bd**	16
22	D19	**Sud pass. du**	19
35	J22 N	**Suez imp.**	20
8	C15 S	**Suez r. de**	18
28-41	J7-L9	**de Suffren av.**	
		nºˢ 1-143 bis	7
		nºˢ 145-fin, nºˢ pairs	15
28	J7	**de Suffren port**	7-15
31	K14 N	**Suger r.**	6
53	N10-P10	**Suisses r. des**	14
32-44	K16	**Sully pont de**	4-5
33	K17	**de Sully r.**	4
29	H9	**Sully-Prudhomme av.**	7
29	H9	**Surcouf r.**	7
18	F11 S	**Surène r. de**	8
23	G22-F22	**Surmelin pass. du**	20
23-24	G22-F23	**Surmelin r. du**	20
37	L1 N	**Suzanne-Lenglen r.**	16
19	D14	**Suzanne-Valadon pl.**	18
26-38	K3	**Sycomores av. des**	16

t

Plan nº	Repère	Nom	Arrondissement
32	J15	**Tacherie r. de la**	4
23	F21 S	**Taclet r.**	20
56	R16	**Tage r. du**	13
23	F21 N	**Taillade av.**	20
33	J18 S	**Taillandiers pass. des**	11
33	J18 S	**Taillandiers r. des**	11
47	K21	**Taillebourg av. de**	11
46-47	M20-21	**Taine r.**	12
19	F13-E13	**Taitbout r.**	9
47	M21-22	**Taïti r. de**	12
29	H10-J10	**de Talleyrand r.**	7
27	J5 N	**Talma r.**	16
6-7	B12-B13	**Talus cité du**	18
7	B13 N	**Talus imp. du**	18
10	D19 N	**Tandou r.**	19
9	D17-C18	**Tanger r. de**	19
43	N14	**Tanneries r. des**	13
5	D10-C10	**Tarbé r.**	17
19	D14	**Tardieu r.**	18
4	C8	**Tarn sq. du**	17
26-27	H4-H5	**Tattegrain pl.**	16
20	G16-F16	**Taylor r.**	10
17	E10	**Téhéran r. de**	8
23	F21	**Télégraphe pass. du**	20
23	F22-F21	**Télégraphe r. du**	20
33	H17-G17	**Temple bd du**	
		nºˢ impairs	3
		nºˢ pairs	11
32-33	J15-G17	**Temple r. du**	
		nºˢ 1-63, 2-58	4
		nºˢ 65-fin, 60-fin	3
42	N11-N12	**Tenaille pass.**	14
6	B12	**Tennis r. des**	18
33	H18-G18	**Ternaux r.**	11
16-15	E8-E6	**Ternes av. des**	17
16	E8	**Ternes pl. des**	
		nºˢ impairs, nº 6	17
		nºˢ pairs (sauf le 6)	8
15	E6	**Ternes porte des**	17
16	E7-D7	**Ternes r. des**	17
16	D7-E7	**Ternes villa des**	17
21-20	E17-E16	**Terrage r. du**	10
17	D10	**Terrasse imp. de la**	17
17	D10 S	**Terrasse r. de la**	17
35	J21-J22	**Terre-Neuve r. de**	20
57	R18 N	**Terres-au-Curé r. des**	13
7	C14 S	**Tertre imp. du**	18
7	D14 N	**Tertre pl. du**	18
41	M9	**Tessier r.**	15
21	F18 S	**Tesson r.**	10
42	M11-N11	**Texel r. du**	14
17	E9-D10	**Thann r. de**	17
39-40	K6-L8	**Théâtre r. du**	15
31-43	K14	**Thénard r.**	5
16	D8 S	**Théodore-de-Banville r.**	17
40	M7 S	**Théodore-Deck r.**	15
40	M7 S	**Théodore-Deck prolongée r.**	15
40	M7 S	**Théodore-Deck villa**	15
47	N21	**Théodore-Hamont r.**	12
40	K8 S	**Théodore-Judlin sq.**	15
38	L4 N	**Théodore-Rivière pl.**	16
26	J4 S	**Théodore-Rousseau av.**	16
16	E8	**Théodule-Ribot r.**	17
27-38	K5-K4	**Théophile-Gautier av.**	16

Plan n°	Repère	Nom	Arrondissement
38	K4-L4	Théophile-Gautier sq.	16
46-45	K19-K18	Théophile-Roussel r.	12
40	L8-M8	Théophraste-Renaudot r.	15
31	G13	Thérèse r.	1
42-54	N11 S	Thermopyles r. des	14
54	P12 N	Thibaud r.	14
41	N9 N	Thiboumery r.	15
33	K18-J18	Thiéré pass.	11
27	G5	Thiers r.	16
27	G5	Thiers sq.	16
4	C8 S	Thimerais sq. du	17
20-19	E15-E14	Thimonnier r.	9
10	C19 S	Thionville pass. de	19
10	C19-C20	Thionville r. de	19
7	D13-C13	Tholozé r.	18
56	S15 N	Thomire r.	13
20	G15-F15	Thorel r.	2
39	M6 S	Thoréton villa	15
33	H17 S	de Thorigny pl.	3
33	H17 S	de Thorigny r.	3
44	L15	Thouin r.	5
40	L8	Thuré cité	15
52	P7 N	Thureau-Dangin r.	15
56	R16	Tibre r. du	13
26-38	K3	Tilleuls av. des	16
16	F8-F7	Tilsitt r. de	
		n°s 1-5, 2-14	8
		n°s 7-11, 16-34	17
40	K8 S	Tiphaine r.	15
32-31	G15-G14	Tiquetonne r.	2
32	J16	Tiron r.	4
39	M6	Tisserand r.	15
44	N16 N	Titien r.	13
34	K20	Titon r.	11
34	H20-G20	Tlemcen r. de	20
17-5	D10-C9	de Tocqueville r.	17
5	C9 S	de Tocqueville sq.	17
35	K22	Tolain r.	20
46	N19	Tolbiac pont de	12-13
58	P20-N19	Tolbiac port de	13
58-55	N19-P14	Tolbiac r. de	13
26	K3 N	Tolstoï sq.	16
55-54	N13-R12	Tombe-Issoire r. de la	14
20	D16	Tombouctou r. de	18
8	C16 N	de Torcy pl.	18
9-8	C17-C16	de Torcy r.	18
16	E7-D7	Torricelli r.	17
47	M22	Toul r. de	12
43	L14 N	Toullier r.	5
11	D21 N	Toulouse r. de	19
6	A12	Toulouse-Lautrec r.	17
27	H6-H5	Tour r. de la	16
27	H5 N	Tour villa de la	16
19	E13	Tour-des-Dames r. de la	9
42	N11	Tour-de-Vanves pass.	14
23	F22 N	Tourelles pass. des	20
23	F22 N	Tourelles r. des	20
7	C13 S	Tourlaque r.	18
44	L15-M15	Tournefort r.	5
32-44	K16	Tournelle pont de la	4-5
32-44	K16-K15	Tournelle port de la	5
32-44	K16-K15	Tournelle quai de la	5

Plan n°	Repère	Nom	Arrondissement
33	J17	Tournelles r. des	
		n°s 1-29, 2-44	4
		n°s 31-fin, 46-fin	3
47	M21 S	Tourneux imp.	12
47	M21 S	Tourneux r.	12
31-43	K13	Tournon r. de	6
40	L7 N	Tournus r.	15
22	F19	Tourtille r. de	20
29	J10-J9	de Tourville av.	7
56	P16 S	Toussaint-Féron r.	13
31	K13 N	Toustain r.	6
20	G15	de Tracy r.	2
8	B15	Traëger cité	18
16	F7	Traktir r. de	16
22	F20	Transvaal r. du	20
45	L17-K18	Traversière r.	12
17	E10 S	Treilhard r.	8
32	J16	Trésor r. du	4
7	C14-B14	de Trétaigne r.	18
19	F14-E14	de Trévise cité	9
19	F14-E14	de Trévise r.	9
32	G15 S	Trinité pass. de la	2
18	E12	Trinité r. de la	9
16	E7	Tristan-Bernard pl.	17
27-28	H6-H7	Trocadéro et Onze-Novembre pl. du	16
27	H6	Trocadéro sq. du	16
21-33	G18	Trois-Bornes cité des	11
21-33	G18	Trois-Bornes r. des	11
21-33	G18	Trois-Couronnes r. des	11
33	K18 N	Trois-Frères cour des	11
19	D14-D13	Trois-Frères r. des	18
32	K15	Trois-Portes r. des	5
33	J18 N	Trois-Sœurs imp. des	11
18	F12	Tronchet r.	
		n°s impairs, 2-26	8
		n°s 28-fin	9
47	K21 S	Trône av. du n°s impairs	11
		n°s pairs	12
47	K21 S	Trône pass. du	11
18	F11	Tronson-du-Coudray r.	8
34	K19	Trousseau r.	11
16	E8 S	Troyon r.	17
56	R15 N	Trubert-Bellier pass.	13
19	D14-E14	Trudaine av.	9
19	E14	Trudaine sq.	9
6-5	D11-C10	Truffaut r.	17
33	H18	Truillot imp.	11
30	H12-H11	Tuileries port des	1
31-30	H13-H11	Tuileries quai des	1
7	B14 N	Tulipes villa des	18
35-47	K21	Tunis r. de	11
22	E20-E19	Tunnel r. du	19
31-32	H14-G16	Turbigo r. de	
		n°s 1-11, 2-14	1
		n°s 13-31, 16-24	2
		n°s 33-fin, 26-fin	3
33	J17-H17	de Turenne r.	
		n°s 1-27, 2-22	4
		n°s 29-fin, 24-fin	3
19	E14-D14	Turgot r.	9
18	E12-D11	Turin r. de	8
35	K21	Turquetil pass.	11

Les rues de Paris sont numérotées par rapport à la Seine : la maison n° 1 est la plus proche du fleuve lorsque la rue s'en écarte, en amont lorsqu'elle lui est parallèle.

Numéros impairs à gauche, numéros pairs à droite.

Plan n°	Repère	Nom	Arrondissement	Plan n°	Repère	Nom	Arrondissement

u

Plan n°	Repère	Nom	Arrondissement
43	L14-M14	Ulm r. d'	5
57	P18 N	Ulysse-Trélat r.	13
29	J9	Union pass. de l'	7
16-28	G7	Union sq. de l'	16
30-28	J12-H8	Université r. de l'	7
26-38	K3	d'Urfé sq.	16
32	J15 S	Ursins r. des	4
43	L14 S	Ursulines r. des	5
16	G8 N	Uruguay pl. de l'	16
19	F14 S	d'Uzès r.	2

v

Plan n°	Repère	Nom	Arrondissement
29	J9	Valadon r.	7
43	M14-M13	Val-de-Grâce r. du	5
56-55	S15-S14	Val-de-Marne r. du	13
44	M15 S	Valence r. de	5
20	E15	Valenciennes pl. de	10
20	E16-E15	Valenciennes r. de	10
41	L10-L9	Valentin-Haüy r.	15
43	K14-L14	Valette r.	5
45	L17	Valhubert pl. nos 1, 2 et 3	13
		nos 5-21 et 4	5
47	N21	Vallée-de-Fécamp r.	12
44	N16	Vallet pass.	13
30	J12	Valmy imp. de	10
21	G17-D17	Valmy quai de	10
17	E10 N	de Valois av.	8
31	G13 S	de Valois galerie	1
31	H13 N	de Valois pl.	1
31	H13-G13	de Valois r.	1
42	M11	Vandamme r.	14
56	P15 S	Vandrezanne pass.	13
56	P16-P15	Vandrezanne r.	13
17	E9	Van-Dyck av.	8
30	J11 S	Vaneau cité	7
30-42	J11-K11	Vaneau r.	7
45	L18	Van-Gogh r.	12
38	M4 N	Van-Loo r.	16
42	N11 N	Vanves pass. de	14
53	R9	Vanves porte de	14
47	N22	Van-Vollenhoven sq.	12
48	K23 S	Var sq. du	20
30	J11 S	Varenne cité de	7
30-29	K12-J10	Varenne r. de	7
39	M6	Varet r.	15
19	F14 S	Variétés galerie des	2
38-37	M3-L2	Varize r. de	16
28	H7 S	Varsovie pl. de	16
39	M6-N6	Vasco-de-Gama r.	15
48	L23 N	Vassou imp.	12
29	J10 S	Vauban pl.	7
32	G16	Vaucanson r.	3
4	C8	Vaucluse sq. de	17
22-21	G19-F18	Vaucouleurs r. de	11
22	D20	Vaudremer r.	19
40	N8-N7	Vaugelas r.	15
42-41	M11-N10	Vaugirard bd de	15
43-40	K14-N7	Vaugirard r. de	
		nos 1-111, 2-132	6
		nos 113-fin, 134-fin	15
44-43	M15-M14	Vauquelin r.	5
7-6	C13-B12	Vauvenargues r.	18
6	B12 N	Vauvenargues villa	18
31	H14	Vauvilliers r.	1
43	L13	Vavin av.	6
42	L12	Vavin r.	6
47	M22	Vega r. de la	12
17	E10 N	Velasquez av.	8
57	R18	Velay sq. du	13
30	K12	Velpeau r.	7
47	N22	Vendée sq. de la	12
30	G12	Vendôme cour	1
33	G17	Vendôme pass.	3
18-30	G12	Vendôme pl.	1
57	R17	Vénétie pl. de	13
15	F6	Venezuela pl. du	16
32	H15	Venise r. de	4
31	G13	de Ventadour r.	1
35	J21 S	Véran imp.	20
42-53	M11-P9	Vercingétorix r.	14
19	F14	Verdeau pass.	9
38	L4 N	Verderet r.	16
27	H5 S	Verdi r.	16
20-21	E16-E17	Verdun av. de	10
10	C19 S	Verdun imp. de	19
15	E6	Verdun pl. de	17
20-21	E16-E17	Verdun sq. de	10
40-41	M8-M9	Vergennes sq.	15
55	P14-R14	Vergniaud r.	13
43	N13	Verhaeren allée	14
31	H13 N	Vérité pass.	1
23	E21-D21	Vermandois sq. du	19
44	M15 N	Vermenouze sq.	5
16	F8 S	Vernet r.	8
30	J12 N	de Verneuil r.	7
16	D7	Vernier r.	17
4	C8 S	Verniquet r.	17
31	H14	Véro-Dodat galerie	1
18	D12	Véron cité	18
19	D13	Véron r.	18
44	N16-N15	Véronèse r.	13
32	J16-J15	Verrerie r. de la	4
39-38	K5-M3	Versailles av. de	16
40	N7	Versailles porte de	15
7	B14	Versigny r.	18
32	G16	Vertbois r. du	3
33	H18-H17	Verte allée	11
32	H16-G16	Vertus r. des	3
15-16	E6-D7	de Verzy av.	17
44	M15 S	Vésale r.	5
23	D21 S	Vexin sq. du	19
17	E10	Vézelay r. de	8
28-40	K7	Viala r.	15
34	J19	Viallet pass.	11

48

Plan n°	Repère	Nom	Arrondissement
31	H14 N	Viarmes r. de	1
40	N7	Vichy r. de	15
21	E17-E18	Vicq-d'Azir r.	10
19-18	F14-F12	Victoire r. de la	9
31	G14 S	Victoires pl. des	
		n°s 1-7, 2-4	1
		n°s 9-fin, 6-fin	2
38-39	M4-N6	Victor bd	15
54	P12	Victor-Basch pl.	14
47	M22 N	Victor-Chevreuil r.	12
42	N12 N	Victor-Considérant r.	14
43	K14-L14	Victor-Cousin r.	5
36	G23	Victor-Dejeante r.	20
40	M8-N8	Victor-Duruy r.	15
53	P9 N	Victor-Galland r.	15
34	G19 S	Victor-Gelez r.	11
16-27	F7-G5	Victor-Hugo av.	16
15	G6 N	Victor-Hugo pl.	16
15-27	G6-G5	Victor-Hugo villa	16
32-31	J15-J14	Victoria av.	
		n°s 1-15, 2-10	4
		n°s 17-fin, 12-fin	1
38	L4 S	Victorien-Sardou r.	16
38	L4 S	Victorien-Sardou sq.	16
38	L4 S	Victorien-Sardou villa	16
34	G20	Victor-Letalle r.	20
55	P14	Victor-Marchand pass.	13
19	E14-E13	Victor-Massé r.	9
24	G23 N	Vidal-de-la-Blache r.	20
31	G14 S	Vide-Gousset r.	2
32-33	J16-H17	Vieille-du-Temple r.	
		n°s 1-69, 2-52	4
		n°s 71-fin, 54-fin	3
18	E11	Vienne r. de	8
29	J9	Vierge pass. de la	7
17	D9	Viète r.	17
31-30	K13-K12	Vieux-Colombier r. du	6
41	M10	Vigée-Lebrun r.	15
27	J5	Vignes r. des	16
35	J22	Vignoles imp. des	20
35	K21-J22	Vignoles r. des	20
18	F12 S	Vignon r.	
		n°s impairs	8
		n°s pairs	9
33	K18 N	Viguès cour	11
22	F19-F20	Vilin r.	20
38	L4 S	Villa Réunion gde av.	16
53	N9 S	Villafranca r. de	15
28	K8	Village-Suisse	15
16	E7 S	Villaret-de-Joyeuse r.	17
16	E7 S	Villaret-de-Joyeuse sq.	17
29	K10 N	de Villars av.	7
16	E7	Villebois-Mareuil r.	17
31	G13	Villedo r.	1
33	J17-H17	Villehardouin r.	3
18	F11 S	Ville-l'Evêque r. de la	8
53	N10 S	Villemain av.	14
20	G15-F15	Ville-Neuve r. de la	2
30	J12-J11	Villersexel r. de	7

Plan n°	Repère	Nom	Arrondissement
21	F18-D17	Villette bd de la n°s impairs	10
		n°s pairs	19
10	A20	Villette porte de la	19
22	F20-E20	Villette r. de la	19
17-16	D10-D7	Villiers av. de	17
15	D6	Villiers porte de	17
23	G21 N	Villiers-de-l'Isle-Adam imp.	20
23-25	G21-G22	Villiers-de-l'Isle-Adam r.	20
45	M18 N	Villiot r.	12
21-20	F17-F16	Vinaigriers r. des	10
47-48	K22-L23	Vincennes cours de	
		n°s impairs	20
		n°s pairs	12
48	L23-L24	Vincennes porte de	12-20
45-44	M18-N16	Vincent-Auriol bd	13
7	B13	Vincent-Compoint r.	18
48	L23	Vincent-d'Indy av.	12
18	G12 N	Vindé cité	1
27	H6 S	Vineuse r.	16
54	R12-R11	Vingt-Cinq-Août-1944 pl.	14
30	G12 S	Vingt-neuf-Juillet r. du	1
18	D12 S	Vintimille r. de	9
40	L7	Violet pl.	15
40	K7-L7	Violet r.	15
40	L7	Violet villa	15
19	D14 S	Viollet-le-Duc r.	9
26	J4	Vion-Whitcomb av.	16
54	R12 N	Virginie villa	14
40	L8 S	Viroflay r. de	15
31	J13	Visconti r.	6
30	J11	Visitation pass. de la	7
56	R16	Vistule r. de la	13
27	H6-J5	Vital r.	16
35-36	J22-H23	Vitruve r.	20
36	H23	Vitruve sq.	20
57-58	R18-R19	Vitry porte de	13
16	D7	Vivarais sq. du	17
31	G13	Vivienne galerie	2
19-31	G13-F14	Vivienne r. n° 1	1
		n°s pairs, n°s 3-fin	2
35-36	K22-K23	Volga r. du	20
18	G12 N	Volney r.	2
41	L9-M9	Volontaires r. des	15
32	G16	Volta r.	3
33-35	G17-K21	Voltaire bd	11
34	K20 N	Voltaire cité	11
38	L3 S	Voltaire imp.	16
31-30	J13-H12	Voltaire quai	7
34	K20 N	Voltaire r.	11
55	R14	Volubilis r. des	13
33	J17	Vosges pl. des	
		n°s 1-19, 2-22	4
		n°s 21-fin, 24-fin	3
41	N9	Vouillé r. de	15
35	G21 S	Voulzie r. de la	20
48	L23 N	Voûte pass. de la	12
47-48	L22-L23	Voûte r. de la	12
55	N14 S	Vulpian r.	13

Comment s'y retrouver dans la banlieue parisienne ?
Utilisez la carte Michelin n° 101 : claire, précise, à jour.

49

Plan n°	Repère	Nom	Arrondissement	Plan n°	Repère	Nom	Arrondissement

W

Plan n°	Repère	Nom	Arrondissement
16-5	F8-C9	**Wagram av. de**	
		n°s impairs, n°s 48-fin	17
		n°s 2-46	8
5	C9 S	**Wagram pl. de**	17
16	E8 S	**Wagram-St-Honoré villa**	8
15	E6 N	**Waldeck-Rousseau r.**	17
44	M16 S	**Wallons r. des**	13
16-17	F8-F9	**Washington r.**	8
41	M9-M10	**Wassily-Kandinsky pl.**	15
58	P19	**Watt r.**	13
44	N16 N	**Watteau r.**	13
9	B18	**Wattieaux pass.**	19
47	N21	**Wattignies imp.**	12
46-47	M20-N22	**Wattignies r. de**	12
21	G17 N	**Wauxhall cité du**	10
15	F6 N	**Weber r.**	16
35	G21 S	**Westermann r.**	20
53	P9 S	**Wilfrid-Laurier r.**	14
38	L4	**Wilhem r.**	16
29	G10	**Winston-Churchill av.**	8
55	P14 S	**Wurtz r.**	13

X - Y

Plan n°	Repère	Nom	Arrondissement
57	P18-P17	**Xaintrailles r.**	13
31	K14 N	**Xavier-Privas r.**	5
57-56	N17-N16	**Yéo-Thomas r.**	13
16-15	D7-D6	**Yser bd de l'**	17
40-41	M8-M9	**Yvart r.**	15
16	D7 S	**Yves-du-Manoir av.**	17
21	G17-F17	**Yves-Toudic r.**	10
26	K4-J4	**Yvette r. de l'**	16
16	E7 S	**Yvon-Morandat pl.**	17
19	D14-D13	**Yvonne-Le-Tac r.**	18
16	G7 N	**Yvon-Villarceau r.**	16

50

Des adresses utiles

Pour vos démarches, vos activités, vos loisirs : un très grand nombre d'organismes avec l'indication de leur numéro de téléphone préférentiel à l'usage du public.

Académies	74
Accueil de Paris	93
Administration	53-55
Ambassades	56-66
Auberges de jeunesse	79
Autobus	94
Automobile	94
Bibliothèques	67
Centres commerciaux	68
Centres culturels étrangers . . .	56-66
Centres culturels français	67
Centres hospitaliers universitaires	86
Chambres de commerce étrangères	56-66
Chapelles	69-71
Chemins de fer étrangers	56-66
Chemins de fer français	96
Cimetières	67
Cliniques	84-85
Clubs sportifs	90
Commerce	68
Compagnies aériennes et maritimes étrangères	56-66
Compagnies aériennes et maritimes françaises	96
Consulats	56-66
Cultes	69-73
Églises	69-73
Enseignement supérieur	74-77
Fédérations sportives	90-91
Gares	96
Gouvernement	53
Grandes Écoles	76-77
Grands Magasins	68
Hippodromes	91
Hôpitaux	84-85
Hôpitaux-Hospices	86
	78
Instituts Universitaires de Technologie	75
Jeunes à Paris	79
Journaux étrangers	56-66
Journaux français (grands quotidiens) . .	78
Journaux de Province	78
Location de voitures	94
Magasins	68
Mairies	55
Maisons de jeunes	79
Maisons des Provinces	93
Marchés	68
Métro	94
Ministères	53
Mouvements de jeunesse	79
Musées	80-81
Music-halls	88
Objets trouvés	55
Offices de tourisme étrangers	56-66
Organismes internationaux	56
Parcs et jardins	81
Patinoires	91
Piscines	92
Poste (P.T.T.)	82-83
Radio-télévision	78
Représentations étrangères . . .	56-66
Salles de concert	88
Salles d'expositions	67
Salles de réunions	88
Salons et foires	68
Santé	84-86
Secrétariats d'État	53
Services médicaux d'urgences . .	86
Spectacles	87-89
Sport	90-92
Stades	92
Synagogues	73
Taxis	94-95
Théâtres	87
Tourisme	93
Trains-auto-couchettes	96
Transport	94-96
Universités	75
Urgences	en fin de volume
Ville de Paris	55

Participez à notre effort permanent de mise à jour.
Adressez-nous vos remarques et vos suggestions.

**MICHELIN 46 avenue de Breteuil,
75341 PARIS CEDEX 07 — Tél. 539.25.00**

Pa. At. 4

Useful addresses

For business or pleasure : this section includes a wide variety of organizations with their addresses and telephone numbers.

Administration	53-55
Embassies	56-66
Libraries and cultural centres	67
Cemeteries	67
Business	68
Churches	69-73
Higher education	74-77
Information (Press, Radio, TV)	78
The Young in Paris	79
Museums	80-81
Parks and gardens	81
Postal Services (P.T.T.)	82-83
Health Services	84-86
Entertainments	87-89
Sport	90-92
Tourism	93
Transport	94-96
Emergency telephone numbers	inside back cover

Nützliche Adressen

Für Beruf und Freizeit : Zahlreiche Adressen von Behörden und öffentlichen Einrichtungen mit ihrer der Öffentlichkeit vorbehaltenen Telefonnummer.

Behörden	53-55
Bibliotheken und Kulturzentren	67
Botschaften	56-66
Friedhöfe	67
Gesundheitswesen	84-86
Handel, Geschäft	68
Jugendorganisationen	79
Museen	80-81
Parks und Gärten	81
Kirchen u. a. Kultstätten	69-73
Konzertsäle	88
Postämter	82-83
Sport	90-92
Theater	87
Tourismus	93
Universitäten	75
Notruf	am Ende des Bandes

Direcciones útiles

Para sus gestiones, actividades y tiempos de ocio : numerosos organismos con los números de teléfono más útiles para el público.

Administración	53-55
Embajadas	56-66
Bibliotecas y centros culturales	67
Cementerios	67
Comercio	68
Cultos	69-73
Enseñanza superior	74-77
Información	78
Jóvenes en París	79
Museos	80-81
Parques y jardines	81
Servicios Postales	82-83
Sanidad	84-86
Espectáculos	87-89
Deportes	90-92
Turismo	93
Comunicaciones	95-96
Teléfonos de urgencia	al final del volumen

Plan n°	Repère		Adresse	Téléphone

ADMINISTRATION
BEHÖRDEN, ADMINISTRACIÓN

Plan n°	Repère		Adresse	Téléphone
17	F10	Présidence de la République (Palais de l'Élysée)	55 r. du Fg-St-Honoré, 8ᵉ	261 51 00
30	H11	Assemblée Nationale	126 r. de l'Université, 7ᵉ	297 60 00
31	H13	Conseil Constitutionnel	2 r. de Montpensier, 1ᵉʳ	296 10 13
28	H7	Conseil Économique et Social	1 av. d'Iéna, 16ᵉ	723 72 34
31	H13	Conseil d'État	pl. du Palais-Royal, 1ᵉʳ	261 52 29
43	K13	Sénat	15 r. de Vaugirard, 6ᵉ	234 20 00

Institutions de l'État, Government Departments, Staatliche Behörden, Instituciones del Estado

Gouvernement, Government offices, Regierung, Gobierno

Plan n°	Repère		Adresse	Téléphone
30	J11	Premier ministre (Hôtel Matignon)	57 r. de Varenne, 7ᵉ	556 80 00

Ministères :

Plan n°	Repère		Adresse	Téléphone
29	H10	Affaires européennes	37 quai d'Orsay, 7ᵉ	555 95 40
29	K9	Affaires sociales et Solidarité nationale	8 av. de Ségur, 7ᵉ	567 55 44
30	J11	Agriculture	78 r. de Varenne, 7ᵉ	555 95 50
30	H11	Commerce et Artisanat	80 r. de Lille, 7ᵉ	556 24 24
28	H8	Commerce extérieur et Tourisme	41 quai Branly, 7ᵉ	550 71 11
41	K10	Coopération et Développement	20 r. Monsieur, 7ᵉ	783 10 10
31	H13	Culture	3 r. de Valois, 1ᵉʳ	296 10 40
30	H11	Défense	14 r. St-Dominique, 7ᵉ	555 95 20
16	F8	Droits de la Femme	53 av. d'Iéna, 16ᵉ	501 86 56
31	H13	Économie, Finances, Budget	93 r. de Rivoli, 1ᵉʳ	260 33 00
30	J11	Éducation nationale	110 r. de Grenelle, 7ᵉ	550 10 10
29	J9	Emploi	55 av. Bosquet, 7ᵉ	567 55 44
14	D4	Formation professionnelle	Neuilly - 120 av. Ch.-de-Gaulle	747 11 55
30	J11	Industrie et Recherche	101 r. de Grenelle, 7ᵉ	556 36 36
17	F10	Intérieur et Décentralisation	13 pl. Beauvau, 8ᵉ	260 35 35
18	G12	Justice	13 pl. Vendôme, 1ᵉʳ	261 80 22
29	K9	Postes, Télécommunication, Télédiffusion	20 av. de Ségur, 7ᵉ	566 22 22
30	J11	Relations avec le Parlement	72 r. de Varenne, 7ᵉ	556 80 00
29	H10	Relations extérieures	37 quai d'Orsay, 7ᵉ	555 95 40
27	K5	Temps libre, Jeunesse et Sports	118 av. Prés.-Kennedy, 16ᵉ	524 24 24
30	J12	Transports	246 bd St-Germain, 7ᵉ	544 39 93
27	J6	Urbanisme et logement	32 av. Prés.-Kennedy, 16ᵉ	503 91 92

Secrétariats d'État :

Plan n°	Repère		Adresse	Téléphone
30	J11	Anciens combattants	37 r. de Bellechasse, 7ᵉ	550 32 55
31	H13	Budget	93 r. de Rivoli, 1ᵉʳ	260 33 00
31	H13	Consommation	93 r. de Rivoli, 1ᵉʳ	260 33 00
41	K10	Départements et Territoires d'Outre-Mer	27 r. Oudinot, 7ᵉ	783 01 23
30	J11	Énergie	101 r. de Grenelle, 7ᵉ	556 36 36
2	C3	Environnement et Qualité de la vie	Neuilly - 14 bd Gén.-Leclerc	758 12 12
30	J12	Famille, Population, Travailleurs immigrés	40 r. du Bac, 8ᵉ	544 39 93
30	K11	Fonction publique, Réformes administratives	32 r. de Babylone, 7ᵉ	556 80 00
29	K9	Mer	3 pl. de Fontenoy, 7ᵉ	273 55 05
41	M9	Personnes âgées	61 r. Dutot, 15ᵉ	539 25 75
30	J11	Porte parole du gouvernement	56 r. de Varenne, 7ᵉ	556 80 00
18	F12	Rapatriés	14 bd de la Madeleine, 8ᵉ	266 57 15
29	K9	Santé	8 av. de Ségur, 7ᵉ	567 55 44
30	H11	Techniques de la communication	35 r. St-Dominique, 7ᵉ	550 32 50
39	K6	Tourisme	17 r. de l'Ingénieur-Keller, 15ᵉ	575 62 16

Renseignements administratifs par téléphone : 346 13 46

Plan n°	Repère		Adresse	Téléphone

Administrations, Services et Établissements publics
Government Offices, Services and Public Bodies
Öffentliche Verwaltungen, Dienststellen, Ämter,
Administraciones, Servicios y Establecimientos públicos

Plan n°	Repère		Adresse	Téléphone
51	R5	**Agence Nationale pour l'Emploi** (ANPE)	Issy-les-Moulinaux - 83 av. du Gén.-Leclerc	645 21 26
32	H16	**Archives de France**	60 r. Francs-Bourgeois, 3ᵉ	277 11 30
42	L12	**Aviation Civile** (Direction)	93 bd Montparnasse, 6ᵉ	544 38 39
31	H13	**Banque de France**	39 r. Croix-des-Petits-Champs, 1ᵉʳ	261 56 72
30	H12	**Caisse des Dépôts et Consignations**	56 r. de Lille, 7ᵉ	234 56 78
42	L11	**Caisse Nationale d'Épargne**	3 r. St-J.B. de la Salle, 6ᵉ	530 77 77
33	J17	**Caisse Nationale des Monuments Historiques et des Sites**	62 r. St-Antoine, 4ᵉ	274 22 22
46	L20	**Centre Interminist. de Renseign. Administr.**	21-39 sq. St-Charles, 12ᵉ	346 13 46
28	G7	**Centre National de la Cinématographie**	12 r. de Lübeck, 16ᵉ	505 14 40
29	H9	**Centre National d'Études Spatiales**	129 r. de l'Université, 7ᵉ	555 91 21
28	G8	**Chambres d'Agriculture**	9 av. George-V, 8ᵉ	723 55 40
16	G8	**Chambres de Commerce et d'Industrie**	45 av. d'Iéna, 16ᵉ	723 01 11
16	G8	**Chambres de Métiers**	12 av. Marceau, 8ᵉ	723 61 55
28	J7	**Commissariat à l'Énergie Atomique** (CEA)	31 r. de la Fédération, 15ᵉ	273 60 00
40	L8	**Conseil Supérieur de la Pêche**	10 r. Péclet, 15ᵉ	842 10 00
31	J14	**Cour de Cassation**	5 quai de l'Horloge, 1ᵉʳ	329 12 55
30	G12	**Cour des Comptes**	13 r. Cambon, 1ᵉʳ	260 37 39
28	J7	**Délégation à l'Aménagement du Territoire** (DATAR)	1 av. Charles-Floquet, 7ᵉ	783 61 20
30	H12	**Documentation Française**	31 quai Voltaire, 7ᵉ	261 50 10
21	G17	**Douanes**	14 r. Yves-Toudic, 10ᵉ	240 50 00
17	E9	**Électricité de France** (EDF)	2 r. Louis-Murat, 8ᵉ	764 22 22
30	H11	**État-Major des Armées**	231 bd St-Germain, 7ᵉ	555 95 20
30	H11	— Terre	231 bd St-Germain, 7ᵉ	555 95 20
30	G11	— Marine	2 r. Royale, 8ᵉ	260 33 30
39	N6	— Air	26 bd Victor, 15ᵉ	552 43 21
5	C9	**Gaz de France** (GDF)	21 r. Ph.-Delorme, 17ᵉ	766 52 62
30	H11	**Génie Rural des Eaux et Forêts** (Conseil Général)	30 r. Las Cases, 7ᵉ	555 95 50
39	L6	**Imprimerie Nationale**	27 r. la Convention, 15ᵉ	575 62 66
41	L9	**Institut National de la Consommation**	80 r. Lecourbe, 15ᵉ	567 35 58
53	R9	**Institut National Statistique Études Économiques** (INSEE)	18 bd Adolphe-Pinard, 14ᵉ	540 12 12
28	K7	**Journaux Officiels** (Direction)	26 r. Desaix, 15ᵉ	579 01 95
45	L18	**Observatoire Économique**	195 r. de Bercy, 12ᵉ	345 73 74
43	N14	**Maison d'Arrêt de la Santé**	42 r. de la Santé, 14ᵉ	270 12 50
		Météorologie Nationale	Boulogne-Billancourt - 73-77 r. Sèvres	604 91 51
44	N15	**Mobilier National**	1 r. Berbier-du-Mets, 13ᵉ	570 12 60
31	J13	**Monnaies et Médailles**	11 quai de Conti, 6ᵉ	329 12 48
31	H13	**Musées de France** (Direction)	1 pl. du Carrousel, 1ᵉʳ	260 39 26
16	E8	**Office National de la Chasse**	85 bis av. de Wagram, 17ᵉ	227 81 75
47	L21	**Office National des Forêts** (ONF)	2 av. de St-Mandé, 12ᵉ	346 11 68
41	M9	**Office National d'Immigration**	44 r. Bargue, 15ᵉ	783 80 20
29	H10	**Office National de la Navigation**	2 bd La-Tour-Maubourg, 7ᵉ	550 32 24
30	H11	**Ordre de la Légion d'Honneur**	1 r. de Solférino, 7ᵉ	555 95 16
29	J10	**Ordre National de la Libération**	51 bis bd La-Tour-Maubourg, 7ᵉ	705 35 15
30	H11	**Ordre National du Mérite**	1 r. de Solférino, 7ᵉ	555 95 16
29	H9	**Société Nationale d'Exploitation Industrielle des Tabacs et Allumettes** (SEITA)	53 quai d'Orsay, 7ᵉ	555 91 50

Services de Tourisme **MICHELIN**

Salon d'accueil et de vente

Ouvert du lundi au vendredi de 9 h à 12 h et de 13 h à 16 h 30

46, avenue de Breteuil, Paris 7ᵉ - Tél. : 539 25 00

Plan n° Repère		Adresse	Téléphone

Administration parisienne
Paris Local Government
Städtische Verwaltungen, Administración parisina

Ville de Paris, Town Halls, Bürgermeisterämter, Ciudad de París

Plan	Repère		Adresse	Téléphone
32	J15	Mairie de Paris	pl. Hôtel-de-Ville, 4ᵉ	276 40 40
31	H14	Mairie du : 1ᵉʳ Arrondissement	4 pl. du Louvre, 1ᵉʳ	260 38 01
31	G14	— 2ᵉ —	8 r. de la Banque, 2ᵉ	261 55 02
32	H16	— 3ᵉ —	2 r. Eugène-Spuller, 3ᵉ	274 20 03
32	J16	— 4ᵉ —	2 pl. Baudoyer, 4ᵉ	274 20 04
43	L14	— 5ᵉ —	21 pl. du Panthéon, 5ᵉ	329 21 75
31	K13	— 6ᵉ —	78 r. Bonaparte, 6ᵉ	329 12 78
30	J11	— 7ᵉ —	116 r. de Grenelle, 7ᵉ	555 50 33
18	E11	— 8ᵉ —	3 r. de Lisbonne, 8ᵉ	294 08 08
19	F14	— 9ᵉ —	6 r. Drouot, 9ᵉ	246 72 09
20	F16	— 10ᵉ —	72 r. du Fg St-Martin, 10ᵉ	240 10 10
34	J19	— 11ᵉ —	pl. Léon-Blum, 11ᵉ	379 20 23
46	M20	— 12ᵉ —	1 r. Descos, 12ᵉ	346 06 03
56	N16	— 13ᵉ —	1 pl. d'Italie, 13ᵉ	707 13 13
42	N12	— 14ᵉ —	2 pl. Ferdinand-Brunot, 14ᵉ	545 67 14
40	M8	— 15ᵉ —	31 r. Péclet, 15ᵉ	828 40 12
27	H5	— 16ᵉ —	71 av. Henri-Martin, 16ᵉ	503 21 16
18	D11	— 17ᵉ —	16 r. des Batignolles, 17ᵉ	293 35 17
7	C14	— 18ᵉ —	1 pl. Jules-Joffrin, 18ᵉ	252 42 00
22	D19	— 19ᵉ —	5 pl. Armand-Carrel, 19ᵉ	241 19 19
35	G21	— 20ᵉ —	6 pl. Gambetta, 20ᵉ	358 20 20

Services Administratifs
Services, Sonstige Behörden und Ämter, Servicios administrativos

Plan	Repère		Adresse	Téléphone
30	K11	Préfecture d'Ile de France	29 r. Barbet-de-Jouy, 7ᵉ	550 32 12
33	K17	Préfecture de Paris	17 bd Morland, 4ᵉ	277 15 50
31	J14	Préfecture de Police	7 bd du Palais, 4ᵉ	260 33 22
43	N13	Aéroport de Paris	291 bd Raspail, 14ᵉ	320 15 00
45	K17	Archives de Paris	30 quai Henri IV, 4ᵉ	272 34 52
31	H14	Bourse du Commerce	2 r. de Viarmes, 1ᵉʳ	233 44 01
20	G16	Bourse du Travail	3 r. Château-d'Eau, 10ᵉ	238 66 12
19	G14	Bourse des Valeurs	4 pl. de la Bourse, 2ᵉ	261 85 90
31	G14	Caisse d'Épargne de Paris	19 r. du Louvre, 1ᵉʳ	296 15 00
16	F8	Chambre de Commerce et d'Industrie de Paris	27 av. de Friedland, 8ᵉ	561 99 00
31	J14	Cour d'Appel de Paris	34 quai des Orfèvres, 1ᵉʳ	329 12 55
32	H16	Crédit Municipal de Paris	55 r. Francs-Bourgeois, 4ᵉ	271 25 43
52	N8	Fourrière	39 r. de Dantzig, 15ᵉ	531 14 80
29	J10	Gouvernement Militaire	Hôtel des Invalides, 7ᵉ	550 32 80
40	N8	Objets Trouvés	36 r. des Morillons, 15ᵉ	531 14 80
31	G14	Paierie Générale du Trésor	16 r. N.-D.-Victoires, 2ᵉ	261 54 75
31	J14	Palais de Justice	4 bd du Palais, 1ᵉʳ	329 12 55
9	C17	Pompes Funèbres Municipales	104 r. d'Aubervilliers, 19ᵉ	200 33 15
28	J7	Port Autonome de Paris	2 quai de Grenelle, 15ᵉ	578 61 92
42	M11	Télécommunications	8-10 bd de Vaugirard, 15ᵉ	540 33 33
32	J16	Tribunal Administratif	7 r. de Jouy, 4ᵉ	278 40 24
31	J14	Tribunal de Commerce	1 quai de la Corse, 4ᵉ	329 21 24
31	J14	Tribunal de Grande Instance	4 bd du Palais, 1ᵉʳ	329 12 55

Plan n°	Repère		Adresse	Téléphone

AMBASSADES ET REPRÉSENTATIONS

FOREIGN REPRESENTATIVES, BOTSCHAFTEN UND VERTRETUNGEN, EMBAJADAS Y REPRESENTACIONES

Organismes Internationaux, *International organizations, Internationale Organisationen, Organizaciones internacionales*

Plan n°	Repère		Adresse	Téléphone
42	L12	Alliance Française	101 bd Raspail, 6ᵉ	544 38 28
17	F10	Association Internationale de l'Hôtellerie	89 r. du Fg St-Honoré, 8ᵉ	266 92 35
30	J12	Bureau International du Travail (BIT) (Siège à Genève)	205 bd St-Germain, 7ᵉ	548 92 02
16	F7	Centre de Conférences Internationales	19 av. Kléber, 16ᵉ	501 59 40
	BX15	Centre International de l'Enfance	Bois de Boulogne - Carrefour de Longchamp, 16ᵉ	506 79 92
18	F11	Chambre de Com. France-Amérique Latine	17 bd Malesherbes, 8ᵉ	266 38 32
16	G7	Chambre de Commerce Franco-Arabe	93 r. Lauriston, 16ᵉ	553 20 12
18	E12	— Franco-Asiatique	94 r. St-Lazare, 9ᵉ	526 67 01
29	G9	— Internationale	38 cours Albert-Iᵉʳ, 8ᵉ	562 34 56
15	G6	Communautés Européennes (Siège à Bruxelles)	61 r. Belles-Feuilles, 16ᵉ	501 58 85
29	H10	Conseil des Communes d'Europe	41 quai d'Orsay, 7ᵉ	551 40 01
16	G7	Conseil de l'Europe (Siège à Strasbourg)	55 av. Kléber, 16ᵉ	704 38 65
16	G7	Fédération Aéronautique Internationale	6 r. Galilée, 16ᵉ	720 01 64
30	G11	— Internationale de l'Automobile	8 pl. de la Concorde, 8ᵉ	265 00 33
28	G7	— Mondiale Anciens Combattants	16 r. Hamelin, 16ᵉ	704 33 00
17	D9	— Mondiale des Villes Jumelées	2 r. de Logelbach, 17ᵉ	766 75 10
18	F11	Office International de la Vigne et du Vin	11 r. Roquépine, 8ᵉ	265 04 16
15	D5	Organisation de l'Aviation Civile Internationale	Neuilly - 3 bis villa É.-Bergerat	745 13 26
26	H4	Organisation de Coopération et Développement Économiques (OCDE)	2 r. André-Pascal, 16ᵉ	524 82 00
41	K9	Organisation des Nations-Unies (ONU) (Siège à New York)	4-6 av. de Saxe, 7ᵉ	306 33 00
15	E6	Palais des Congrès	2 pl. de la Pte-Maillot, 17ᵉ	758 22 22
41	K9	Unesco	7 pl. Fontenoy, 7ᵉ	568 10 00
28	H7	Union de l'Europe Occidentale (UEO)	43 av. du Prés.-Wilson, 16ᵉ	723 54 32
17	D9	Union des Foires Internationales	35 bis r. Jouffroy, 17ᵉ	766 17 17
28	J7	Union Internationale des Chemins de Fer	14 r. Jean-Rey, 15ᵉ	273 01 20

Représentations étrangères
Foreign Representatives, Ausländische Vertretungen, Representaciones extranjeras

Afghanistan - Cap. Kaboul

26	J4	Ambassade	32 av. Raphaël, 16ᵉ	527 66 09
18	F12	Ariana Afghan Airlines	5 r. Scribe, 9ᵉ	742 73 54

Afrique du Sud - Cap. Pretoria

29	H9	Ambassade	59 quai d'Orsay, 7ᵉ	555 92 37
18	G12	Office du Tourisme Sud-Africain	9 bd de la Madeleine, 1ᵉʳ	261 82 30
18	G12	South African Airways	12 r. de la Paix, 2ᵉ	261 57 87

Albanie - Cap. Tirana

27	G6	Ambassade	131 r. de la Pompe, 16ᵉ	553 89 38

Algérie - Cap. Alger

28	G7	Ambassade	18 r. Hamelin, 16ᵉ	553 71 49
16	F8	Ambassade Annexe	8 r. Euler, 8ᵉ	723 92 26
16	F7	Consulat	11 r. d'Argentine, 16ᵉ	500 99 50
31	G13	Air Algérie	19 av. de l'Opéra, 1ᵉʳ	260 31 00

Plan n°	Repère		Adresse	Téléphone
		Allemagne (République Démocratique - RDA) - Cap. Berlin		
15	F6	Ambassade	24 r. Marbeau, 16ᵉ	500 00 10
31	K13	Centre culturel	117 bd St-Germain, 6ᵉ	634 25 97
14	D3	Représentation commerciale	Neuilly - 179 av. Ch.-de-Gaulle	747 45 17
		Allemagne (République Fédérale - RFA) - Cap. Bonn		
29	G10	Ambassade	13 av. Franklin-Roosevelt, 8ᵉ	359 33 51
28	G8	Consulat	34 av. d'Iéna, 16ᵉ	359 33 51
39	L5	Chambre Officielle Franco-Allemande de Commerce et d'Industrie	18 r. Balard, 15ᵉ	575 62 56
19	E14	Chemin de Fer Fédéral Allemand	24 r. Condorcet, 9ᵉ	878 50 26
19	F13	DER-Deutsches Reisebüro	28-30 r. Louis-le-Grand, 2ᵉ	742 07 09
17	F10	Der Spiegel	17 av. Matignon, 8ᵉ	256 12 11
27	H5	Deutsches Historisches Institut	9 r. Maspéro, 16ᵉ	520 25 55
17	F10	Die Welt	31 r. du Colisée, 8ᵉ	359 09 74
17	F10	Frankfurter Allgemeine Zeitung	11 r. de Mirosmesnil, 8ᵉ	265 49 87
28	G7	Gœthe Institut	17 av. d'Iéna, 16ᵉ	723 61 21
18	G11	KD German Rhine Line (navigation)	9 r. du Fg St-Honoré, 8ᵉ	742 52 27
30	K12	Librairie Calligrammes	82 r. de Rennes, 6ᵉ	548 70 89
31	J14	— Martin Flinker	68 quai des Orfèvres, 1ᵉʳ	354 48 60
32	H15	— Marissal Bücher	42 r. Rambuteau, 3ᵉ	274 37 47
43	M13	— le Roi des Aulnes	159 bis bd du Montparnasse, 6ᵉ	326 86 92
18	G11	Lufthansa (Cie aérienne)	21 r. Royale, 8ᵉ	265 19 19
31	K13	Office Franco-Allemand pour la Jeunesse	6 r. Casimir-Delavigne, 6ᵉ	354 34 04
19	F13	Office National du Tourisme	4 pl. de l'Opéra, 2ᵉ	742 04 38
17	F10	Stern	17 av. Matignon, 8ᵉ	256 13 78
		Arabie Saoudite - Cap. Riyad		
17	E9	Ambassade	5 av. Hoche, 8ᵉ	766 02 06
		Argentine - Cap. Buenos Aires		
16	G7	Ambassade	6 r. Cimarosa, 16ᵉ	553 14 69
16	G7	Consulat Général	imp. Kléber, 16ᵉ	553 22 25
17	F9	Aerolineas Argentinas	77 av. Champs-Élysées, 8ᵉ	225 31 66
28	G8	Centre Culturel Argentin	27 av. Pierre-1ᵉʳ-de-Serbie, 16ᵉ	720 30 60
		Australie - Cap. Canberra		
28	J7	Ambassade	4 r. Jean-Rey, 15ᵉ	575 62 00
18	F12	Qantas (Cie Aérienne)	7 r. Scribe, 9ᵉ	266 52 00
		Autriche - Cap. Vienne		
29	H10	Ambassade	6 r. Fabert, 7ᵉ	555 95 66
28	H8	— (Section Consulaire)	12 r. Ed.-Valentin, 7ᵉ	705 27 17
18	F12	Austrian Airlines	47 av. de l'Opéra, 2ᵉ	266 34 66
18	F11	Délégation commerciale en France	22 r. de l'Arcade, 8ᵉ	265 67 35
41	K10	Institut Autrichien	30 bd des Invalides, 7ᵉ	705 27 10
18	F12	Office National du Tourisme	47 av. de l'Opéra, 2ᵉ	742 78 57
		Bangladesh - Cap. Dacca		
27	H6	Ambassade	5 square Pétrarque, 16ᵉ	553 41 20
		Belgique - Cap. Bruxelles		
16	F8	Ambassade	9 r. de Tilsitt, 17ᵉ	380 61 00
16	F7	Service des visas	1 av. Mac-Mahon, 17ᵉ	227 45 40
32	H15	Centre Culturel	127 r. St-Martin, 4ᵉ	271 26 16
17	F9	Chambre de Commerce Belgo-Luxemb.	174 bd Haussmann, 8ᵉ	562 44 87
18	F12	Chemins de Fer Belges	21 bd des Capucines, 2ᵉ	742 40 41
18	F12	Office National du Tourisme	21 bd des Capucines, 2ᵉ	742 41 18
10	C12	Sabena (Cie aérienne)	19 r. de la Paix, 2ᵉ	742 47 47
18	F11	« Le Soir » de Bruxelles	73 r. d'Anjou, 8ᵉ	387 36 16
		Bénin - Cap. Porto Novo		
16	F7	Ambassade	87 av. Victor-Hugo, 16ᵉ	500 98 40
42	L11	Consulat	89 r. du Cherche-Midi, 6ᵉ	222 31 91
41	K9	Délégation (auprès de l'Unesco)	7 pl. Fontenoy, 7ᵉ	577 16 10
		Birmanie - Cap. Rangoon		
17	E9	Ambassade	60 r. de Courcelles, 8ᵉ	225 56 95

Plan n°	Repère		Adresse	Téléphone
		Bolivie - Cap. la Paz		
27	J6	Ambassade	12 av. du Prés.-Kennedy, 16ᵉ	525 47 14
27	J6	Consulat	—	525 47 14
		Brésil - Cap. Brasilia		
29	G9	Ambassade	34 cours Albert-Iᵉʳ, 8ᵉ	225 92 50
16	F8	Consulat Général	122 av. Champs-Élysées, 8ᵉ	359 87 96
41	L9	Délégation (auprès de l'Unesco)	1 r. Miollis, 15ᵉ	568 28 34
31	H13	Office National de Tourisme	3 av. de l'Opéra, 1ᵉʳ	261 50 30
17	G9	Varig (Cie aérienne)	27 av. Champs-Élysées, 8ᵉ	723 55 44
		Bulgarie - Cap. Sofia		
28	H8	Ambassade	1 av. Rapp, 7ᵉ	551 85 90
18	F12	Balkan (Cie aérienne)	4 r. Scribe, 9ᵉ	742 66 66
31	G13	Office National du Tourisme	45 av. de l'Opéra, 2ᵉ	261 69 58
		Burundi - Cap. Bujumbura		
27	H5	Ambassade	3 r. Octave-Feuillet, 16ᵉ	520 60 61
		Cameroun - Cap. Yaoundé		
38	K3	Ambassade	73 r. d'Auteuil, 16ᵉ	743 98 33
18	F12	Cameroon Airlines	12 bd des Capucines, 9ᵉ	742 78 17
16	G8	Mission Économique et Commerciale	58 av. d'Iéna, 16ᵉ	723 70 12
		Canada - Cap. Ottawa		
29	G9	Ambassade	35 av. Montaigne, 8ᵉ	723 01 01
18	F12	Air Canada	24 bd. des Capucines, 9ᵉ	742 21 21
17	F10	Canadian Broadcasting Corporation (CBC)	17 av. Matignon, 8ᵉ	359 11 85
20	F16	Canadian Pacific (navigation)	27 r. Lucien-Sampaix, 10ᵉ	238 66 67
29	H10	Centre Culturel	5 rue de Constantine, 7ᵉ	551 35 73
29	G10	Chambre de Commerce France-Canada	9 av. Franklin-Roosevelt, 8ᵉ	359 32 38
18	F12	Canadien National (chemins de fer)	1 r. Scribe, 9ᵉ	742 76 50
15	F6	Délégation Générale du Québec	66 r. Pergolèse, 16ᵉ	502 14 10
17	F9	Délégation de l'Ontario	109 r. du Fg-St-Honoré, 8ᵉ	563 16 34
17	D9	Off. Franco-Québecois pour la Jeunesse	5 r. de Logelbach, 17ᵉ	766 04 76
29	G9	Office National de Tourisme	37 av. Montaigne, 8ᵉ	723 01 01
		Centrafrique - Cap. Bangui		
26	J3	Ambassade	29 bd de Montmorency, 16ᵉ	224 42 56
		Chili - Cap. Santiago		
29	J9	Ambassade	2 av. de la Motte-Picquet, 7ᵉ	551 84 90
29	J10	Consulat	64 bd de La-Tour-Maubourg, 7ᵉ	705 46 61
		Chine - Cap. Pékin		
28	G8	Ambassade	11 av. George-V, 8ᵉ	723 34 45
15	F6	Compagnie aérienne de Chine (CAAC)	47 r. Pergolèse, 16ᵉ	500 19 94
29	G9	Office du Tourisme	7 r. Jean-Goujon, 8ᵉ	359 74 85
42	K12	Représentation (auprès de l'Unesco)	29 r. Cassette, 6ᵉ	548 63 86
		Chypre - Cap. Nicosie		
16	G7	Ambassade	23 r. Galilée, 16ᵉ	720 86 28
17	F9	Cyprus Airways	50 av. Champs-Élysées, 8ᵉ	225 22 99
18	G12	Office du Tourisme	15 r. de la Paix, 2ᵉ	261 42 49
15	F5	Représentation (auprès de l'Unesco)	86 av. Foch, 15ᵉ	500 35 05
		Colombie - Cap. Bogota		
18	F11	Ambassade	22 r. de l'Élysée, 8ᵉ	265 46 08
16	G8	Consulat	11 r. Christophe-Colomb, 8ᵉ	723 36 05
18	F12	Avianca (Cie aérienne)	12 bd des Capucines, 9ᵉ	266 30 44
18	G12	Office National de Tourisme	9 bd de la Madeleine, 1ᵉʳ	260 35 65
		Comores - Cap. Moroni		
16	E8	Ambassade	15 r. de la Néva, 8ᵉ	763 81 78
		Congo - Cap Brazzaville		
16	F7	Ambassade	37 bis r. Paul-Valéry, 16ᵉ	500 60 57
		Corée - Cap Séoul		
30	J11	Ambassade	125 r. de Grenelle, 7ᵉ	705 64 10
28	H7	Centre culturel	2 av. d'Iéna, 16ᵉ	720 83 86
42	M11	Office National du Tourisme	Tour Maine-Montparnasse, 15ᵉ	538 71 23

Plan n° Repère ou carte 101		Adresse	Téléphone
	Costa Rica - Cap. San José		
17 E10	Ambassade	98 r. de Miromesnil, 8ᵉ	562 32 82
	Côte-d'Ivoire - Cap. Abidjan		
15 F6	Ambassade	102 av. Raymond-Poincaré, 16ᵉ	501 53 10
12 G7	Service des visas	8 r. Dumont-d'Urville, 16ᵉ	720 35 09
26 H4	Délégation du Tourisme	24 bd Suchet, 16ᵉ	524 43 28
	Cuba - Cap. La Havane		
28 K8	Ambassade	16 r. de Presles, 15ᵉ	567 55 35
19 F13	Office du Tourisme	24 r. du 4-Septembre, 2ᵉ	742 91 21
	Danemark - Cap. Copenhague		
16 F8	Ambassade	77 av. Marceau, 16ᵉ	723 54 20
16 F8	DSB Voyages	142 av. Champs-Élysées, 8ᵉ	359 20 06
16 F8	Office National du Tourisme	142 av. Champs-Élysées, 8ᵉ	562 17 02
18 F12	Scandinavian Airlines System (SAS)	30 bd des Capucines, 9ᵉ	266 93 53
	Djibouti		
15 G5	Ambassade	26 r. Émile-Ménier, 16ᵉ	727 49 22
	Égypte - Cap. Le Caire		
16 G8	Ambassade	56 av. d'Iéna, 16ᵉ	720 97 70
15 F6	Consulat	58 av. Foch, 16ᵉ	500 77 10
17 F9	Bureau de Tourisme	90 av. Champs-Élysées, 8ᵉ	562 94 42
43 L13	Centre Culturel	111 bd St-Michel, 5ᵉ	633 75 67
18 F12	Egyptair	1 bis r. Auber, 9ᵉ	266 55 59
	Émirats Arabes Unis (EAU) - Cap. Abou Dhabi		
27 G5	Ambassade	3 r. de Lota, 16ᵉ	553 94 04
	Équateur - Cap. Quito		
17 E10	Ambassade	34 av. de Messine, 8ᵉ	561 10 21
17 E10	Consulat	—	561 10 04
	Espagne - Cap. Madrid		
28 G8	Ambassade	13 av. George-V, 8ᵉ	723 61 83
5 D9	Consulat Général	165 bd Malesherbes, 17ᵉ	766 03 32
19 G13	Chambre de Commerce d'Espagne	32 av. de l'Opéra, 2ᵉ	742 45 74
29 G9	Iberia (Cie aérienne)	31 av. Montaigne, 8ᵉ	723 01 23
31 J13	Librairie Espagnole	72 r. de Seine, 6ᵉ	354 56 26
28 G8	Office culturel de l'Ambassade d'Espagne	11 av. Marceau, 16ᵉ	720 83 45
16 G8	Office National du Tourisme	43 ter av. Pierre-1ᵉʳ-de-Serbie, 8ᵉ	720 90 54
28 G8	Réseau National des Chemins de fer Espagnols (RENFE)	3 av. Marceau, 16ᵉ	723 52 01
31 H14	Maison d'Andorre	111 r. St-Honoré, 1ᵉʳ	508 50 28
	États-Unis d'Amérique (USA) - Cap. Washington		
30 G11	Ambassade	2 av. Gabriel, 8ᵉ	296 12 02
30 G11	Service des visas	2 r. St-Florentin, 1ᵉʳ	
31 H13	Services culturels	168 r. de Rivoli, 1ᵉʳ	296 12 02
101 pli 13	American Battle Monuments Commission	Garches - 68 r. du 19-Janvier	701 19 76
42 M12	American Center for Students and Artists	261 bd Raspail, 14ᵉ	321 42 20
18 F12	American Express	11 r. Scribe, 9ᵉ	266 09 99
17 G9	American Legion	49 r. Pierre-Charron, 8ᵉ	225 41 93
28 J7	Association France États-Unis	6 bd de Grenelle, 15ᵉ	577 48 92
28 H8	Bibliothèque Américaine	10 r. du Général-Camou, 7ᵉ	551 46 82
30 G11	Centre de Documentation B. Franklin	2 r. St-Florentin, 1ᵉʳ	
28 G8	Chambre de Commerce Américaine	21 av. George-V, 8ᵉ	723 80 26
30 G12	Office de tourisme	23 pl. Vendôme, 1ᵉʳ	260 57 15
14 D3	International Herald Tribune	Neuilly - 181 av. Ch.-de-Gaulle	747 12 65
	Librairies : voir Grande-Bretagne		
17 F9	National Broadcasting (NBC News)	73 av. Champs-Élysées, 8ᵉ	359 11 71
17 F9	Newsweek International	162 r. du Fg St-Honoré, 8ᵉ	359 51 02
18 F12	Pan American World Airways (PAN AM)	1 r. Scribe, 9ᵉ	266 45 45
17 F10	Time	17 av. Matignon, 8ᵉ	359 05 39
16 F8	Trans World Airlines (TWA)	101 av. Champs-Élysées, 8ᵉ	720 62 11

Plan n°	Repère		Adresse	Téléphone
ou carte 101				
		Éthiopie - Cap. Addis-Abeba		
28	J8	Ambassade	35 av. Charles-Floquet, 7e	783 83 95
18	F12	Ethiopian Airlines	35 r. Godot-de-Mauroy, 9e	742 87 16
		Finlande - Cap. Helsinki		
29	H10	Ambassade	2 r. Fabert, 7e	705 35 45
18	F11	Consulat	18 bis r. d'Anjou, 8e	265 33 65
27	K6	Chambre de Commerce Franco-Finlandaise	31 r. Emeriau, 15e	571 18 53
18	F12	Finnair (Cie aérienne)	11 r. Auber, 9e	742 33 33
18	F12	Office National du Tourisme	13 r. Auber, 9e	266 40 13
		Gabon - Cap. Libreville		
26	J4	Ambassade	26 bis av. Raphaël, 16e	224 79 60
17	F10	Air Gabon	4 av. Fr.-Roosevelt, 8e	359 20 63
17	F9	Association France-Gabon	11 r. Lincoln, 8e	256 20 12
29	G10	Centre Gabonais du Commerce extérieur	4 av. Fr.-Roosevelt, 8e	256 23 40
		Ghana - Cap. Accra		
15	F5	Ambassade	8 villa Saïd, 16e	500 09 50
		Grande-Bretagne et Irlande du Nord - Cap. Londres		
18	G11	Ambassade	35 r. du Fg St-Honoré, 8e	266 91 42
17	F10	Consulat	109 r. du Fg St-Honoré, 8e	266 91 42
32	G15	Agence Reuter	101 r. Réaumur, 2e	260 31 63
101	pli 14	British Airways	Paris-La Défense - Tour Winterthur 102	778 14 14
17	F9	British Broadcasting Corporation (BBC)	155 r. du Fg St-Honoré, 8e	561 97 00
18	G12	British Caledonian Airways	5 r. de la Paix, 2e	261 50 21
29	H10	The British Council	9 r. de Constantine, 7e	555 95 95
101	pli 8	British Midland Airways (BMA)	Roissy-aéroport Ch.-de-Gaulle	862 57 50
18	G12	British Railways (Chemins de fer)	12 bd de la Madeleine, 9e	266 90 53
16	F7	Franco-British Chamber of Commerce and Industry	26 av. Victor Hugo, 16e	501 55 00
29	H10	Institut Britannique	11 r. de Constantine, 7e	555 71 99
31	G13	Librairie Brentano's	37 av. de l'Opéra, 2e	261 52 50
30	G12	— Galignani	224 r. de Rivoli, 1er	260 76 07
30	G12	— Smith	248 r. de Rivoli, 1er	260 37 97
30	G12	Office Britannique de Tourisme (BTA)	6 pl. Vendôme, 1er	296 47 60
18	F11	P & O Ferries-Normandy Ferries	9 pl. de la Madeleine, 8e	266 40 17
30	G12	The Royal Automobile Club (RAC)	8 pl. Vendôme, 1er	260 51 19
18	F12	Royal British Legion	8 r. Boudreau, 9e	742 19 26
19	F13	The Times	8 r. Halévy, 9e	742 73 21
18	F11	Maison du Tourisme de Jersey	19 bd Malesherbes, 8e	742 93 68
		Grèce - Cap. Athènes		
16	F8	Ambassade	17 r. Auguste-Vacquerie, 16e	723 72 28
16	G7	Consulat	23 r. Galilée, 16e	723 72 23
31	G13	Chambre de Commerce Hellénique	31 av. de l'Opéra, 1er	261 42 97
15	F5	Délégation (auprès de l'OCDE)	15 villa Saïd, 16e	500 08 36
41	L9	— (auprès de l'Unesco)	1 r. Miollis, 15e	568 10 00
42	M11	Librairie hellénique	14 r. Vandamme, 14e	320 84 04
31	H13	Office Nat. Hellénique du Tourisme	3 av. de l'Opéra, 1er	260 65 75
18	F12	Olympic Airways	3 r. Auber, 9e	742 87 99
		Guatemala - Cap. Guatemala		
17	E9	Ambassade	73 r. de Courcelles, 8e	227 27 63
		Guinée - Cap. Conakry		
15	G5	Ambassade	24 r. Émile-Ménier, 16e	553 72 25
		Haïti - Cap. Port-au-Prince		
16	E8	Ambassade	10 r. Théodule-Ribot, 17e	763 47 78
17	F10	Office National du Tourisme	64 r. La Boétie, 8e	563 66 97

Plan n°	Repère		Adresse	Téléphone
		Haute-Volta - Ouagadougou		
17	F9	Ambassade	159 bd Haussmann, 8[e]	359 21 85
		Honduras - Cap. Tegucigalpa		
30	G12	Ambassade	6 pl. Vendôme, 1er	261 34 75
		Hong Kong - Cap. Victoria		
16	F8	Office de Tourisme *(Renseignements téléphoniques ou par écrit seulement)*	38 av. George-V, 8[e]	720 39 54
		Hongrie - Cap. Budapest		
15	F5	Ambassade	5 bis sq. Avenue Foch, 16[e]	500 00 29
43	M14	Consulat	326 r. St-Jacques, 5[e]	354 66 96
16	G7	Chambre de Commerce	59 av. Kléber, 16[e]	553 38 48
41	L9	Délégation (auprès de l'Unesco)	1 r. Miollis, 15[e]	568 35 33
29	J10	Institut Hongrois	7 r. de Talleyrand, 7[e]	555 23 82
40	M8	Presse et Documentation	9 sq. Vergennes, 15[e]	842 51 05
18	G12	Malev (Cie aérienne)	7 r. de la Paix, 2[e]	261 57 90
19	G13	Tourisme Hongrois/Ibusz	27 r. du 4-Septembre, 2[e]	742 50 25
		Inde - Cap. New Delhi		
26	H4	Ambassade	15 r. Alfred-Dehodencq, 16[e]	520 39 30
18	F12	Air India	1 r. Auber, 9[e]	266 90 60
41	L9	Délégation (auprès de l'Unesco)	1 r. Miollis, 15[e]	568 35 21
18	G12	Office National de Tourisme	8 bd de la Madeleine, 9[e]	265 83 86
		Indonésie - Cap. Djakarta		
27	H5	Ambassade	49 r. Cortambert, 16[e]	503 07 60
17	E9	Garuda Indonesian Airways	17 av. Hoche, 8[e]	562 45 45
		Irak - Cap. Bagdad		
15	G5	Ambassade	53 r. de la Faisanderie, 16[e]	501 51 00
15	G5	Centre Culturel	6-8 r. du Gal-Appert, 16[e]	704 66 87
16	F8	Iraqi Airways	144 av. Champs-Élysées, 8[e]	562 62 25
		Iran - Cap. Téhéran		
28	H7	Ambassade	4 av. d'Iéna, 16[e]	723 61 22
28	H8	Consulat	16 r. Fresnel, 16[e]	720 30 87
17	G9	Iran Air	33 av. Champs-Élysées, 8[e]	359 01 20
		Irlande - Cap. Dublin		
16	F7	Ambassade	4 r. Rude, 16[e]	500 20 87
19	G13	Aer Lingus (Cie aérienne)	38 av. de l'Opéra, 2[e]	742 12 50
18	F12	Irish Continental Line (transports et voyages)	8 r. Auber, 9[e]	266 90 90
17	F10	Office du Commerce Extérieur Irlandais	33 r. de Miromesnil, 8[e]	265 98 05
18	G12	Office National du Tourisme	9 bd de la Madeleine, 1er	261 84 26
		Islande - Cap. Reykjavik		
18	F11	Ambassade	124 bd Haussmann, 8[e]	522 81 54
19	F13	Icelandair (Cie aérienne)	9 bd des Capucines, 2[e]	742 52 26
		Israël - Cap. Jérusalem		
17	F10	Ambassade	3 r. Rabelais, 8[e]	266 91 49
32	H15	Association France-Israël	63 bd de Sébastopol, 1er	233 36 82
18	G11	Chambre de Commerce France-Israël	47 r. du Fg St-Honoré, 8[e]	225 34 56
18	F12	El Al (Cie aérienne)	24 bd des Capucines, 9[e]	742 45 19
18	G12	Office National de Tourisme	14 r. de la Paix, 2[e]	261 03 67

*Pour Paris, les indications de plan et repère **(exemple: 29 J10)** renvoient à la page et au carroyage de l'ATLAS.*

Lorsqu'il s'agit de la Banlieue, les renvois se rapportent à la carte ■■■ et au numéro du pli (exemple: ■■■ pli 15).

Plan n°	Repère		Adresse	Téléphone
		Italie - Cap. Rome		
30	J11	Ambassade	51 r. de Varenne, 7ᵉ	544 38 90
27	H5	Consulat	5 bd Émile-Augier, 16ᵉ	520 78 22
16	F8	Alitalia (Cie aérienne)	140 av. Champs-Élysées, 8ᵉ	256 66 33
17	F10	Chambre de Commerce Italienne	134 r. du Fg-St-Honoré, 8ᵉ	359 46 27
19	F13	Compagnie Italienne de Tourisme (CIT)	3 bd des Capucines, 2ᵉ	266 00 90
30	H11	Corriere della Sera	280 bd St-Germain, 7ᵉ	550 42 10
28	J8	Dante Alighieri (Assoc. culturelle)	12 r. Sédillot, 7ᵉ	705 16 26
18	G12	Office National de Tourisme (ENIT)	23 r. de la Paix, 2ᵉ	266 66 68
30	J11	Institut Culturel	50 r. de Varenne, 7ᵉ	222 12 78
19	F13	La Stampa	5 r. des Italiens, 9ᵉ	523 37 06
30	J11	Maison du Livre Italien	54 r. de Bourgogne, 7ᵉ	705 03 99
16	F8	Radiotelevisione Italiana (RAI) 1ʳᵉ chaîne	96 av. d'Iéna, 16ᵉ	720 60 40
16	F8	— 2ᵉ chaîne	96 av. d'Iéna, 16ᵉ	720 37 67
18	F12	Siosa Line (transports et voyages)	8 r. Auber, 9ᵉ	266 90 90
		Japon - Cap. Tokyo		
17	E9	Ambassade	7 av. Hoche, 8ᵉ	766 02 22
17	F9	Centre Japonais de Commerce extérieur	50 av. Champs-Élysées, 8ᵉ	225 35 82
17	F9	Chambre de Commerce Japonaise	1 av. de Friedland, 8ᵉ	563 43 33
17	F9	Japan Air Lines	75 av. Champs-Élysées, 8ᵉ	225 55 01
18	F11	Japanese National Railways	24-26 r. de la Pépinière, 8ᵉ	522 60 48
31	H13	Librairie Japonaise Junku	262 r. St-Honoré, 1ᵉʳ	260 89 12
31	G13	— — Tokyo-Do	4-8 r. Ste-Anne, 1ᵉʳ	261 08 71
16	G7	Office Franco-Japonais d'Études Économiques	14 r. Cimarosa, 16ᵉ	727 30 90
31	G13	Office National du Tourisme	4 r. Ste-Anne, 1ᵉʳ	296 20 29
		Jordanie - Cap. Amman		
14	E4	Ambassade du Royaume Hachémite	Neuilly - 80 bd M.-Barrès	624 51 38
18	G12	Alia (The Royal Jordanian Airlines)	12 r. de la Paix, 2ᵉ	261 57 45
		Kenya - Cap. Nairobi		
16	G7	Ambassade	3 r. Cimarosa, 16ᵉ	553 35 00
18	G12	Kenya Airways	8 r. Daunou, 2ᵉ	261 82 93
18	G12	Office du Tourisme	5 r. Volney, 2ᵉ	260 66 88
41	L9	Délégation (auprès de l'Unesco)	1 r. Miollis, 15ᵉ	568 25 29
		Koweit - Cap. Koweit		
28	G8	Ambassade	2 r. de Lübeck, 16ᵉ	723 54 25
16	G8	Consulat	1 pl. des États-Unis, 16ᵉ	723 54 25
18	G12	Kuwait Airways	6 r. de la Paix, 2ᵉ	260 30 60
		Liban - Cap. Beyrouth		
16	G7	Ambassade	3 villa Copernic, 16ᵉ	500 22 25
16	F8	Services Consulaires et Culturels	47 r. Dumont-d'Urville, 16ᵉ	500 03 30
31	K14	Librairie Synonyme	82 bd St-Michel, 5ᵉ	633 98 50
18	F12	Middle East Airlines	6 r. Scribe, 2ᵉ	266 93 57
17	F10	Office National du Tourisme	124 r. du Fg St-Honoré, 8ᵉ	359 10 36
		Libéria - Cap. Monrovia		
17	D10	Ambassade	8 r. Jacques-Bingen, 17ᵉ	763 58 55
		Libye - Cap. Tripoli		
15	G5	Ambassade	2 r. Charles-Lamoureux, 16ᵉ	704 71 60
17	F9	Libyan Arab Airlines	90 av. Champs-Élysées, 8ᵉ	562 33 00
		Luxembourg - Cap. Luxembourg		
28	H8	Ambassade	33 av. Rapp, 7ᵉ	555 13 37
17	F10	Chambre de Commerce Belgo-Luxemb.	174 bd Haussmann, 8ᵉ	562 44 87
16	F8	Luxair (Air France)	119 av. Champs-Élysées, 8ᵉ	535 61 61
18	F12	Office de Tourisme	21 bd des Capucines, 2ᵉ	742 90 56
		Madagascar - Cap. Antananarivo		
26	H4	Ambassade	4 av. Raphaël, 16ᵉ	504 62 11
31	H13	Air Madagascar	7 av. de l'Opéra, 1ᵉʳ	260 30 51
44	K15	Librairie L'Harmattan	16 r. des Écoles, 5ᵉ	326 04 52
		Malaisie - Cap. Kuala Lumpur		
15	G5	Ambassade	2 bis r. Benouville, 16ᵉ	553 11 85
15	E6	Malaysian Airlines System	251 bd Pereire, 17ᵉ	574 11 80

Plan n°	Repère		Adresse	Téléphone
		Mali - Cap. Bamako		
42	L11	Ambassade	89 r. du Cherche-Midi, 6e	548 58 43
31	G13	Air Mali	14 r. des Pyramides, 1er	260 31 13
		Malte - Cap. La Valette		
17	F9	Ambassade	92 av. Champs-Élysées, 8e	562 53 01
17	F9	Air Malta	—	563 17 53
42	K11	Office de Tourisme	82 r. Vaneau, 7e	549 15 33
		Maroc - Cap. Rabat		
27	H6	Ambassade	5 r. Le Tasse, 16e	520 69 35
19	F14	Consulat	19 r. Saulnier, 9e	523 37 40
18	E12	Compagnie Marocaine de Navigation	56 r. de Londres, 8e	387 42 06
30	G11	Maghreb Arabe Presse	4 pl. de la Concorde, 8e	265 40 45
31	H13	Office National du Tourisme	161 r. St-Honoré, 1er	260 63 50
19	G13	Royal Air Maroc	34 av. de l'Opéra, 2e	266 10 30
		Maurice (Ile) - Cap. Port-Louis		
17	E10	Ambassade	68 bd de Courcelles, 17e	227 30 19
2	C3	Bureau d'Information Touristique *(uniquement par téléphone et par correspondance)*	Neuilly - 41 r. Ybry	758 12 40
		Mauritanie - Cap. Nouakchott		
15	G5	Ambassade	5 r. de Montevideo, 16e	504 88 54
42	L11	Consulat	89 r. du Cherche-Midi, 6e	548 23 88
		Mexique - Cap. Mexico		
28	G7	Ambassade	9 r. de Longchamp, 16e	553 76 43
28	G7	Consulat	16 r. Hamelin, 16e	727 74 70
18	F12	Aeromexico (Cie aérienne)	12 r. Auber, 9e	742 40 50
16	G8	Conseil National du Tourisme Mexicain	34 av. George-V, 8e	720 69 15
16	F8	Institut Mexicain du Commerce Extérieur	120 av. Champs-Élysées, 8e	562 26 24
		Monaco - Cap. Monaco		
28	G7	Ambassade	57 av. Kléber, 16e	553 82 10
18	G11	Office de Tourisme	6 pl. de la Madeleine, 8e	260 32 46
		Mongolie - Cap. Oulan-Bator		
37	L2	Ambassade	Boulogne - 5 av. R.-Schuman	605 28 12
		Népal - Cap. Katmandou		
17	F9	Ambassade	7 r. Washington, 8e	359 28 61
		Nicaragua - Cap. Managua		
15	F6	Ambassade	11 r. de Sontay, 16e	500 35 42
		Niger - Cap. Niamey		
27	G5	Ambassade	154 r. de Longchamp, 16e	504 80 60
		Nigeria - Cap. Lagos		
27	G5	Ambassade	173 av. Victor-Hugo, 16e	704 68 65
15	G6	Consulat	97 av. Victor-Hugo, 16e	727 14 32
41	L9	Délégation (auprès de l'Unesco)	1 r. Miollis, 15e	568 27 27
		Norvège - Cap. Oslo		
29	G9	Ambassade	28 r. Bayard, 8e	723 72 78
14	D4	Chambre Commerce Franco-Norvégienne	Neuilly - 88 av. Ch.-de-Gaulle	745 14 90
26	H4	Délégation (auprès de l'OCDE)	19 r. de Franqueville, 16e	524 97 83
14	D4	Office National du Tourisme	Neuilly - 88 av. Ch.-de-Gaulle	745 14 90
18	F12	Royal Viking Line (transports et voyages)	8 r. Auber, 9e	266 90 90
18	F12	Scandinavian Airlines System (SAS)	30 bd des Capucines, 9e	742 28 08
		Nouvelle-Zélande - Cap. Wellington		
15	F6	Ambassade	7 ter r. Léonard-de-Vinci, 16e	500 24 11
		Oman - Cap. Mascate		
28	G8	Ambassade	50 av. d'Iéna, 16e	723 01 63

Plan n° Repère ou carte 101			Adresse	Téléphone
		Ouganda - Cap. Kampala		
27	G6	Ambassade	13 av. Raymond-Poincaré, 16ᵉ	727 46 80
		Pakistan - Cap. Islamabad		
16	F8	Ambassade	18 r. Lord-Byron, 8ᵉ	562 23 32
16	F8	Pakistan International Airlines	152 av. Champs-Élysées, 8ᵉ	562 92 41
		Panama - Cap. Panama		
41	L9	Ambassade	145 av. de Suffren, 15ᵉ	783 23 32
41	L9	Délégation (auprès de l'Unesco)	1 r. Miollis, 15ᵉ	568 10 10
		Paraguay - Cap. Asuncion		
28	J7	Ambassade-Chancellerie	8 av. Charles-Floquet, 7ᵉ	783 54 77
101	pli 14	Consulat	Courbevoie - Tour 12 r. de l'Abreuvoir	788 19 12
		Pays-Bas - Cap. Amsterdam		
41	K10	Ambassade	7 r. Eblé, 7ᵉ	306 61 88
41	K10	Consulat	9 r. Eblé, 7ᵉ	306 61 88
17	D10	Chambre de Commerce Franco-Néerlandaise	109 bd Malesherbes, 8ᵉ	563 54 30
30	H11	Institut Néerlandais	121 r. de Lille, 7ᵉ	705 85 99
19	G13	Lignes Aériennes Royales Néerlandaises (KLM)	36 bis av. de l'Opéra, 2ᵉ	742 57 29
17	G9	Office National Néerlandais du Tourisme	31-33 av. Champs-Élysées, 8ᵉ	225 41 25
		Pérou - Cap. Lima		
16	G7	Ambassade	50 av. Kléber, 16ᵉ	704 34 53
		Philippines - Cap. Manille		
27	H6	Ambassade	39 av. Georges-Mandel, 16ᵉ	704 65 50
16	F8	Philippine Airlines	114 av. Champs-Élysées, 8ᵉ	359 43 21
18	G12	Services culturels	26 pl. Vendôme, 1ᵉʳ	260 20 45
		Pologne - Cap. Varsovie		
29	J10	Ambassade	1 r. de Talleyrand, 7ᵉ	551 60 80
29	J10	Consulat	5 r. de Talleyrand, 7ᵉ	551 82 22
32	K15	Bibliothèque Polonaise	6 quai d'Orléans, 4ᵉ	354 35 61
29	G9	Institut Culturel Polonais	31 r. Jean-Goujon, 8ᵉ	225 10 57
31	K13	Librairie Polonaise	123 bd St-Germain, 6ᵉ	326 04 42
19	G13	Lignes Aériennes Polonaises (LOT)	18 r. Louis-le-Grand, 2ᵉ	742 05 60
19	G13	Office du Tourisme Polonais Orbis	49 av. de l'Opéra, 2ᵉ	742 07 42
		Portugal - Cap. Lisbonne		
15	G5	Ambassade	3 r. de Noisiel, 16ᵉ	727 35 29
45	N17	Consulat	187 r. du Chevaleret, 13ᵉ	585 03 60
18	F12	Air Portugal (TAP)	4 r. Scribe, 9ᵉ	266 69 00
16	F8	Centre Culturel - Fondation Gulbenkian	51 av. d'Iéna, 16ᵉ	720 86 84
18	F11	Chambre de Commerce Franco-Portugaise	17 bd Malesherbes, 8ᵉ	266 38 32
26	K4	Délégation (auprès de l'OCDE)	26 r. Raffet, 16ᵉ	525 14 14
15	G5	— (auprès de l'Unesco)	1 r. de Noisiel, 16ᵉ	727 62 65
		Librairie : voir Espagne		
17	F10	Office Commercial du Portugal	135 bd Haussmann, 8ᵉ	563 93 30
18	F12	Office de Tourisme	7 r. Scribe, 9ᵉ	742 55 57
		Qatar - Cap. Duha		
29	H9	Ambassade	57 quai d'Osay, 7ᵉ	551 90 71
		Roumanie - Cap. Bucarest		
29	J9	Ambassade	123 r. St-Dominique, 7ᵉ	705 49 54
29	J9	Consulat	5 r. de l'Exposition, 7ᵉ	705 84 99
19	G13	Office National de Tourisme - Tarom (Cie aérienne)	38 av. de l'Opéra, 2ᵉ	742 25 42
		Rwanda - Cap. Kigali		
17	E9	Ambassade	70 bd de Courcelles, 17ᵉ	227 36 31
		Saint-Domingue - Cap. Saint-Domingue		
16	F7	Ambassade	2 r. Georges-Ville, 16ᵉ	501 88 81

Plan n°	Repère		Adresse	Téléphone
		Saint-Marin - Cap. Saint-Marin		
17	D9	**Ambassade**	95 r. Jouffroy, 17ᵉ	755 69 28
17	F10	**Consulat**	50 r. du Colisée, 8ᵉ	359 82 89
		Saint-Siège - cité du Vatican		
28	G8	**Nonciature**	10 av. du Prés. Wilson, 16ᵉ	723 58 34
		El Salvador - Cap. San Salvador		
16	G7	**Ambassade**	12 r. Galilée, 16ᵉ	720 42 02
		Sénégal - Cap. Dakar		
29	H9	**Ambassade**	14 av. Robert-Schuman, 7ᵉ	705 39 45
28	G7	**Consulat**	22 r. Hamelin, 16ᵉ	553 75 86
41	L9	**Délégation** (auprès de l'Unesco)	1 r. Miollis, 15ᵉ	568 33 93
16	G8	**Office de Tourisme**	30 av. George-V, 8ᵉ	723 78 08
		Sierra-Leone - Cap. Freetown		
17	E9	**La Maison de la Sierra-Leone** (service des visas)	16 av. Hoche, 8ᵉ	256 14 73
		Somalie - Cap. Mogadishu		
16	F8	**Ambassade**	26 r. Dumont-d'Urville, 16ᵉ	500 76 51
		Soudan - Cap. Khartoum		
29	G9	**Ambassade** *transfert prévu*	56 av. Montaigne, 8ᵉ	720 07 86
		Sri Lanka - Cap. Colombo		
18	F11	**Ambassade**	15 r. d'Astorg, 8ᵉ	266 35 01
19	G13	**Air Lanka**	9 r. du 4-Septembre, 2ᵉ	297 43 44
19	G13	**Office de Tourisme de Ceylan**	11 r. Gaillon, 2ᵉ	742 94 57
		Suède - Cap. Stockholm		
30	J11	**Ambassade**	17 r. Barbet-de-Jouy, 7ᵉ	555 92 15
32	J16	**Centre culturel**	11 r. Payenne, 3ᵉ	271 82 20
26	H4	**Délégation** (auprès de l'OCDE)	19 r. de Franqueville, 16ᵉ	727 17 72
15	G5	**Délégation** (auprès de l'Unesco)	1 r. Miollis, 15ᵉ	568 34 50
16	D8	**Office du Commerce Suédois**	147 r. de Courcelles, 17ᵉ	763 11 83
32	J16	**Office du Tourisme Suédois**	146-150 av. Ch.-Élysées, 8ᵉ	225 65 52
18	F12	**Scandinavian Airlines System** (SAS)	30 bd des Capucines, 9ᵉ	742 28 08
		Suisse - Cap. Berne		
29	J10	**Ambassade**	142 r. de Grenelle, 7ᵉ	550 34 46
31	G13	**Chambre de Commerce Suisse**	16 av. de l'Opéra, 1ᵉʳ	296 14 17
18	F12	**Office National du Tourisme - Chemins de fer fédéraux**	11 bis r. Scribe, 9ᵉ	742 45 45
19	G13	**Swissair**	38 av. de l'Opéra, 2ᵉ	581 11 40
		Syrie - Cap. Damas		
30	J11	**Ambassade**	20 r. Vaneau, 7ᵉ	550 26 91
29	J9	**Centre culturel syrien**	12 av. de Tourville, 7ᵉ	705 30 11
18	F12	**Syrian Arab Airlines**	1 r. Auber, 9ᵉ	742 11 06
		Tanzanie - Cap. Dar es Salaam		
5	C9	**Ambassade**	70 bd Péreire, 17ᵉ	766 21 77
		Tchad - Cap. N'Djamena		
15	G6	**Ambassade**	65 r. Belles-Feuilles, 16ᵉ	553 36 75
		Tchécoslovaquie - Cap. Prague		
28	J8	**Ambassade**	15 av. Charles-Floquet, 7ᵉ	734 29 10
31	J13	**Consulat**	18 r. Bonaparte, 6ᵉ	329 41 60
19	G13	**Ceskoslovenske Aerolinie** (CSA)	32 av. de l'Opéra, 2ᵉ	742 38 45
27	G6	**Chambre de Commerce Franco-Tchécoslovaque**	28 av. d'Eylau, 16ᵉ	704 45 78
19	G13	**Office Tchécoslovaque de Tourisme - Cedok**	32 av. de l'Opéra, 2ᵉ	742 38 45
		Thaïlande - Cap. Bangkok		
27	H6	**Ambassade**	8 r. Greuze, 16ᵉ	704 32 22
17	F9	**Office National du Tourisme**	90 av. Champs-Élysées, 8ᵉ	562 86 56
16	F8	**Thai Airways International**	123 av. Champs-Élysées, 8ᵉ	720 86 15

Plan n°	Repère		Adresse	Téléphone
		Togo - Cap. Lomé		
4	C8	Ambassade	8 r. Alfred-Roll, 17e	380 12 13
29	G9	Office de Tourisme	23 r. François-1er, 8e	723 45 85
		Tunisie - Cap. Tunis		
30	K11	Ambassade	25 r. Barbet-de-Jouy, 7e	555 95 98
28	G7	Consulat	17-19 r. de Lübeck, 16e	553 50 94
19	G13	Office National du Tourisme	32 av. de l'Opéra, 2e	742 72 67
18	G12	Tunis Air	17 r. Daunou, 2e	261 50 83
		Turquie - Cap. Ankara		
27	J6	Ambassade	16 av. de Lamballe, 16e	524 52 24
5	C9	Consulat	184 bd Malesherbes, 17e	227 32 72
5	C9	Bureau des Affaires Culturelles	184 bd Malesherbes, 17e	764 90 42
17	F9	Bureau de Tourisme	102 av. Champs-Élysées, 8e	562 26 10
26	H4	Délégation (auprès de l'OCDE)	9 r. Al.-Dehodencq, 16e	288 50 02
41	L9	Délégation (auprès de l'Unesco)	1 r. Miollis, 15e	568 27 16
19	G13	Turkish Airlines	34 av. de l'Opéra, 2e	742 60 85
		Union des Républ. Socialistes Soviétiques (URSS) - Cap. Moscou		
26	G4	Ambassade	40-50 bd Lannes, 16e	504 05 50
17	E9	Consulat	8 r. de Prony, 17e	763 45 47
17	G9	Aeroflot (Cie aérienne)	33 av. Champs-Élysées, 8e	225 43 81
29	G10	Chambre de Commerce Franco-Soviétique	22 av. Franklin-Roosevelt, 8e	225 97 10
19	F13	Intourist	7 bd des Capucines, 2e	747 47 40
15	G5	Représentation Commerciale	49 r. de la Faisanderie, 16e	727 41 39
		Uruguay - Cap. Montevideo		
16	F7	Ambassade	15 r. Le Sueur, 16e	500 91 50
		Vatican (voir Saint-Siège)		
		Venezuela - Cap. Caracas		
16	G7	Ambassade	11 r. Copernic, 16e	553 29 98
28	H7	Consulat	42 av. du Prés-Wilson, 16e	553 00 88
41	L9	Délégation (auprès de l'Unesco)	1 r. Miollis, 15e	568 25 32
19	F13	Viasa (Cie aérienne)	5 bd des Capucines, 2e	742 20 07
		Viêt-nam - Cap. Hanoï		
38	L3	Ambassade	62 r. Boileau, 16e	524 50 63
38	L3	Consulat	—	527 62 55
		Yémen (Républ. Arabe - RAY) - Cap. Sanaa		
28	J8	Ambassade	21 av. Charles-Floquet, 7e	306 66 22
		Yémen (Républ. Démocratique) - Cap. Al Shaab		
28	G8	Ambassade	25 av. Georges-Bizet, 16e	723 61 76
30	G12	Yemenia (Yemen Airways)	259 r. St-Honoré, 1er	261 15 14
		Yougoslavie - Cap. Belgrade		
15	G5	Ambassade	54 r. de la Faisanderie, 16e	504 05 05
15	F5	Consulat	5 r. de la Faisanderie, 16e	704 70 41
32	H15	Centre Culturel	123 r. St-Martin, 4e	272 50 50
27	G6	Chambre économique	69 av. Raymond-Poincaré, 16e	704 92 76
15	G5	Délégation (auprès de l'OCDE)	54 r. de la Faisanderie, 16e	504 38 01
41	L9	Délégation (auprès de l'Unesco)	1 r. Miollis, 15e	568 33 37
19	F13	Office du Tourisme	31 bd des Italiens, 2e	268 07 07
19	F13	Yugoslav Airlines (JAT)	31 bd des Italiens, 2e	268 06 06
		Zaïre - Cap. Kinshasa		
29	G9	Ambassade	32 cours Albert-1er, 8e	225 57 50
19	G13	Air Zaire	38 av. de l'Opéra, 2e	742 09 26
		Zambie - Cap. Lusaka		
16	F8	Ambassade	76 av. d'Iéna, 16e	723 43 52

Plan n° Repère ou carte 101			Adresse	Téléphone

BIBLIOTHÈQUES - CENTRES CULTURELS
LIBRARIES, BIBLIOTHEKEN, BIBLIOTECAS

Plan	Repère		Adresse	Téléphone
32	H15	Centre Georges-Pompidou	plateau Beaubourg, 4ᵉ	277 12 33
32	J16	Centre Culturel du Marais	28 r. des Francs-Bourgeois, 3ᵉ	272 73 52
33	K17	Arsenal	1 r. de Sully, 4ᵉ	277 44 21
31	H13	Arts Décoratifs	109 r. de Rivoli, 1ᵉʳ	260 32 14
32	G16	Conservatoire Nat. des Arts et Métiers	292 r. St-Martin, 3ᵉ	271 24 14
101	pli 14	Documentation Internat. Contemporaine	Nanterre - 2 r. de Rouen	721 40 22
23	G21	Documentation Scientifique Technique	26 r. Boyer, 20ᵉ	358 35 59
42	K12	Documentation Sciences Humaines	54 bd Raspail, 6ᵉ	544 38 49
32	J16	Forney	1 r. du Figuier, 4ᵉ	278 14 60
32	J16	Historique de la Ville de Paris	24 r. Pavée, 4ᵉ	274 44 44
31	H14	Maison de la poésie	101 r. Rambuteau, 1ᵉʳ	236 27 53
31	J13	Mazarine	23 quai Conti, 6ᵉ	354 89 48
44	M16	Museum Nat. d'Histoire Naturelle	38 r. Geoffroy-St-Hilaire, 5ᵉ	331 71 24
31	G13	Nationale (BN)	58 r. de Richelieu, 2ᵉ	261 82 83
43	L14	Ste-Geneviève	10 pl. du Panthéon, 5ᵉ	329 61 00
32	J16	Discothèque de la Ville de Paris	6 r. François-Miron, 4ᵉ	887 25 63

Paris compte 600 bibliothèques d'études et 80 bibliothèques municipales. Outre les plus connues, générales ou spécialisées, indiquées ci-dessus, citons-en quelques autres, très spécialisées. comme les bibliothèques des Arts du spectacle (à l'Arsenal), du Saulchoir (religion), de l'Histoire du Protestantisme, de la Préfecture de Police, de l'Observatoire de Meudon...

Les bibliothèques de prêt et de consultation, qui offrent parfois un département discothèque ou cassettothèque, sont ouvertes au public dans la plupart des Mairies et divers autres centres; la liste des bibliothèques pour la jeunesse y est disponible.

Pour connaître les adresses des bibliothèques et Centres Culturels étrangers, voir p. 56 à 66.

Salles d'expositions

Plan	Repère		Adresse	Téléphone
33	K18	Ancienne Gare de la Bastille	2 pl. de la Bastille, 12ᵉ	345 73 00
29	G10	Galeries Nationales du Grand Palais	av. du Gén.-Eisenhower, 8ᵉ	261 54 10
28	G8	Palais de Tokyo	13 av. Président-Wilson, 16ᵉ	723 36 53
29	G10	Petit Palais	av. Winston-Churchill, 8ᵉ	265 12 73

CIMETIÈRES
CEMETERIES, FRIEDHÖFE, CEMENTERIOS

Plan	Repère		Adresse	Téléphone
38	M3	Auteuil	57 r. Claude-Lorrain, 16ᵉ	651 20 83
5	B10	Batignolles	10 r. St-Just, 17ᵉ	627 03 18
23	F22	Belleville	40 r. du Télégraphe, 20ᵉ	636 66 23
47	N21	Bercy	329 r. de Charenton, 12ᵉ	343 28 93
60	R23	Charenton	av. de Gravelle, 12ᵉ	
35	H22	Charonne	pl. St-Blaise, 20ᵉ	371 40 66
56	S15	Gentilly	5 r. de Ste-Hélène, 13ᵉ	588 38 80
39	M6	Grenelle	174 r. St-Charles, 15ᵉ	557 13 43
6	C12	Montmartre	av. Rachel, 18ᵉ	387 64 24
42	M12	Montparnasse	3 bd Edgar-Quinet, 14ᵉ	320 68 52
54	R11	Montrouge	18 av. Pte-de-Montrouge, 14ᵉ	
27	H6	Passy	2 r. du Cdt-Schlœsing, 16ᵉ	727 51 42
35	H21	Père-Lachaise	16 r. du Repos, 20ᵉ	370 70 33
47	L22	Picpus	35 r. de Picpus, 12ᵉ	346 80 39
48	M23	St-Mandé (Sud)	r. du Général-Archinard, 12ᵉ	346 03 06
7	C14	St-Pierre (cim. du Calvaire)	2 r. du Mont-Cenis, 18ᵉ	
7	C13	St-Vincent	6 r. Lucien-Gaulard, 18ᵉ	606 29 78
59	P21	Valmy	av. Pte-de-Charenton, 12ᵉ	368 62 60
39	M6	Vaugirard	320 r. Lecourbe, 15ᵉ	557 26 30
22	D20	La Villette	46 r. d'Hautpoul, 19ᵉ	208 05 45

Hors des limites de Paris se situent les cimetières parisiens de Bagneux (101 pli 25), la Chapelle (9 A17), Ivry (101 pli 26), Pantin (12 A23), St-Ouen (101 pli 15) et Thiais (101 pli 26).

Plan n° Repère ou carte 101		Adresse	Téléphone

COMMERCE
BUSINESS, GESCHÄFT, COMERCIO

Salons, Foires, Expositions
Fairs, Exhibitions, Messen, Ausstellungen, Salones, Ferias, Exposiciones

Plan	Repère	Nom	Adresse	Téléphone
101	pli 14	**Centre National des Industries et des Techniques** (CNIT)	Puteaux - La Défense 4 r. Carpeaux	773 66 44
16	G7	**Comité des Expositions de Paris**	7 r. Copernic, 16ᵉ	505 14 37
19	F14	**Hôtel des Ventes**	9 r. Drouot, 9ᵉ	246 17 11
51	N6	**Parc des Expositions** (S.E.P.E.)	Pte-de-Versailles, 15ᵉ	842 22 40

Grands Magasins et Centres commerciaux
Department stores and shopping centres, Kaufhäuser, Einkaufszentren, Grandes Almacenes y Centros Comerciales

Plan	Repère	Nom	Adresse	Téléphone
32	J15	**Bazar de l'Hôtel-de-Ville** Rivoli	52 r. de Rivoli, 4ᵉ	274 90 00
10	C19	— Flandre	119 r. de Flandre, 19ᵉ	205 71 69
39	K6	**Beaugrenelle**	pl. Fernand-Forest, 15ᵉ	575 71 31
30	K11	Au **Bon Marché**	22 r. de Sèvres, 7ᵉ	260 33 45
42	L11	**C & A** Maine Montparnasse	1 r. de l'Arrivée, 15ᵉ	538 52 76
31	H14	— Rivoli	122 r. de Rivoli, 1ᵉʳ	233 71 95
16	E8	**FNAC** Étoile	26 av. de Wagram, 8ᵉ	766 52 50
31	H14	— Forum des Halles	1-7 r. Pierre-Lescot, 1ᵉʳ	261 81 18
42	L12	— Montparnasse	136 r. de Rennes, 6ᵉ	544 39 12
31	H14	**Forum des Halles**	r. Berger, 1ᵉʳ	297 53 47
56	P16	**Galaxie**	30 av. d'Italie, 13ᵉ	580 09 09
18	F12	**Galeries Lafayette** Haussmann	40 bd Haussmann, 9ᵉ	282 34 56
42	L11	— Montparnasse	22 r. du Départ, 15ᵉ	538 52 87
42	M11	**Inno** Montparnasse	31 r. du Départ, 14ᵉ	320 69 30
47	K21	— Nation	20 bd de Charonne, 20ᵉ	373 17 59
27	J5	— Passy	53 r. de Passy, 16ᵉ	524 52 32
31	H13	**Le Louvre des Antiquaires**	2 pl. du Palais-Royal, 1ᵉʳ	297 27 00
42	L11	**Maine-Montparnasse**	r. de l'Arrivée, 15ᵉ	
18	F12	**Marks & Spencer**	35 bd Haussmann, 9ᵉ	742 42 91
15	E6	**Palais des Congrès**	2 pl. de la Pte Maillot, 17ᵉ	758 22 22
18	F12	Au **Printemps** Haussmann	64 bd Haussmann, 9ᵉ	282 50 00
56	P16	— Italie	30 av. d'Italie, 13ᵉ	581 11 50
47	K22	— Nation	25 cours Vincennes, 20ᵉ	371 12 41
33	G17	— République	pl. de la République, 11ᵉ	355 39 09
16	E8	— Ternes	30 av. des Ternes, 17ᵉ	380 20 00
31	H14	**Samaritaine**	19 r. de la Monnaie, 1ᵉʳ	508 33 33
18-10	G12	Aux **Trois Quartiers**	17 bd de la Madeleine, 1ᵉʳ	260 39 30

Marchés
Markets, Märkte, Mercados

Plan	Repère	Nom	Adresse	Téléphone
33	H17	**Carreau du Temple**	2 r. Perrée, 3ᵉ	278 54 90
46	N20	**Entrepôts de Bercy**	1 cour Chamonard, 12ᵉ	343 15 41
7	A14	**Marché aux Puces**	St-Ouen - 85 r. des Rosiers	606 49 69
101	pli 26	**Marché d'Intérêt Nat. de Paris-Rungis**	Rungis - 1 r. de la Tour	687 35 35
28	K8	Le **Village Suisse**	54 av. Motte-Picquet, 15ᵉ	306 69 90

Nombreuses sont les artères commerçantes de Paris. La plupart sont très fréquentées :
- *les unes pour leur choix d'articles de luxe et la haute-couture : avenue Montaigne et Champs-Élysées aux diverses Galeries et Arcades ; place et avenue de l'Opéra; rue Tronchet , rue Royale, d'où part la longue rue du Fbg-St-Honoré.*
- *les autres pour leur activité principale : rue de la Paix et place Vendôme (joaillerie, bijouterie) ; rue St-Lazare et boulevard St-Michel (chaussures et sacs) ; rues de Passy et de Sèvres (habillement) ; rue du Fbg-St-Antoine (bois et meubles) ; rue de Paradis (cristaux et porcelaines).*

Sur quelques places ou avenues se tiennent des marchés de plein air : marchés aux fleurs et aux oiseaux.

Plan n°	Repère		Adresse	Téléphone

CULTES ([1])
CHURCHES,
KIRCHEN UND ANDERE KULTSTÄTTEN, CULTOS

Églises et chapelles catholiques
Catholic churches and chapels
Katholische Kirchen und Kapellen, Iglesias y Capillas Católicas

Plan n°	Repère	Nom	Adresse	Téléphone
18	F11	**Archevêché** (Maison Diocésaine)	8 r. Ville-l'Évêque, 8e	266 90 15
32	K15	**Notre-Dame** (cathédrale)	6 Parvis Notre-Dame, 4e	326 07 39
17	E9	**Annonciation** (égl. Dominicains)	222 r. du Fg-St-Honoré, 8e	563 63 04
34	J20	**Bon Pasteur** (chap.)	177 r. de Charonne, 11e	371 05 24
23	G22	**Cœur Eucharistique de Jésus** (égl.)	22 r. du Lt-Chauré, 20e	360 74 55
27	H5	**Cœur Immaculé de Marie** (Espagne)	51 bis r. de la Pompe, 16e	504 23 34
42	L11	**Enfant Jésus** (chap.)	3 r. A.-Bourdelle, 15e	222 99 23
54	P12	**Franciscains** (chap.)	7 r. Marie-Rose, 14e	540 74 98
47	L22	**Immaculée Conception** (égl.)	34 r. du Rendez-Vous, 12e	307 75 29
21	D17	**Mission Belge** (chap.)	228 r. La Fayette, 10e	607 95 76
30	K11	**Missions Étrangères de Paris** (chap.)	128 r. du Bac, 7e	548 19 92
42	L11	**N.-D. des Anges** (chap.)	102 bis r. de Vaugirard, 6e	548 76 48
22	D19	— de l'Assomption (égl.)	80 r. de Meaux, 19e	206 16 86
26	J4	— de l'Assomption (égl.)	90 r. de l'Assomption, 16e	224 41 50
30	G12	— de l'Assomption (Pologne)	pl. M.-Barrès, 1er	260 93 85
38	L4	— d'Auteuil (égl.)	1 r. Corot, 16e	525 30 17
23	G21	— Auxiliatrice (chap.)	15 r. du Retrait, 20e	636 97 67
22	F19	— du Bas Belleville (chap.)	5 allée G. d'Estrées, 19e	202 67 02
32	H16	— des Blancs Manteaux (égl.)	12 r. des Blancs-Manteaux, 4e	272 09 37
41	K9	— du Bon Conseil (chap.)	6 r. A.-de-Lapparent, 7e	783 56 68
8	B15	— du Bon Conseil (égl.)	140 r. de Clignancourt, 18e	606 39 80
20	G15	— de Bonne-Nouvelle (égl.)	19 bis r. Beauregard, 2e	233 65 74
27	H6	— de Chaldée (rite oriental cathol.)	4 r. Greuze, 16e	553 23 09
42	L12	— des Champs (égl.)	91 bd Montparnasse, 6e	322 03 06
7	B14	— de Clignancourt (égl.)	2 pl. Jules-Joffrin, 18e	254 39 13
15	D6	— de la Compassion (chap.)	bd d'Aurelle de Palad., 17e	574 83 31
29	G9	— de la Consolation (Italie)	23 r. Jean-Goujon, 8e	225 61 84
22	G20	— de la Croix (égl.)	3 pl. Ménilmontant, 20e	636 74 88
33	J18	— d'Espérance (égl.)	4 r. du Cdt-Lamy, 11e	700 12 11
9	C18	— des Foyers (chap.)	20 r. de Tanger, 19e	205 46 44
57	P17	— de la Gare (égl.)	pl. Jeanne-d'Arc, 13e	583 35 75
40	K7	— de Grâce (chap.)	6 r. Fondary, 7e	577 46 50
27	J6	— de Grâce de Passy (égl.)	10 r. de l'Annonciation, 16e	525 76 32
43	L14	— du Liban (rite maronite)	17 r. d'Ulm, 5e	329 47 60
19	E13	— de Lorette (égl.)	18 bis r. Châteaudun, 9e	526 95 42
23	F21	— de Lourdes (égl.)	130 r. Pelleport, 20e	362 61 60
41	L9	— du Lys (chap.)	7 r. Blomet, 15e	567 81 81
20	D16	— des Malades (chap.)	15 r. Ph.-de-Girard, 10e	607 87 26
30	K11	— de la Médaille Miraculeuse (chap.)	140 r. du Bac, 7e	548 10 13
46	N20	— de la Nativité (égl.)	9 pl. Lachambeaudie, 12e	307 86 01
39	N6	— de Nazareth (égl.)	351 r. Lecourbe, 15e	558 50 26
23	F22	— des Otages (égl.)	81 r. Haxo, 20e	364 62 84
43	M13	— de Paix (chap.)	32 r. Boissonade, 14e	322 42 08
34	H20	— du Perpétuel Secours (basilique)	55 bd Ménilmontant, 11e	805 94 93
22	G19	— Réconciliatrice (chap.)	55 bd de Belleville, 11e	
53	P9	— du Rosaire (égl.)	194 r. R.-Losserand, 14e	543 13 16
27	H6	— du St-Sacrement (chap.)	20 r. Cortambert, 16e	503 34 12
40	N8	— de la Salette (égl.)	38 r. de Cronstadt, 15e	531 12 16
41	N10	— du Travail (égl.)	59 r. Vercingétorix, 14e	320 09 51
31	G14	— des Victoires (basilique)	pl. des Petits-Pères, 2e	260 96 71
7	C14	**Sacré-Cœur** (basilique)	pl. Parvis Sacré-Cœur, 18e	251 17 02
55	P14	**St-Albert le Grand** (égl.)	122 r. de la Glacière, 13e	589 19 76

(1) Un centre d'information et de documentation religieux est à votre service, 6 place du Parvis-Notre-Dame, 4e; ℡ 633 01 01.

Plan n°	Repère		Adresse	Téléphone
15	G5	**St-Albert le Grand** (Allemagne)	38 r. Spontini, 16ᵉ	704 31 49
33	H18	— **Ambroise** (égl.)	71 bis bd Voltaire, 11ᵉ	355 56 18
18	D12	— **André de l'Europe** (égl.)	24 bis r. de Léningrad, 8ᵉ	522 27 29
52	P7	— **Antoine de Padoue** (égl.)	52 bd Lefebvre, 15ᵉ	531 12 84
45	K18	— **Antoine des Quinze-Vingts** (égl.)	66 av. Ledru-Rollin, 12ᵉ	343 93 94
18	E11	— **Augustin** (égl.)	46 bd Malesherbes, 8ᵉ	522 23 12
42	M11	— **Bernard** (chap.)	34 av. du Maine, 15ᵉ	321 50 76
8	D16	— **Bernard de la Chapelle** (égl.)	11 r. Affre, 18ᵉ	264 52 12
36	J23	— **Charles de la Croix-St-Simon** (chap.)	16 r. Croix-St-Simon, 20ᵉ	371 42 04
17	D10	— **Charles de Monceau** (égl.)	22 bis r. Legendre, 17ᵉ	763 05 84
39	L5	— **Christophe de Javel** (égl.)	4 r. St-Christophe, 15ᵉ	577 63 78
8	C16	— **Denys de la Chapelle** (égl.)	16 r. de la Chapelle, 18ᵉ	607 54 31
33	H17	— **Denys du St-Sacrement** (égl.)	68 bis r. de Turenne, 3ᵉ	272 28 96
55	N13	— **Dominique** (égl.)	20 r. Tombe-Issoire, 14ᵉ	331 05 25
46	L20	— **Eloi** (égl.)	7 pl. M.-de-Fontenay, 12ᵉ	307 55 65
47	M21	— **Esprit** (égl.)	186 av. Daumesnil, 12ᵉ	307 52 84
44	L15	— **Étienne du Mont** (égl.)	pl. Ste-Geneviève, 5ᵉ	354 11 79
19	F14	— **Eugène-Ste-Cécile** (égl.)	4 bis r. Ste-Cécile, 9ᵉ	824 70 25
31	H14	— **Eustache** (égl.)	r. du Jour, 1ᵉʳ	236 31 05
16	E7	— **Ferdinand-Ste-Thérèse** (égl.)	27 r. d'Armaillé, 17ᵉ	574 00 32
22	E20	— **François d'Assise** (égl.)	9 r. de Mouzaïa, 19ᵉ	607 32 57
17	D9	— **François de Sales** (égl.)	6 r. Brémontier, 17ᵉ	766 75 90
29	K10	— **François-Xavier** (égl.)	12 pl. Prés. Mithouard, 7ᵉ	783 32 12
47	K22	— **Gabriel** (égl.)	5 r. des Pyrénées, 20ᵉ	372 59 73
21	E18	— **Georges** (égl.)	114 av. Simon-Bolivar, 19ᵉ	607 26 88
26	K4	— **Georges** (rite byzantin-roumain)	38 r. Ribera, 16ᵉ	527 22 59
31	H14	— **Germain l'Auxerrois** (égl.)	2 pl. du Louvre, 1ᵉʳ	260 13 96
35	H22	— **Germain de Charonne** (égl.)	4 pl. St-Blaise, 20ᵉ	371 42 04
31	J13	— **Germain-des-Prés** (égl.)	1 pl. St-G. des Prés, 6ᵉ	325 41 71
32	J15	— **Gervais-St-Protais** (égl.)	pl. St.-Gervais, 4ᵉ	887 32 02
57	R17	— **Hippolyte** (égl.)	27 av. de Choisy, 13ᵉ	
15	G6	— **Honoré-d'Eylau** (égl.)	9 pl. Victor-Hugo, 16ᵉ	501 96 00
15	G6	— — (nouvelle église)	66 bis av. R.-Poincaré, 16ᵉ	501 96 00
30	K12	— **Ignace** (égl.)	33 r. de Sèvres, 6ᵉ	548 25 25
43	L14	— **Jacques du Haut Pas** (égl.)	252 r. St-Jacques, 5ᵉ	325 91 70
10	C19	— **Jacques-St-Christophe** (égl.)	6 pl. de Bitche, 19ᵉ	206 82 73
29	H9	— **Jean** (chap.)	9 pass. Landrieu, 7ᵉ	705 18 99
22	E20	— **Jean-Baptiste de Belleville** (égl.)	139 r. de Belleville, 19ᵉ	208 54 54
40	L7	— **Jean-Baptiste de Grenelle** (égl.)	23 pl. Étienne-Pernet, 15ᵉ	828 64 34
41	M10	— **Jean-Baptiste de la Salle** (égl.)	9 r. du Dr-Roux, 15ᵉ	734 19 95
35	J21	— **Jean Bosco** (égl.)	79 r. Alexandre-Dumas, 20ᵉ	370 29 27
40	M8	— **Jean de Dieu** (chap.)	223 r. Lecourbe, 15ᵉ	533 19 14
19	D13	— **Jean l'Évangéliste** (égl.)	17 r. des Abbesses, 18ᵉ	606 43 96
21	G18	— **Joseph** (égl.)	161 bis r. St-Maur, 11ᵉ	357 58 50
16	F8	— **Joseph** (cathol. anglophone)	50 av. Hoche, 8ᵉ	563 20 61
21	D17	— **Joseph Artisan** (égl.)	214 r. La Fayette, 10ᵉ	607 92 87
42	K12	— **Joseph des Carmes** (égl.)	70 r. de Vaugirard, 6ᵉ	548 05 16
6	B11	— **Joseph des Épinettes** (égl.)	40 r. Pouchet, 17ᵉ	627 11 24
31	K14	— **Julien le Pauvre** (rite grec-byzantin)	1 r. St-Julien le Pauvre, 5ᵉ	354 20 41
40	M8	— **Lambert de Vaugirard** (égl.)	2 r. Gerbert, 15ᵉ	828 56 90
20	F16	— **Laurent** (égl.)	68 bd Magenta, 10ᵉ	607 24 65
28	K8	— **Léon** (égl.)	1 pl. du Card.-Amette, 15ᵉ	567 01 32
32	H15	— **Leu-St-Gilles** (égl.)	92 bis r. St-Denis, 1ᵉʳ	233 50 22
18	F12	— **Louis d'Antin** (égl.)	63 r. Caumartin, 9ᵉ	526 65 34
29	K9	— **Louis École Militaire** (chap.)	13 pl. Joffre, 7ᵉ	550 32 80
32	K16	— **Louis en l'Ile** (égl.)	19 bis r. St-L. en l'Ile, 4ᵉ	634 41 30
29	J10	— **Louis des Invalides** (égl.)	Hôtel des Invalides, 7ᵉ	555 92 30
44	M16	— **Marcel** (égl.)	80 bd de l'Hôpital, 13ᵉ	707 27 43
21	F17	— **Martin des Champs** (égl.)	36 r. Albert-Thomas, 10ᵉ	208 36 60
44	M15	— **Médard** (égl.)	141 r. Mouffetard, 5ᵉ	336 14 92
32	H15	— **Merri** (égl.)	78 r. St-Martin, 4ᵉ	271 93 93
6	C11	— **Michel des Batignolles** (égl.)	12 bis r. St-Jean, 17ᵉ	387 33 94
32	G15	— **Nicolas des Champs** (égl.)	254 r. St-Martin, 3ᵉ	272 92 54
44	K15	— **Nicolas du Chardonnet** (égl.)	23 r. des Bernardins, 5ᵉ	634 28 33
32	J16	— **Paul-St-Louis** (égl.)	99 r. St-Antoine, 4ᵉ	272 30 32
17	F10	— **Philippe du Roule** (égl.)	154 r. du Fg-St-Honoré, 8ᵉ	359 24 56
41	L9	— **Pie X** (chap.)	36 r. Miollis, 15ᵉ	783 58 65

Plan n°	Repère		Adresse	Téléphone
42	L12	St-Pierre (chap.)	68 r. d'Assas, 6ᵉ	
28	G8	— Pierre de Chaillot (égl.)	35 av. Marceau, 16ᵉ	720 12 33
29	H9	— Pierre du Gros Caillou (égl.)	92 r. St-Dominique, 7ᵉ	555 22 38
7	C14	— Pierre de Montmartre (égl.)	2 r. du Mont-Cenis, 18ᵉ	606 57 63
54	P12	— Pierre du Petit Montrouge (égl.)	82 av. Gén.-Leclerc, 14ᵉ	540 68 79
9	A17	— Pierre-St-Paul (chap.)	44 r. Charles-Hermite, 18ᵉ	208 08 11
31	G13	— Roch (égl.)	296 r. St-Honoré, 1ᵉʳ	260 81 69
16	F8	— Sacrement (égl.)	23 av. de Friedland, 8ᵉ	561 05 59
31	K14	— Séverin (égl.)	1 r. Prêtres St-Séverin, 5ᵉ	325 96 63
31	K13	— Sulpice (égl.)	pl. St-Sulpice, 6ᵉ	354 38 51
30	J12	— Thomas d'Aquin (égl.)	pl. St-Thomas-d'Aquin, 7ᵉ	222 59 74
20	E15	— Vincent de Paul (égl.)	pl. Franz-Liszt, 10ᵉ	878 47 47
42	K11	— Vincent de Paul (chap. Pères Lazaristes)	95 r. de Sèvres, 6ᵉ	
30	J12	— Vladimir le Grand (rite oriental ukrainien)	51 r. des Sts-Pères, 6ᵉ	548 48 65
7	C13	des Sts-Vincent (chap.)	22 r. Damrémont, 18ᵉ	606 43 96
19	D14	Ste-Anne (chap.)	9 r. de Clignancourt, 18ᵉ	
56	P15	— Anne Maison Blanche (égl.)	188 r. de Tolbiac, 13ᵉ	589 34 73
48	L23	— Bernadette (chap.)	12 av. Pte-de-Vincennes, 12ᵉ	
38	L4	— Bernadette (chap.)	4 r. d'Auteuil, 16ᵉ	
11	C21	— Claire (égl.)	179 bd Sérurier, 19ᵉ	205 42 35
30	J11	— Clotilde (égl.)	23 bis r. Las-Cases, 7ᵉ	705 22 46
22	D20	— Colette (chap.)	41 r. d'Hautpoul, 19ᵉ	
32	H16	— Croix-St-Jean (rite arménien)	13 r. du Perche, 3ᵉ	278 31 93
32	G16	— Élisabeth (égl.)	195 r. du Temple, 3ᵉ	887 56 77
34	K20	— Famille (Italie)	46 r. de Montreuil, 11ᵉ	372 49 30
40	N7	— Félicité (chap.)	37 r. St-Lambert, 15ᵉ	532 72 83
7	B13	— Geneviève-Gdes Carrières (égl.)	174 r. Championnet, 18ᵉ	627 84 43
7	B14	— Hélène (égl.)	102 r. du Ruisseau, 18ᵉ	606 16 99
8	C16	— Jeanne d'Arc (basilique)	18 r. de la Chapelle, 18ᵉ	607 54 31
55	R13	— Jeanne d'Arc (chap. Franciscaines)	32 av. Reille, 14ᵉ	589 15 51
37	M2	— Jeanne de Chantal (égl.)	pl. Pte St-Cloud, 16ᵉ	651 03 30
34	K19	— Marguerite (égl.)	36 r. St-Bernard, 11ᵉ	371 34 24
26	K4	— Marie (Abbaye bénédictine)	3 r. de la Source, 16ᵉ	525 30 07
6	C11	— Marie des Batignolles (égl.)	77 pl. Dr-F.-Lobligeois, 17ᵉ	627 57 67
18	G11	— Marie-Madeleine (égl.)	pl. de la Madeleine, 8ᵉ	265 52 17
4	C7	— Odile (égl.)	2 av. Stéph.-Mallarmé, 17ᵉ	227 18 37
18	D12	— Rita (chap.)	65 bd de Clichy, 9ᵉ	874 99 23
56	P15	— Rosalie (égl.)	50 bd Auguste-Blanqui, 13ᵉ	331 36 83
15	G6	— Thérèse (égl.)	71 bis r. Boissière, 16ᵉ	501 96 00
18	E12	— Trinité (égl.)	pl. d'Estienne-d'Orves, 9ᵉ	874 12 77
38	K4	— Trinité (rite byzantin-russe)	39 r. François-Gérard, 16ᵉ	224 05 53
43	M14	Val de Grâce (chap.)	1 pl. Laveran, 5ᵉ	329 12 31

Visite des églises, monuments et musées

*le guide **Vert Michelin PARIS** décrit les monuments les plus intéressants : leur histoire, leur architecture, les œuvres d'art qu'ils renferment.*

Pour les monuments les plus importants, ces descriptions sont accompagnées d'illustrations ou do plans mettant en évidence les grandes étapes de leur construction et la situation des œuvres d'art.

Les horaires et tarifs de visite y figurent, ainsi que les jours et périodes de fermeture.

*Le guide **Vert de PARIS** (édité en français, anglais et allemand), est le complément indispensable du guide pratique **Paris Atlas** que vous avez en main.*

Plan n°	Repère		Adresse	Téléphone

Églises issues de la Réforme
Protestant churches, Protestantische Kirchen, Iglesias Reformistas

Plan n°	Repère		Adresse	Téléphone
18	E12	**Fédération Protestante de France**	47 r. de Clichy, 9ᵉ	874 15 08

Culte Réformé
Reformed churches, Reformierte Kirchen, Culto Reformado

Plan n°	Repère		Adresse	Téléphone
18	E12	**Église Réformée de France**	47 r. de Clichy, 9ᵉ	874 90 92
27	H6	**Annonciation** (de l')	19 r. Cortambert, 16ᵉ	503 43 10
38	L3	**Auteuil** (d')	53 r. Erlanger, 16ᵉ	651 72 85
18	D11	**Batignolles** (des)	44 bd des Batignolles, 17ᵉ	387 69 49
22	F19	**Belleville** (de)	97 r. Julien-Lacroix, 20ᵉ	366 15 39
35	H22	**Béthanie** (de)	185 r. des Pyrénées, 20ᵉ	636 25 58
15	E6	**Étoile** (de l')	54 av. Grande-Armée, 17ᵉ	574 41 79
33	J17	**Foyer de l'Ame**	7 bis r. Past-Wagner, 11ᵉ	700 47 33
40	K8	— **de Grenelle**	17 r. de l'Avre, 15ᵉ	579 81 49
42	L12	**Luxembourg** (du)	58 r. Madame, 6ᵉ	548 13 50
44	L15	**Maison Fraternelle**	37 r. Tournefort, 5ᵉ	707 59 52
7	C14	**Maison Verte**	129 r. Marcadet, 18ᵉ	254 61 25
31	H14	**Oratoire du Louvre**	145 r. St-Honoré, 1ᵉʳ	260 21 64
30	J11	**Pentemont** (de)	106 r. de Grenelle, 7ᵉ	222 07 69
41	N10	**Plaisance** (de)	95 r. de l'Ouest, 14ᵉ	543 91 11
44	N15	**Port-Royal** (de)	18 bd Arago, 13ᵉ	535 30 56
20	E15	**Rencontre** (de la)	17 r. des Petits-Hôtels, 10ᵉ	824 96 43
18	F11	**St-Esprit** (du)	5 r. Roquépine, 8ᵉ	265 43 58
33	J17	**Ste-Marie**	17 r. St-Antoine, 4ᵉ	379 82 59

Culte Luthérien
Lutheran churches, Lutherische Kirchen, Culto Luterano

Plan n°	Repère		Adresse	Téléphone
19	F14	**Égl. Évangélique Luthérienne**	16 r. Chauchat, 9ᵉ	770 80 30
5	D10	— **Ascension** (de l')	47 r. Dulong, 17ᵉ	763 90 10
32	J16	— **Billettes** (des)	24 r. des Archives, 4ᵉ	272 38 79
34	K20	— **Bon Secours** (du)	20 r. Titon, 11ᵉ	370 96 04
19	F14	— **Rédemption** (de la)	16 r. Chauchat, 9ᵉ	770 80 30
40	L8	— **Résurrection** (de la)	8 r. Quinault, 15ᵉ	
29	J9	— **St-Jean**	147 r. de Grenelle, 7ᵉ	705 85 66
43	M13	— **St-Marcel**	24 r. Pierre-Nicole, 5ᵉ	582 70 95
8	C15	— **St-Paul**	90 bd Barbès, 18ᵉ	606 91 18
22	D19	— **St-Pierre**	55, r. Manin 19ᵉ	208 45 56
56	N16	— **Trinité** (de la)	172 bd Vincent-Auriol, 13ᵉ	
40	M8	**Égl. Protestante Évangél. Luthérienne**	105 r. de l'Abbé Groult, 15ᵉ	842 58 09

Culte Baptiste
Baptist churches, Baptisten-Gemeinden, Culto Bautista

Plan n°	Repère		Adresse	Téléphone
30	J12	**Égl. Évangélique Baptiste**	48 r. de Lille, 7ᵉ	261 13 95
42	N11	—	123 av. du Maine, 14ᵉ	322 51 57
38	M4	— **du Point du Jour**	10 r. Musset, 16ᵉ	647 62 53
6	B12	**Égl. du Tabernacle**	163 bis r. Belliard, 18ᵉ	627 43 13

Cultes en langues étrangères, *Services in foreign languages,*
Gottesdienste in Fremdsprachen, Cultos en idiomas extranjeros

Plan n°	Repère		Adresse	Téléphone
16	G8	**American Cathedral in Paris**	23 av. George-V, 8ᵉ	720 17 92
29	G9	**Church of Scotland** (Écosse)	17 r. Bayard, 8ᵉ	878 47 94
18	E12	**Deutsche Evangelische Christus-Kirche**	25 r. Blanche, 9ᵉ	526 79 43
16	F8	**Frederikskircken** (Danemark)	17 r. Lord-Byron, 8ᵉ	256 12 84
29	G9	**Reformatus Templom** (Hongrie)	17 r. Bayard, 8ᵉ	551 33 47
16	F8	**St George's Anglican Church**	7 r. A.-Vacquerie, 16ᵉ	720 22 51
18	F11	**St Michael's English Church**	5 r. d'Aguesseau, 8ᵉ	742 70 88
17	E9	**Svenska Kyrkan** (Suède)	9 r. Médéric, 17ᵉ	763 70 33
29	H9	**The American Church in Paris**	65 quai d'Orsay, 7ᵉ	705 07 99

Plan n°	Repère		Adresse	Téléphone

Églises Orthodoxes
Orthodox churches, Orthodoxe Kirchen, Iglesias ortodoxas

Plan n°	Repère		Adresse	Téléphone
38	L3	**Apparition de la Ste-Vierge** (Russie)	87 bd Exelmans, 16ᵉ	651 92 25
44	K15	**N.-D. Joie des Affligés et Ste-Geneviève**	4 r. St-Victor, 5ᵉ	
40	N7	**Présentation de la Ste-Vierge au Temple** (Russie)	91 r. O.-de-Serres, 15ᵉ	842 05 12
16	E8	**St-Alexandre Newsky** (cathédrale) Russie	12 r. Daru, 8ᵉ	227 37 34
28	G8	**St-Étienne** (cathédrale) Grèce	7 r. Georges-Bizet, 16ᵉ	720 82 35
55	N14	**St-Irénée** (cathédrale) France	96 bd Aug.-Blanqui, 13ᵉ	707 24 53
29	G9	**St-Jean-Baptiste** (cathédrale) rite arménien	15 r. Jean-Goujon, 8ᵉ	359 67 03
8	B15	**St-Sava** (Serbie)	23 r. du Simplon, 18ᵉ	255 31 05
41	L9	**St-Séraphin de Sarov** (Russie)	91, r. Lecourbe, 15ᵉ	273 05 03
22	D19	**St-Serge** (Russie)	93 r. de Crimée, 19ᵉ	208 12 93
22	E20	**St-Simon** (Ukraine)	6 r. de Palestine, 19ᵉ	205 93 62
43	K14	**Sts-Archanges** (Roumanie)	9 bis r. J.-de-Beauvais, 5ᵉ	354 67 47
19	E13	**Sts-Constantin et Hélène** (Grèce)	2 bis r. Laferrière, 9ᵉ	878 35 53
38	M3	**Tous les Saints Russes**	19 r. Claude-Lorrain, 16ᵉ	527 24 82
40	M8	**Trois Sts-Docteurs**	5 r. Pétel, 15ᵉ	532 92 65

Synagogues, *Synagogen, Sinagogas*

Plan n°	Repère		Adresse	Téléphone
19	E13	**Association Consistoriale Israélite**	17 r. St-Georges, 9ᵉ	285 71 09
19	F14	**Centre Communautaire — Maison des Jeunes**	19 bd Poissonnière, 2ᵉ	233 80 21
16	G7	**Union Libérale Israélite de France**	22-24 r. Copernic, 16ᵉ	704 37 27
32	G16	**Synagogues et Oratoires** Synagogue	15 r. N.-D. Nazareth, 3ᵉ	278 00 30
32	J16	**Oratoire**	18 r. des Écouffes, 4ᵉ	
32	J16	**Assoc. cultuelle** « agoudas Hakehilos » (Syn.)	10 r. Pavée, 4ᵉ	887 21 54
33	J17	**Synagogue**	21 bis r. des Tournelles, 4ᵉ	274 32 80
33	J17	**Synagogue**	14 pl. des Vosges, 4ᵉ	887 79 45
44	M15	**Synagogue**	9 r. Vauquelin, 5ᵉ	707 21 22
20	F15	**Syn. Rachi**	6 r. Ambroise-Thomas, 9ᵉ	824 86 94
19	E14	**Synagogue**	28 r. Buffault, 9ᵉ	526 80 87
19	F14	**Comm. Israël de la Stricte observance** (Syn.)	10 r. Cadet, 9ᵉ	246 36 47
19	E13	**Syn. Berith Chalom**	18 r. St-Lazare, 9ᵉ	878 45 32
19	F13	**Synagogue**	44 r. de la Victoire, 9ᵉ	285 71 09
33	J18	**Syn. Don Isaac Abravanel**	84 r. de la Roquette, 11ᵉ	700 75 95
47	M21	**Orat. Beth Yaakov**	15 r. Lamblardie, 12ᵉ	347 36 78
55	P14	**Syn. Sidi Fredj Halimi**	61 r. Vergniaud, 13ᵉ	588 93 84
41	L9	**Synagogue et Oratoire**	14 r. Chasseloup-Laubat, 15ᵉ	273 36 29
40	K7	**Synagogue**	13 r. Fondary, 15ᵉ	577 17 28
27	G5	**Syn. Ohel Abraham**	31 r. de Montevideo, 16ᵉ	504 66 73
8	C15	**Orat. Talmud Thora**	80 r. Doudeauville, 18ᵉ	606 12 24
7	C14	**Syn. Hadar Hatorah**	5 r. Duc, 18ᵉ	
7	B14	**Syn. de Montmartre**	13 r. Ste-Isaure, 18ᵉ	264 48 34
7	C14	**Oratoire**	42 r. des Saules, 18ᵉ	606 71 39
21	E18	**Oratoire**	70 av. Secrétan, 19ᵉ	
22	F19	**Oratoire**	120 bd de Belleville, 20ᵉ	636 73 72
22	F19	**Synagogue**	75 r. Julien-Lacroix, 20ᵉ	358 28 39

Culte Musulman, *Islam, Islamische Kultstätte, Culto Musulmán*

Plan n°	Repère		Adresse	Téléphone
44	L16	**Institut Musulman**	pl. Puits de l'Ermite, 5ᵉ	535 97 33
44	M16	**Mosquée**	pl. Puits de l'Ermite, 5ᵉ	535 97 33

Culte Bouddhique, *Buddhism, Buddhistische Kultstätte, Culto Budista*

Plan n°	Repère		Adresse	Téléphone
46	L20	**Institut Internat. Bouddhique**	20 cité Moynet, 12ᵉ	340 91 61
60	P24	**Centre Cultuel Bouddhique** (Pagode de Paris)	40 rte de ceinture du Lac Daumesnil, 12ᵉ	340 91 61

Plan n° Repère ou carte 101		Adresse	Téléphone

ENSEIGNEMENT SUPÉRIEUR
HIGHER EDUCATION
UNIVERSITÄTEN, HOCHSCHULEN
ENSEÑANZA SUPERIOR

Institut de France
Institute of France, Instituto de Francia

31	J13	Académie Française	23 quai de Conti, 6e	329 55 10
		Académie des Inscriptions et Belles Lettres	—	329 55 10
		Académie des Sciences	—	329 55 10
		Académie des Beaux-Arts	—	329 55 10
		Académie des Sciences Morales et Politiques	—	329 55 10

Académies et Institutions, *Academies and institutions, Akademien und staatliche Institutionen, Academias e Instituciones*

30	H11	Académie Agriculture	18 r. Bellechasse, 7e	705 10 37
30	K12	— Chirurgie	26 bd Raspail, 7e	
28	J7	— Marine	3 av. Octave-Gréard, 7e	260 33 30
31	J13	— Nat. Médecine	16 r. Bonaparte, 6e	326 96 80
16	F7	— Sciences d'Outre-Mer	15 r. La Pérouse, 16e	720 87 93
29	J10	— Vétérinaire de France	60 bd La Tour-Maubourg, 7e	
31	J13	Bureau des Longitudes	3 r. Mazarine, 6e	326 59 02
30	H11	Centre National de la Recherche Scientifique (CNRS)	15 q. Anatole-France, 7e	555 92 25
43	K14	Collège de France	11 pl. M.-Berthelot, 5e	329 12 11
29	J10	Institut Géographique National	136 bis r. Grenelle, 7e	550 34 95
44	N15	Manufacture des Gobelins	42 av. des Gobelins, 13e	570 12 60
44	L16	Museum National d'Histoire Naturelle	57 r. Cuvier, 5e	336 54 26
43	N13	Observatoire de Paris	61 av. de l'Observatoire, 14e	320 12 10
19	G13	Phonothèque Nationale et Audiovisuel	2 r. de Louvois, 2e	261 82 83
30	J11	Société Nat. d'Horticulture de France	84 r. de Grenelle, 7e	548 81 00

Services et Organismes para-universitaires
University organizations,
Universitäre Einrichtungen,
Servicios y Organismos para-universitarios

29	H9	Centre Nat. des Œuvres Universitaires et Scolaires (CNOUS) Administration	69 quai d'Orsay, 7e	705 31 10
43	M13	Centre Régional des Œuvres Universitaires et Scolaires (CROUS) Information et accueil	39 av. G.-Bernanos, 5e	329 12 43
55	S13	Cité Internationale Universitaire de Paris	19-21 bd Jourdan, 14e	589 68 52
101	pli 25	Division des Examens et Concours	Arcueil - 7 r. Ernest-Renan	657 11 90
55	R13	Fondation Santé des Étudiants de France	8 r. Emile-Deutsch-de-la-Meurthe, 14e	589 43 39

La Cité Internationale Universitaire de Paris (S13) occupe, au Sud du Parc Montsouris, un quadrilatère de 40 ha, autour duquel s'ordonnent :

- *la Maison Internationale, qui offre des activités culturelles (théâtre) et sportives (piscine) dans le cadre de la Fondation Nationale, à laquelle se rattachent un Hôpital International et trois restaurants universitaires.*

- *des Maisons d'étudiants et Fondations, vivant chacune de façon autonome, les unes françaises (Fondation Deutsch-de-la-Meurthe, Pavillon Honnorat, etc.), les autres étrangères, regroupant plus de cent nationalités.*

Plan n° ou carte 101	Repère		Adresse	Téléphone

Universités
Universities, Universitäten, Universidades

43	K14	**Académie de Paris** (Rectorat)	47 r. des Écoles, 5ᵉ	329 12 13
43	L14	**Paris I** Panthéon	12 pl. du Panthéon, 5ᵉ	329 21 40
43	L14	— Sorbonne	14 r. Cujas, 5ᵉ	329 12 13
57	P17	— Pierre-Mendes-France	90 r. de Tolbiac, 13ᵉ	584 11 66
39	M6	— St-Charles	162 r. St-Charles, 15ᵉ	554 97 24
43	L14	**Paris II** (Droit)	12 pl. du Panthéon, 5ᵉ	329 21 40
43	L13	— Assas	92 r. d'Assas, 6ᵉ	320 12 24
43	K14	**Paris III** Sorbonne Nouvelle	17 r. de la Sorbonne, 5ᵉ	634 01 10
44	M15	— Censier	13 r. Santeuil, 5ᵉ	570 12 90
43	K14	**Paris IV** Paris Sorbonne	1 r. Victor-Cousin, 5ᵉ	329 12 13
29	G10	— Grand-Palais	Cours-la-Reine, 8ᵉ	225 96 40
7	A14	— Centre Clignancourt	r. F.-de-Croisset, 18ᵉ	606 17 49
31	K14	**Paris V** René Descartes	12 r. de l'Éc. Médecine, 6ᵉ	329 21 77
43	L14	— Sorbonne	12 r. Cujas, 5ᵉ	329 12 13
30	J12	— Sts-Pères	45 r. des Sts-Pères, 6ᵉ	260 37 20
43	L13	—	4 av. de l'Observatoire, 6ᵉ	329 12 08
40	N7	—	1 r Lacretelle, 15ᵉ	828 55 62
53	R10	—	Montrouge - 1 r. M.-Arnoux	657 12 86
52	R8	—	Malakoff - 10 av. P.-Larousse	656 81 88
44	L16	**Paris VI** Pierre et Marie Curie	4 pl. Jussieu, 5ᵉ	336 25 25
31	K14	— Cordeliers	15 r. École Médecine 6ᵉ	329 21 77
44	L16	**Paris VII**	2 pl. Jussieu, 5ᵉ	329 21 49
31	K13	—	5 r. Garancière, 6ᵉ	329 63 00
44	M15	—	13 r. Santeuil, 5ᵉ	336 22 39
101	pli 16	**Paris VIII**	St-Denis - 2 r. de la Liberté	821 63 64
15	F5	**Paris IX** Dauphine	pl. du Mar.-de-Lattre-de-Tassigny, 16ᵉ	505 14 10
101	pli 14	**Paris X** Nanterre	Nanterre - 200 av. de la République	725 92 34
101	pli 23	**Paris XI** Paris-Sud	Orsay - 15 av. G.-Clemenceau	941 67 50
—	pli 24	—	Châtenay-Malabry - r. Jean-Baptiste-Clément	661 33 25
—	pli 25	—	Sceaux - 54 bd Desgranges	661 33 00
—	pli 26	—	Kremlin-Bicêtre - 63 r. Gabriel-Péri	670 11 85
101	pli 27	**Paris XII** Val-de-Marne	Créteil - av. du Gén.-de-Gaulle	898 91 44
—	pli 28	—	La Varenne-St-Hilaire - 58 av. Didier	886 11 79
101	pli 5	**Paris XIII** Paris-Nord	Villetaneuse - av. J.-B.-Clément	821 61 70
—	pli 17		Bobigny - 74 r. Marcel-Cachin	836 55 79

Instituts Universitaires de Technologie (I.U.T.),
Institutes of Technology,
Technische Hochschulen, Institutos Universitarios de Tecnología

38	M4	**Paris V**	143 av. de Versailles, 16ᵉ	524 46 02
101	pli 23	**Paris X**	Ville-d'Avray - 1 chemin Desvallières	709 05 70
—	pli 2	—	Cergy Pontoise - Imp. des Chênes-Pourpres	032 66 44
101	pli 25	**Paris XI**	Cachan - 9 av. Div.-Leclerc	664 10 32
—	pli 33	—	Orsay - Plateau du Moulon	941 00 40
—	pli 25	—	Sceaux - 8 av. Cauchy	660 06 83
101	pli 27	**Paris XII**	Créteil - av. du Gén.-de-Gaulle	898 91 44
—	pli 37	—	Évry - Quartier Les Passages	078 03 63
—	pli 16	—	St-Denis - pl. du 8-Mai 1945	821 61 55
101	pli 5	**Paris XIII**	Villetaneuse - av. J.-B.-Clément	821 61 70

Les cartes Michelin sont constamment tenues à jour.

Plan n° Repère ou carte 101			Adresse	Téléphone

Enseignement spécialisé - Grandes Écoles
Colleges of university level
Hochschulen
Enseñanza especializada - Colegios Mayores

Plan	Repère	Nom	Adresse	Téléphone
30	J12	**Administration** (Éc. Nat.) ENA	13 r. de l'Université, 7ᵉ	261 55 35
43	L14	**Administration et Direction des affaires** (École) EAD	15 r. Soufflot, 5ᵉ	329 97 60
39	M6	**Administration des Entreprises** (Inst.)	162 r. St-Charles, 15ᵉ	554 97 24
43	L13	**Administration Publique** (Inst. Internat.)	2 av. de l'Observatoire, 6ᵉ	320 12 60
17	D10	École Européenne des **Affaires** EAP	108 bd Malesherbes, 17ᵉ	766 51 34
44	M15	Institut National **Agronomique** Paris-Grignon	16 r. Cl.-Bernard, 5ᵉ	570 15 50
42	M12	**Architecture** (École Spéciale)	254 bd Raspail, 14ᵉ	322 83 70
19	F14	**Art Dramatique** (Conserv. Nat. Sup.)	2 bis r. Conservatoire, 9ᵉ	246 12 91
46	L20	**Arts Appliqués** BOULLE (École Sup.)	9 r. Pierre-Bourdan, 12ᵉ	346 67 34
40	N8	**Arts Appliqués et Métiers d'Art** (École Nationale Supérieure)	63 r. Olivier-de-Serres, 15ᵉ	533 72 06
43	L14	**Arts Décoratifs** (Éc. Nat. Sup.)	31 r. d'Ulm, 5ᵉ	329 86 79
30	K12	**Arts Graphiques** (École Supérieure) Atelier MET de PENNINGHEN et J. D'ANDON	29-33 r. du Dragon, 6ᵉ	222 55 07
56	P15	**Arts et Industries Graphiques** ESTIENNE (École Supérieure)	18 bd Auguste-Blanqui, 13ᵉ	570 96 19
101	pli 24	**Arts et Manufactures** (École Centrale)	Châtenay-Malabry - Grande Voie des Vignes	661 33 10
32	G16	**Arts et Métiers** (Conserv. Nat.)	292 r. St-Martin, 3ᵉ	271 24 14
44	N16	**Arts et Métiers** (Éc. Nat. Sup.)	151 bd de l'Hôpital, 13ᵉ	336 49 55
18	E12	**Arts et Techniques du Théâtre** (Éc. Nat. Sup.)	21 r. Blanche, 9ᵉ	874 44 30
33	J17	Les **Ateliers** (Éc. Nat. Sup.)	46-48 r. St-Sabin, 11ᵉ	338 09 09
31	J13	**Beaux-Arts** (Éc. Nat. Sup.)	17 quai Malaquais, 6ᵉ	260 34 57
47	L21	**Bois** (Éc. Supérieure)	6 av. de St-Mandé, 12ᵉ	628 09 33
42	K12	**Carmes** (Séminaire)	21 r. d'Assas, 6ᵉ	548 05 16
42	K12	Institut **Catholique de Paris**	21 r. d'Assas, 6ᵉ	222 41 80
43	K14	**Chartes** (École Nationale)	19 r. de la Sorbonne, 5ᵉ	633 41 82
43	L14	**Chimie** (Éc. Nat. Sup.)	11 r. P. et M. Curie, 5ᵉ	329 12 21
44	N16	**Chimie, Physique, Biologie** (École Nationale)	11 r. Pirandello, 13ᵉ	331 90 94
34	G19	**Commerce de Paris** (Éc. Sup.)	79 av. République, 11ᵉ	355 39 08
101	pli 33	**Électricité** (Éc. Sup.) SUPELEC	Gif-sur-Yvette - plateau du Moulon	941 80 40
40	L7	**Électricité et Mécanique Industrielles** (École)	115 av. Émile-Zola, 15ᵉ	575 62 98
101	pli 2	**Électronique et ses Applications** (École Nationale Supérieure) ENSEA	Cergy - allée des Chênes Pourpres	030 92 44
42	K12	**Électronique de Paris** (Inst. Sup.)	21 r. d'Assas, 6ᵉ	548 24 87
101	pli 25	**Enseignement Technique** (École Normale Supérieure) ENSET	Cachan - 61 av. du Prés.-Wilson	664 15 51
30	J12	**Études politiques** (Inst.)	27 r. St-Guillaume, 7ᵉ	260 39 60
43	M13	**Faculté Libre Autonome et Cogérée d'Économie et de Droit** (FACO)	115 r. N.-D.-des-Champs, 6ᵉ	329 89 09
42	L11	**Génie Rural, des Eaux et Forêts** (Éc. Nat.)	19 av. du Maine, 15ᵉ	544 38 86
27	G5	**Gestion** (Institut Supérieur)	8 r. de Lota, 16ᵉ	553 60 27
29	K9	**Guerre** (École Supérieure)	1 pl. Joffre, 7ᵉ	550 32 80
43	L14	École Pratique des **Hautes Études**	11 r. P.-et-M.-Curie, 5ᵉ	354 83 57
101	pli 18	**Hautes Études Cinématographiques** (Inst.)	Bry-sur-Marne - 4 av. de l'Europe	881 39 33
101	pli 23	**Hautes Études Commerciales** (HEC)	Jouy-en-Josas - 1 r. de la Libération	956 80 00
30	K12	**Hautes Études en Sciences Sociales** (Éc.)	54 bd Raspail, 6ᵉ	544 39 79
31	J13	**Hautes Études Sociales** (École Libre)	4 pl. St-Germain-des-Prés, 6ᵉ	222 68 06
		Hautes Études Internationales (École Libre)	—	544 01 12
64	DU	**Horticulture du Breuil et Techniques du Paysage** (École)	rte de la Ferme, Bois de Vincennes, 12ᵉ	328 28 94
101	pli 23	**Horticulture** (École Nationale Supérieure) **et du Paysage** (École Nat. Supérieure)	Versailles - 4 r. Hardy — 6 r. Hardy	950 60 87 953 98 89
101	pli 25	**Industries du Caoutchouc** (Éc. Sup.) IFOCA	Montrouge - 12 r. Carvès	655 71 11

Plan n°	Repère		Adresse	Téléphone
ou carte 101				
101	pli 17	**Informatique** (École Supérieure)	Montreuil - 98 r. Carnot	859 69 69
41	M10	**Ingénieurs en Électrotechnique et Électronique** (École Supérieure)	89 r. Falguière, 15ᵉ	320 12 15
101	pli 25	**Ingénieurs des Études et Techniques d'Armement d'Arcueil** (Éc. Nat. Sup.)	Arcueil - 24 av. Prieur de la Côte d'Or	656 52 20
44	N15	**Institut Français de Restauration des Œuvres d'Art** (IFROA)	1 r. Berbier-du-Mets, 13ᵉ	337 93 37
42	K12	**Interprétariat et Traduction** (Institut Supérieur) ISIT	21 r. d'Assas, 6ᵉ	222 33 16
15	G5	**Interprètes et Traducteurs** (Éc. Sup.) ESIT	av. de Pologne, 16ᵉ	505 14 10
44	M15	**Séminaire Israélite de France**	9 r. Vauquelin, 5ᵉ	707 21 22
31	J13	**Journalisme** (École Supérieure)	4 pl. St-Germain-des-Prés, 6ᵉ	222 68 06
31	J13	**Langues et Civilisations Orientales** (Institut National)	2 r. de Lille, 7ᵉ	260 76 62
31	H13	**Louvre** (École)	34 quai du Louvre, 1ᵉʳ	260 39 26
42	K12	**Management** (Centre d'Enseignement) CNOF	3 r. Cassette, 6ᵉ	544 38 80
42	L11	**Mécanique et Électricité** (SUDRIA) École	4 r. Blaise-Desgoffe, 6ᵉ	548 03 70
30	J11	**Métrologie** (École Supérieure)	96 r. de Varenne, 7ᵉ	555 35 87
43	L13	**Mines** (École Nationale Supérieure)	60 bd Saint-Michel, 6ᵉ	329 21 05
30	K11	**Missions Étrangères** (Séminaire)	128 r. du Bac, 7ᵉ	548 19 92
18	E11	**Musique de Paris** (Conserv. Nat. Sup.)	14 r. de Madrid, 8ᵉ	293 15 20
17	D9	**Musique de Paris** (École Normale)	114 bis bd Malesherbes, 17ᵉ	763 80 16
43	M14	**Normale Supérieure** (Hommes)	45 r. d'Ulm, 5ᵉ	329 12 25
101	pli 14	—	St-Cloud - Grille d'Honneur du Parc	602 41 03
54	R12	**Normale Supérieure** (Femmes)	48 bd Jourdan, 14ᵉ	589 08 33
53	R10	—	Montrouge - 1 r. M.-Arnoux	657 12 86
101	pli 25	**Normale Supérieure** (mixte)	Fontenay-aux-Roses 5 r. Boucicaut	702 60 50
101	pli 13	**Pétroles et Moteurs** (École Nationale Supérieure) IFP	Rueil-Malmaison - 4 av. de Bois-Préau	749 02 14
44	L15	**Photographie et Cinéma Louis Lumière** (École Nationale)	8 r. Rollin, 5ᵉ	329 01 70
43	M14	**Physique et Chimie Industrielles** (École Sup.)	10 r. Vauquelin, 5ᵉ	337 77 00
101	pli 34	**Polytechnique** (École)	Palaiseau - Route de Saclay	941 82 00
—	pli 25	**Polytechnique Féminine** (École)	Sceaux - 3 bis r. Lakanal	660 95 18
30	J12	**Ponts et Chaussées** (École Nationale)	28 r. des Sts-Pères, 7ᵉ	260 34 13
53	P9	**Puériculture** (Institut)	26 bd Brune, 14ᵉ	539 22 15
43	L14	**Radium** (Fondation Curie)	26 r. d'Ulm, 5ᵉ	329 12 42
42	K12	**Saint-Sulpice** (Séminaire)	6 r. du Regard, 6ᵉ	222 38 45
51	R5	—	Issy-les-Moulineaux - 33 r. du Gén.-Leclerc	644 78 40
43	M14	**Schola Cantorum**	269 r. St-Jacques, 5ᵉ	354 56 74
101	pli 2	**Sciences Économiques et Commerciales** (École Supérieure) Groupe ESSEC	Cergy-Pontoise - B.P. 105	038 38 00
63	BT	**Sciences Géographiques** (Éc. Nat.)	St-Mandé - 2 av. Pasteur	374 12 15
31	K13	**Sciences Sociales et Économiques** (Collège des)	14 r. Monsieur-le-Prince, 6ᵉ	329 70 50
38	L4	**Sciences et Techniques Humaines** (Inst. Privé)	6 av. Léon-Heuzey, 16ᵉ	224 10 72
56	R16	—	83 av. d'Italie, 13ᵉ	585 59 35
101	pli 33	**Sciences et Techniques Nucléaires** (Institut National)	Gif-sur-Yvette - Centre d'Ét. Nucl. de Saclay	908 21 59
53	R9	**Statistique et Administration Économique** (École Nationale) E.N.S.A.E.	Malakoff - 3 av. P.-Larousse	540 10 29
39	N6	**Techniques Avancées** (Éc. Nat. Sup.)	32 bd Victor, 15ᵉ	552 44 08
55	P14	**Télécommunications** (École Nationale Supérieure)	46 r. Barrault, 13ᵉ	589 66 66
101	pli 37	**Télécommunications** (Institut Nat.)	Évry - 9 r. Ch.-Fourier	077 94 11
43	N13	**Théologie** (Institut Protestant)	83 bd Arago, 14ᵉ	331 61 64
101	pli 33	**Travaux Aéronautiques** (École Spéciale) E.S.T.A.	Orsay - Bât. 502 bis Campus Universitaire	928 68 57
31	K14	**Travaux Publics, du Bâtiment et de l'Industrie** (École Spéciale)	57 bd St-Germain, 5ᵉ	634 21 99
101	pli 27	**Vétérinaire d'Alfort** (École Nationale)	Maisons-Alfort - 7 av. du Gén.-de-Gaulle	375 92 11

Plan n° Repère ou carte 101			Adresse	Téléphone

INFORMATION, *INFORMACIÓN*

19	G14	Agence France-Presse	15 pl. de la Bourse, 2ᵉ	233 44 66
18	F12	— Centrale Parisienne de Presse	1 r. Caumartin, 9ᵉ	266 90 43
19	F14	— Parisienne de Presse	18 r. St-Fiacre, 2ᵉ	236 95 59

Radio-Télévision, *Rundfunk - Fernsehen*

27	K5	Radio-France	116 av. P.-Kennedy, 16ᵉ	524 24 24
29	H9	Télévision Française 1 (TF1)	15 r. Cognacq-Jay, 7ᵉ	555 35 35
		— (Relations avec Téléspectateurs)	17 r. de l'Arrivée, 15ᵉ	555 92 90
29	G9	Antenne 2	22 av. Montaigne, 8ᵉ	299 42 42
29	G9	France Régions 3 (FR3)	28 cours Albert-Iᵉʳ, 8ᵉ	225 59 59
		(Renseignements aux Téléspectateurs)		224 29 54
29	G9	EDIRADIO (RTL)	22 r. Bayard, 8ᵉ	720 44 44
29	G9	Europe N° 1 - Télécompagnie	26 bis r. François-1ᵉʳ, 8ᵉ	232 90 00
16	F8	Radio Monte-Carlo	12 r. Magellan, 8ᵉ	260 35 05

Grands quotidiens
Main daily newspapers, Größere Tageszeitungen, Grandes diarios

31	G14	L'Aurore	37 r. du Louvre, 2ᵉ	233 44 00
29	G9	La Croix	3 r. Bayard, 8ᵉ	562 51 51
17	G9	Les Échos	37 av. Champs-Élysées, 8ᵉ	562 19 68
19	F14	L'Équipe	10 r. du Fg-Montmartre, 9ᵉ	246 92 33
17	F10	Le Figaro (Administr.)	25 av. Matignon, 8ᵉ	256 80 00
31	G14	— (Rédaction)	37 r. du Louvre, 2ᵉ	233 44 00
32	G15	France-Soir	100 r. Réaumur, 2ᵉ	508 28 00
20	F15	L'Humanité	5 r. Fg-Poissonnière, 9ᵉ	246 82 69
8	D15	Libération	9 r. Christiani, 18ᵉ	262 34 34
31	G14	Le Matin	21 r. Hérold, 1ᵉʳ	296 16 65
19	F13	Le Monde	5 r. des Italiens, 9ᵉ	246 72 23
19	F14	Le Nouveau Journal	108 r. de Richelieu, 2ᵉ	261 80 82
101	pli 15	Le Parisien Libéré	St-Ouen - 25 av. Michelet	252 82 15
14	D4	Le Quotidien de Paris	Neuilly-sur-Seine - 2 r. Ancelle	747 12 32

Journaux de Province, *Main regional newspapers,*
Größere regionale Tageszeitungen, Periódicos de Provincia

33	J17	L'Auvergnat de Paris	13 bd Beaumarchais, 4ᵉ	277 70 05
31	H13	Le Dauphiné Libéré	5 pl. André-Malraux, 1ᵉʳ	261 80 58
16	F8	La Dépêche du Midi	133 av. Champs-Élysées, 8ᵉ	720 71 89
18	F11	Les Dernières Nouvelles d'Alsace	3 r. de Rigny, 8ᵉ	387 12 30
19	F13	L'Est Républicain	24 r. du 4-Septembre, 2ᵉ	742 51 00
14	D3	Midi Libre	Neuilly - 185 av. Ch.-de-Gaulle	758 14 14
18	F12	La Montagne	1 r. Caumartin, 9ᵉ	266 90 43
18	F12	Nice-Matin	1 r. Caumartin, 9ᵉ	266 90 43
17	F9	La Nouvelle République du Centre Ouest	77 av. Champs-Élysées, 8ᵉ	359 57 17
16	F8	Ouest-France	114 av. Champs-Élysées, 8ᵉ	562 29 93
31	G14	Paris-Normandie	62 r. du Louvre, 2ᵉ	233 44 00
31	H13	Le Républicain Lorrain	8 r. de l'Échelle, 1ᵉʳ	260 67 88
19	F13	Sud-Ouest	27 r. de La Michodière, 2ᵉ	266 17 52
17	F9	La Voix du Nord	73 av. Champs-Élysées, 8ᵉ	359 10 38

Renseignements par téléphone, *Information by telephone,*
Telefonische Auskunft, Información por teléfono

Horloge des neiges	266 64 28	Information Bourse	
Horloge parlante	699 84 00	*(jours ouvrables, 12 h 15-16 h)*	260 84 00
Informations téléphonées	INF 1	Information Météo	555 95 90

Plan n° Repère ou carte 101		Adresse	Téléphone

LES JEUNES A PARIS

THE YOUNG IN PARIS, JUGEND IN PARIS, LOS JÓVENES EN PARÍS

32	H15	Accueil des Jeunes en France	119 r. St-Martin, 4ᵉ	277 87 80
32	J16	—	16 r. du Pont-L.-Philippe, 4ᵉ	278 04 82
32	J15	Bureau d'Accueil des Jeunes	11 av. Victoria, 4ᵉ	887 97 67
17	F9	Bureau Information-Documentation	25 r. de Ponthieu, 8ᵉ	359 01 69
28	J7	Centre d'Information et Documentation Jeunesse (CIDJ)	101 quai Branly, 15ᵉ	566 40 20
29	K9	Commission Armées-Jeunesse	1 pl. Joffre, 7ᵉ	550 32 80

Hébergement
Accommodation, Unterkunft, Alojamiento

32	J16	Accueil des Jeunes en France	12 r. des Barres, 4ᵉ	272 72 09
48	M23	Centre International de Séjour de Paris	6 av. Maurice-Ravel, 12ᵉ	343 19 01
56	S16	Centre International de Séjour Kellermann	17 bd Kellermann, 13ᵉ	580 70 76
55	P13	Foyer International d'Accueil de Paris	30 r. Cabanis, 14ᵉ	589 89 15
101	pli 14	— de la Défense	Nanterre - 19 r. Salvador-Allende	725 91 34
19	F14	Léo-Lagrange Loisirs (Réservation)	17-19 r. Grange-Batelière, 9ᵉ	523 45 45
101	pli 24	Auberges de Jeunesse	Châtenay-Malabry - 3 r. du Loup-Pendu	632 17 43
—	pli 26	—	Choisy-le-Roi - 125 av. Villeneuve-St-Georges	890 92 30
—	pli 13	—	Rueil-Malmaison - 4 r. des Marguerites	749 43 97

Loisirs éducatifs
Cultural associations, Kulturelle Vereinigungen, Asociaciones Educativas

8	C16	Fédération Française des Cinés-Clubs	6 r. Ordener, 18ᵉ	209 13 49
18	D11	Fédération Régionale des Maisons des Jeunes et de la Culture	54 bd des Batignolles, 17ᵉ	387 66 83
32	J16	Jeunesses Musicales de France	14 r. François-Miron, 4ᵉ	278 19 54
34	K20	Maison Internationale des Jeunes	4 r. Titon, 11ᵉ	371 99 21
32	J16	Maison Internationale de la Jeunesse	11 r. du Fauconnier, 4ᵉ	274 23 45
43	M13	Organisation pour le Tourisme Universitaire	137 bd St-Michel, 5ᵉ	329 12 88
55	N14	Union Nationale des Centres Sportifs de Plein Air (UCPA)	62 r. de la Glacière, 13ᵉ	336 05 20

Mouvements de Jeunesse
Youth organizations, Jugendorganisationen, Organizaciones Juveniles

35	J21	Scouts de France	23 r. Ligner, 20ᵉ	370 01 70
19	F13	Éclaireuses et Éclaireurs de France	66 r. Chaussée-d'Antin, 9ᵉ	874 51 40
29	K10	Éclaireuses et Éclaireurs Israélites de France	27 av. de Ségur, 7ᵉ	783 60 33
5	A10	Fédération Éclaireuses et Éclaireurs Unionistes de France	Clichy - 15 r. Klock	270 66 84
18	E11	Union Chrétienne de Jeunes Filles	22 r. de Naples, 8ᵉ	522 23 49
12	F14	Union Chrétienne de Jeunes Gens	14 r. de Trévise, 9ᵉ	770 90 94

Comment s'y retrouver dans la banlieue parisienne ?
Utilisez la **carte Michelin nº 101** *: claire, précise, à jour.*

Plan n°	Repère		Adresse	Téléphone
		MUSÉES, *MUSEUMS, MUSEEN, MUSEOS*		
29	J10	**Armée**	Hôtel des Invalides, 7e	555 92 30
15	F6	**Arménien**	59 av. Foch, 16e	
7	C14	**Art Juif**	42 r. des Saules, 18e	257 84 15
32	H15	**Art moderne**	Centre G.-Pompidou, 4e	277 12 33
28	G8-H8	**Art moderne de la ville de Paris** (Palais de Tokyo)	11 av. Prés.-Wilson, 16e	723 61 27
48	N23	**Arts Africains et Océaniens**	293 av. Daumesnil, 12e	343 14 54
31	H13	**Arts Décoratifs**	107 r. de Rivoli, 1er	260 32 14
14	E4	**Arts et Traditions Populaires**	6 rte Mahatma-Gandhi, 16e	747 69 80
32	K15	**Assistance Publique**	47 quai de la Tournelle, 4e	633 01 43
27	J6	**Balzac** (Maison de)	47 r. Raynouard, 16e	224 56 38
29	G10	**Beaux-Arts** (Petit Palais)	av. Winston-Churchill, 8e	265 12 73
42	L11	**Bourdelle**	16 r. A.-Bourdelle, 15e	548 67 27
31	G13	**Cabinet des Médailles et Antiques**	58 r. de Richelieu, 2e	261 82 83
33	J17	**Carnavalet**	23 r. de Sévigné, 3e	272 21 13
17	E10	**Cernuschi**	7 av. Velasquez, 8e	563 50 75
32	H16	**Chasse et nature**	60 r. des Archives, 3e	272 86 43
28	H7	**Cinéma-Henri Langlois**	pl. du Trocadéro, 16e	553 74 39
27	H6	**Clemenceau**	8 r. Franklin, 16e	520 53 41
31	K14	**Cluny**	6 pl. Paul-Painlevé, 5e	325 62 00
18	F12	**Cognacq-Jay**	25 bd des Capucines, 2e	261 94 54
15	F5	**Contrefaçon**	16 r. de la Faisanderie, 16e	501 51 11
20	F15	**Cristal**	30 bis r. Paradis, 10e	770 64 30
31	J13	**Delacroix**	6 pl. de Furstemberg, 6e	354 04 87
15	F6	**D'Ennery**	59 av. Foch, 16e	553 57 96
19	F14	**Grand Orient**	16 r. Cadet, 9e	523 20 92
31	H14	**Grévin**	Niv. -1 Forum des Halles, 1er	261 28 50
19	F14	**Grévin**	10 bd Montmartre, 9e	770 85 05
28	G7	**Guimet**	6 pl. d'Iéna, 16e	723 61 65
19	E13	**Gustave-Moreau**	14 r. La Rochefoucault, 9e	874 38 50
42	L11	**Hébert**	85 r. du Cherche-Midi, 6e	222 23 82
26	J4	**Henri-Bouchard**	25 r. de l'Yvette, 16e	647 63 46
32	H16	**Histoire de France**	60 r. des Fr.-Bourgeois, 3e	277 11 30
44	L16	**Histoire Naturelle** (Museum Nat.)	57 r. Cuvier, 5e	336 14 41
7	D13	**Historial de Montmartre**	11 r. Poulbot, 18e	606 78 92
31	H14	**Holographie**	Niv. -1 Forum des Halles, 1er	296 96 83
28	H7	**Homme**	pl. du Trocadéro, 16e	553 70 60
18	E11	**Instrumental**	14 r. de Madrid, 8e	292 15 20
17	F10	**Jacquemart-André**	158 bd Haussmann, 8e	562 39 94
17	D9	**Jean-Jacques Henner**	43 av. de Villiers, 17e	763 42 73
30	G11	**Jeu de Paume**	Place de la Concorde - Jardin des Tuileries, 1er	260 12 07
32	J16	**Kwok On** (Asie)	41 r. des Francs-Bourgeois, 4e	272 99 42
30	H11	**Légion d'Honneur**	2 r. de Bellechasse, 7e	555 95 16
31	H13	**Louvre**	pl. du Carrousel, 1er	260 39 26
27	J5	**Lunettes et lorgnettes de jadis**	2 av. Mozart, 16e	527 21 05
28	H7	**Marine**	pl. du Trocadéro, 16e	553 31 70
26	H4	**Marmottan**	2 r. Louis-Boilly, 16e	224 07 02
32	J16	**Martyr Juif Inconnu**	17 r. Geoffroy-l'Asnier, 4e	277 44 72
43	L14	**de la Mer et des Eaux** (Centre)	195 r. St-Jacques, 5e	633 08 61
43	L13	**Minéralogie** (École des Mines)	60 bd St-Michel, 6e	329 21 05
44	L16	**Minéralogie** (Université Paris VI)	4 pl. Jussieu, 5e	336 25 25
28	G8	**Mode et Costume**	10 av. Pierre-1er-de-Serbie, 16e	720 85 46
31	J13	**Monnaie** (Hôtel des Monnaies)	11 quai de Conti, 6e	329 12 48
7	C14	**Montmartre**	12 r. Cortot, 18e	606 61 11
28	H7	**Monuments Français**	pl. du Trocadéro, 16e	727 35 74
17	E10	**Nissim de Camondo**	63 r. de Monceau, 8e	563 26 32
32	K15	**Notre-Dame**	10 r. Cloître-N.-D., 4e	325 42 92
18	F12	**Opéra**	pl. Charles-Garnier, 9e	742 07 02
29	J10	**Ordre Nat. de la Libération**	51 bis bd de La Tour-Maubourg, 7e	705 35 15
29	G10	**Palais de la Découverte**	av. Franklin-Roosevelt, 8e	359 18 21
28	G8-H8	**Palais de Tokyo**	13 av. Prés.-Wilson, 16e	723 36 53
41	M10	**Pasteur**	25 r. du Dr-Roux, 15e	306 19 19

Plan n°	Repère		Adresse	Téléphone
29	J10	**Plans-Reliefs**	Hôtel des Invalides, 7ᵉ	705 11 07
41	M10	**Poste**	34 bd de Vaugirard, 15ᵉ	320 15 30
32	K15	**Préfecture de Police** (Collections historiques)	1 bis r. des Carmes, 5ᵉ	329 21 57
20	F15	**Publicité**	18 r. de Paradis, 10ᵉ	246 13 09
19	E13	**Renan-Scheffer**	16 r. Chaptal, 9ᵉ	874 95 38
29	J10	**Rodin**	77 r. de Varenne, 7ᵉ	705 01 34
45	L17	**Sculpture en plein air**	quai St-Bernard, 5ᵉ	
29	H9	**SEITA**	12 r. Surcouf, 7ᵉ	555 91 50
32	H16	**Serrure** (Bricard)	1 r. de la Perle, 3ᵉ	277 79 62
32	G15	**Techniques**	270 r. St-Martin, 3ᵉ	271 24 14
43	M14	**Val de Grâce**	1 pl. Alphonse-Laveran, 5ᵉ	329 12 31
33	J17	**Victor Hugo** (Maison de)	6 pl. des Vosges, 4ᵉ	272 16 65
27	J6	**Vin**	r. des Eaux, 16ᵉ	525 63 26
43	L13	**Zadkine**	100 bis rue d'Assas, 6ᵉ	326 91 90

Grands projets muséographiques

Des réalisations de prestige et le regroupement de certaines collections sont en cours de préparation ou prévus dans le cadre d'un proche avenir :

A l'Orangerie (30 H11) - Jardin des Tuileries — Dans l'Hôtel Salé (33 H17) - 5 rue de Thorigny : collection Picasso — A l'intérieur de la gare d'Orsay (30 H12) : musée du 19ᵉ siècle — Dans le plan d'aménagement du Parc de la Villette (10 B20) : musée des Sciences, des Industries et des Techniques — Fondation Dina Vierny — Musée Maillol (30 J12) - 59 rue de Grenelle

PARCS ET JARDINS, PARKS AND GARDENS
PARKS UND GÄRTEN, PARQUES Y JARDINES

32	J16	**Albert-Schweitzer** (sq.)	r. des Nonnains d'Hyères, 4ᵉ
44	L15	**Arènes de Lutèce** (sq.)	r. des Arènes, 5ᵉ
5	C10	**Batignolles** (sq.)	pl. Charles-Fillion, 17ᵉ
30	K12	**Boucicaut** (sq.)	r. Velpeau, 7ᵉ
23	D21	**Butte du Chapeau Rouge** (sq.)	bd d'Algérie, 19ᵉ
22	E19	**Buttes Chaumont** (parc)	r. Manin, 19ᵉ
6	C12	**Carpeaux** (sq.)	r. Carpeaux, 18ᵉ
30	H12	**Carrousel** (jardin)	pl. du Carrousel, 1ᵉʳ
28	J8	**Champ de Mars** (parc)	pl. Joffre, 7ᵉ
31	K14	**Cluny** (sq.)	bd St-Germain, 5ᵉ
52	P8	**Docteur Calmette** (sq.)	av. Albert-Bartholomé, 15ᵉ
35	G22	**Édouard-Vaillant** (sq.)	r. du Japon, 20ᵉ
24	F23	**Emmanuel Fleury** (sq.)	r. Le Vau, 20ᵉ
6	B12	**Épinettes** (sq.)	r. Maria-Deraismes, 17ᵉ
52	N8	**Georges Brassens** (parc)	r. des Morillons, 15ᵉ
29	J10	**Intendant** (jardin)	pl. Vauban, 7ᵉ
32	K15	**Jean XXIII** (sq.)	r. du Cloître-Notre-Dame, 4ᵉ
56	S15	**Kellermann** (parc)	r. Keufer, 13ᵉ
18	F11	**Louis XVI** (sq.)	r. Pasquier, 8ᵉ
43	L13	**Luxembourg** (jardin)	pl. André-Honnorat, 6ᵉ
43	M13	**Marco-Polo**	pl. André-Honnorat, 6ᵉ
34	H19	**Maurice Gardette** (sq.)	r. du Général-Blaise, 11ᵉ
17	E9	**Monceau** (parc)	bd de Courcelles, 8ᵉ
55	R13	**Montsouris** (parc)	av. Reille, 14ᵉ
28	H7	**Palais de Chaillot** (jardins)	av. de New York, 16ᵉ
31	G13	**Palais Royal** (jardin)	r. de Valois, 1ᵉʳ
44	L16	**Plantes** (jardin)	pl. Valhubert, 5ᵉ
44	L16	**Quai St-Bernard** (jardin)	quai St-Bernard, 5ᵉ
26	H4-J4	**Ranelagh** (jardin)	av. Raphaël, 16ᵉ
56	N15	**René Le Gall** (sq.)	r. Corvisart, 13ᵉ
40	L8-M8	**Saint-Lambert** (sq.)	r. Jean-Formigé, 15ᵉ
35	H21	**Samuel de Champlain** (jardin)	av. Gambetta, 20ᵉ
47	K22	**Sarah Bernhardt** (sq.)	r. de Lagny, 20ᵉ
54	R11	**Serment de Koufra** (sq.)	av. Ernest-Reyer, 14ᵉ
36	G23	**Séverine** (sq.)	pl. de la Pte-de-Bagnolet, 20ᵉ
52	G16	**Temple** (sq.)	r. Eugène-Spuller, 3ᵉ
30	H12	**Tuileries** (jardin)	pl. de la Concorde, 8ᵉ
31	J14	**Vert-Galant** (sq.)	pl. du Pont-Neuf, 1ᵉʳ
40	L7	**Violet** (sq.)	r. de l'Église, 15ᵉ

Plan n° Repère			Adresse	Téléphone

P.T.T. *SERVICES POSTAUX*

A Paris, 161 **bureaux de poste** sont à la disposition du public. Ces bureaux sont identifiés et localisés sur les plans *(p. 2 à 60)* par le signe bleu ✉. La vente des timbres-poste courants est pratiquée dans tous les bureaux de tabac.

Service normal : Les bureaux des P.T.T. sont ouverts au public du lundi au vendredi de 8 h à 19 h, le samedi de 8 h à 12 h. Toutes opérations peuvent y être pratiquées.

Ouvertures exceptionnelles et services réduits : **Horaires et opérations**

31	G14	**Paris Iᵉʳ Recette Principale**	52 r. du Louvre	233 71 60
32	H15	**Paris Iᵉʳ RP Annexe 1 — Forum des Halles**	Centre Commercial, niveau 4	260 83 24
17	F9	**Paris 8 - Annexe 1**	71 av. des Champs-Élysées	359 55 18
28	J7	**Tour Eiffel** (1ᵉʳ étage)-**Paris 7 - Annexe 2**	av. Gustave-Eiffel	551 05 78
15	E6	**Paris 17 - Annexe 2**	Palais des Congrès	757 61 83
10	D19	**Paris 19 Belvédère**	118 av. Jean-Jaurès	206 31 45

Recette Principale. — *Ouvert jour et nuit.*
Aux heures de service normal *(voir ci-dessus)* : toutes opérations ;
Samedi (à partir de 12 h), les dimanches et jours fériés et la nuit : vente de timbres-poste ; téléphone, télégraphe ; dépôt des objets recommandés et chargés ; paiement des chèques postaux de dépannage, des mandats-lettres, des bons et chèques postaux de voyage et des Postchèques étrangers ; remboursements sans préavis sur livrets de C.N.E. ; retrait des objets (sauf les mandats) adressés en Poste Restante à Paris RP.

Recette Principale Annexe 1 — Forum des Halles (Porte Lescot). — *Ouvert du lundi au vendredi (10 h à 19 h) et samedi (9 h à 12 h).*

Paris 7-Annexe 2. — *Ouvert tous les jours de 10 h à 19 h 30.*

Paris 8 - Annexe 1. — *Ouvert en semaine, de 8 h à 22 h ; les dimanches et jours fériés, voir ci-dessous.*
Aux heures de service normal *(voir ci-dessus)* : toutes opérations.
Lundi au vendredi (à partir de 19 h), samedi (à partir de 12 h) et les dimanches et jours fériés (10 h à 12 h et 14 h à 20 h) : téléphone, télégraphe ; vente des timbres-poste ; affranchissement des correspondances ; délivrance des objets en Poste Restante.

Paris 17 - Annexe 2. — *Ouvert du lundi au vendredi (9 h à 19 h) et samedi (8 h 30 à 12 h).*

Paris 19 Belvédère. — *Ouvert du lundi au vendredi (11 h à 12 h 30 et 18 h à 19 h 30) et samedi (11 h à 12 h 30).*

Poste Restante : Tous les bureaux de Paris assurent le service Poste Restante. Mais le courrier adressé **« Poste Restante - Paris »** sans spécification d'arrondissement est à retirer à la Recette Principale, 52, rue du Louvre.

Centre des Chèques Postaux **(C.C.P.)** : Le C.C.P. 16 rue des Favorites, 15ᵉ (M 9) ☏ 530 77 77 *(renseignements par téléphone du lundi au vendredi de 7 h à 19 h et samedi de 7 h à 12 h)* est ouvert au public du lundi au vendredi de 8 h à 18 h et le samedi de 8 h à 12 h.

Télex

18	E12	**Agence Commerciale Paris St-Lazare** *(8 h 30 à 18 h 30)*	8 r. d'Amsterdam, 9ᵉ	
31	G14	**Bureau Télégraphique Internat.** *(8 h à 23 h)*	9 pl. de la Bourse, 2ᵉ	233 44 11
19	G14	**Paris Bourse** *(8 h à 20 h)*	5-7 r. Feydeau, 2ᵉ	247 12 12

Divers services P.T.T.

Renseignements téléphoniques		Renseignements postaux	280 67 89
(Paris et Ile-de-France)	12	*après 20 h et les dim. et fériés*	233 48 88
(autres départements)	16...11-12	Télégrammes téléphonés :	
Réclamations	13	— métropole	444 11 11
Réveil par téléphone	463 71 11	— étranger	233 44 11

P.T.T. : POSTAL SERVICES

Normal opening times and services. — **Post offices** provide the full range of services from Mondays to Fridays 8am to 7pm, Saturdays 8am to noon.

Additional opening times with a limited service

General Post Office. — 52 rue du Louvre (G14) ☎ 233 71 60. *Open 24 hours. Outwith normal hours a limited service only is provided.*

Paris Ist - Forum des Halles. — 4th level, Porte Lescot (H15) ☎ 260 83 24. *Open Mondays to Fridays 10am to 7pm and Saturdays 9am to noon.*

Paris 7th - Tour-Eiffel. — Ist floor, avenue Gustave-Eiffel (28J7) ☎ 551 05 78. *Open daily, including Sundays and holidays, 10am to 7.30pm.*

Paris 8th. — 71 avenue des Champs-Élysées (F9) ☎ 359 55 18. *Open Mondays to Saturdays 8am to 11.30pm. A limited service only is available from 7pm Mondays to Fridays, from noon on Saturdays and from 10am to noon and 2 to 8pm on Sundays and holidays.* Apply in advance for full details.

Paris 17th. — Palais des Congrès, place Porte Maillot (E6) ☎ 757 61 83. *Open Mondays to Fridays 9am to 7pm and Saturdays 8.30am to noon.*

Paris 19th Belvédère. — 118 avenue Jean-Jaurès (D19). *Open Mondays to Fridays 11am to 12.30pm and 6 to 7.30pm and Saturdays 11am to 12.30pm.*

Poste Restante. — All Parisian post offices have Poste Restante. Letters sent « **Poste Restante Paris** » with no arrondissement number go to the General Post Office.

P.T.T. : POST

Öffnungszeiten. — Die **Postämter** sind montags bis freitags von 8-19 Uhr und samstags von 8-12 Uhr geöffnet. Sie versehen dann alle Postdienste.

Besondere Schalterstunden, nur begrenzte Postdienste

Hauptpostamt. — 52 rue du Louvre (G14) ☎ 223 71 60. *Tag und Nacht geöffnet. Samstags ab 12 Uhr, an Sonn- und Feiertagen sowie nachts nur bestimmte Dienstleistungen.* Erkundigen Sie sich, welche Schalter geöffnet sind.

Paris 1ᵉ - Postamt 1 — Forum des Halles, Niveau 4 (Porte Lescot) (H15) ☎ 260 83 24. *Geöffnet : montags-freitags 10-19 Uhr ; samstags 9-12 Uhr.*

Paris 7ᵉ - Eiffelturm — 1. Etage, Avenue Gustave-Eiffel (28 J7) ☎ 551 05 78. *Geöffnet : Täglich, auch an Sonn- und Feiertagen, von 10-19.30 Uhr.*

Paris 8ᵉ - Postamt 1. — 71 avenue des Champs-Élysées (F9) ☎ 359 55 18. *Geöffnet : 8-23.30 Uhr. Montags-freitags ab 19 Uhr, samstags ab 12 Uhr und an Sonn- und Feiertagen (10-12, 14-20 Uhr) nur bestimmte Dienstleistungen.*

Paris 17ᵉ - Postamt 2. — Palais des Congrès (E6) ☎ 757 61 83. *Geöffnet : montags-freitags 9-19 Uhr, samstags 8.30-12 Uhr.*

Paris 19ᵉ - Belvédère. — 118 avenue Jean-Jaurès (D19). *Geöffnet : montags-freitags 11-12.30 Uhr und 18-19.30 Uhr ; samstags 11-12.30 Uhr.*

Postlagernde Sendungen. — Mit Angabe des Arrondissements können postlagernde Sendungen *(poste restante)* an alle Pariser Postämter geschickt werden. Falls als Adresse jedoch nur « **Poste Restante - Paris** » vermerkt ist, muβ die Post bei der Hauptpost, 52 rue du Louvre, *(s. oben)* abgeholt werden.

P.T.T. : SERVICIOS POSTALES

Servicio normal. — Para todas las operaciones, las **oficinas de los P.T.T.** están abiertas al público de lunes a viernes de 8 h a 19 h, los sábados de 8 h a 12 h.

Aperturas excepcionales y servicios reducidos

Paris 1º - Oficina Principal. — 52 rue du Louvre (G14) ☎ 233 71 60. *Abierta día y noche. Sábados (desde 12 h), domingos, festivos y durante la noche : sólo son posibles algunas operaciones.* Informarse.

Paris 1º - Forum des Halles. — Piso 4, porte Lescot (H15) ☎ 260 83 24. *Abierta de lunes a viernes de 10 h a 19 h. Sábados de 9 h a 12 h.*

Paris 7º - Tour Eiffel. — Piso 1, avenue Gustave-Eiffel (28J7) ☎ 551 05 78. *Abierta todos los días de 10 h à 19 h 30.*

Paris 8º. — 71 avenue des Champs-Élysées (F9) ☎ 359 55 18. *Abierta de 8 h a 23 h 30. De lunes a viernes (desde 19 h), sábados (desde 12 h), domingos y festivos : sólo son posibles algunas operaciones.* Informarse.

Paris 17º. — Palais des Congrès, place Porte Maillot (E6) ☎ 757 61 83. *Abierta de lunes a viernes de 9 h a 19 h. Sábados de 8 h 30 a 12 h.*

Paris 19º. — 118 avenue Jean-Jaurès (D19). *Abierta de lunes a viernes de 11 h a 12 h 30 y de 18 h a 19 h 30. Sábados de 11 h a 12 h 30.*

Lista de Correos. — Todas las oficinas mantienen el servicio de Lista de Correos (Poste Restante). Pero la correspondencia a « **Poste Restante - Paris** » sin especificación de distrito, debe de ser retirada en la Oficina Principal, 52 rue du Louvre.

Plan n°	Repère		Adresse	Téléphone

SANTÉ, *HEALTH, GESUNDHEITSWESEN, SANIDAD*

Grands Hôpitaux, Cliniques, Maisons de Santé
Hospitals, Krankenhäuser, Grandes Hospitales

Paris

Plan n°	Repère	Nom	Adresse	Téléphone
22	E19	Adolphe de Rothschild (Fond. ophtalmologique)	25 r. Manin, 19ᵉ	203 96 96
29	H9	Alma (Centre chirurgical)	166 r. de l'Université, 7ᵉ	555 95 10
22	E19	Banque Française des Yeux	54 av. Mathurin-Moreau, 19ᵉ	205 93 67
43	M13	Baudelocque (Clin.)	123 bd de Port-Royal, 14ᵉ	234 11 40
7	A13	Bichat (Hôp.)	46 r. Henri-Huchard, 18ᵉ	228 80 08
28	G8	Bizet (Clin.)	23 r. Georges-Bizet, 16ᵉ	723 78 26
39	M6	Boucicaut (Hôp.)	78 r. de la Convention, 15ᵉ	554 92 92
6	C12	Bretonneau (Hôp.)	2 r. Carpeaux, 18ᵉ	226 40 40
44	N15	Broca (Hôp.)	54-56 r. Pascal, 13ᵉ	535 20 10
53	P10	Broussais (Hôp.)	96 r. Didot, 14ᵉ	539 22 66
57	S17	Centre médico-chirurgical de la Porte de Choisy	15 av. de la Pte-de-Choisy, 13ᵉ	585 62 92
9	A18	Claude-Bernard (Hôp.)	10 av. Pte-d'Aubervilliers, 19ᵉ	238 66 22
43	M14	Cochin (Groupe hosp.)	27 r. du Fg-St-Jacques, 14ᵉ	234 12 12
36	J23	Croix-St-Simon (Hôp.)	18 r. de la Croix-St-Simon, 20ᵉ	371 12 01
43	L14	Curie (Institut-Section hospit.)	26 r. d'Ulm, 5ᵉ	329 12 42
46	L20	Diaconesses	16 r. du Sergent-Bauchat, 12ᵉ	341 72 00
20	D16	Fernand-Widal (Hôp.)	200 r. du Fg St-Denis, 10ᵉ	280 62 33
44	M16	Gardien de la Paix (Fond.)	35 bd St-Marcel, 13ᵉ	331 88 60
44	L16	Geoffroy-St-Hilaire (Clin.)	59 r. Geoffroy-St-Hilaire, 5ᵉ	570 15 89
38	M3	Henry-Dunant (Hôp.)	95 r. Michel-Ange, 16ᵉ	651 52 46
23	D21	Herold (Hôp.)	7 pl. Rhin-et-Danube, 19ᵉ	240 48 48
32	J15	Hôtel-Dieu de Paris (Hôp.)	1 pl. Parvis Notre-Dame, 4ᵉ	234 82 34
57	P17	Jeanne d'Arc (Clin.)	11-13 r. Ponscarme, 13ᵉ	584 15 75
41	N9	Labrouste (Clin. chirurg.)	64 r. Labrouste, 15ᵉ	531 22 22
42	K11	Laennec (Hôp.)	42 r. de Sèvres, 7ᵉ	544 39 39
20	D15	Lariboisière (Hôp.)	2 r. Ambroise-Paré, 10ᵉ	280 62 33
33	G18	Léonard de Vinci (Clin.)	95 av. Parmentier, 11ᵉ	355 39 33
42	M11	Léopold-Bellan (Hôp.)	7 r. du Texel, 14ᵉ	322 26 80
16	E7	Marmottan (Centre médical)	19 r. d'Armaillé, 17ᵉ	574 00 04
23	E22	Maussins (Clin. des)	67 r. de Romainville, 19ᵉ	203 94 76
34	J20	Mont-Louis (Clin.)	8-10 r. de la Folie-Regnault, 11ᵉ	371 11 00
41	L10	Necker-Enfants Malades (Groupe hosp.)	149 r. de Sèvres, 15ᵉ	555 92 80
54	P11	N.-D. de Bon-Secours (Hôp.)	66 r. des Plantes, 14ᵉ	539 22 61
41	M10	Pasteur (Institut-Hôp.)	211 r. de Vaugirard, 15ᵉ	567 35 09
43	M14	Péan (Clin. chirurg.)	11 r. de la Santé, 13ᵉ	570 12 19
56	R15	Peupliers (Hôp.)	8 pl. Abbé-G.-Hénocque, 13ᵉ	588 47 49
45	M17	Pitié-Salpêtrière (Groupe hosp.)	47-83 bd de l'Hôpital, 13ᵉ	570 21 12
43	M13	Port-Royal (Maternité)	123 bd de Port-Royal, 14ᵉ	234 12 00
33	K18	Quinze-Vingts (Hôp.)	28 r. de Charenton, 12ᵉ	346 15 20
19	E13	La Rochefoucauld (Inst.)	23 r. de La Rochefoucauld, 9ᵉ	280 61 51
47	L22	Rothschild (Hôp.)	33 bd de Picpus, 12ᵉ	341 72 72
46	K19	St-Antoine (Hôp.)	184 r. du Fg-St-Antoine, 12ᵉ	344 33 33
44	M16	St-François (Clin.)	36 bis, bd St-Marcel, 5ᵉ	587 02 98
41	M9	St-Jacques (Hôp.)	37 r. des Volontaires, 15ᵉ	566 93 09
42	K11	St-Jean-de-Dieu (Clin.)	19 r. Oudinot, 7ᵉ	306 94 06
53	P10	St-Joseph (Fond.-Hôp.)	7 r. Pierre-Larousse, 14ᵉ	539 22 13
20	E15	St-Lazare (Hôp.)	107 bis r. du Fg-St-Denis, 10ᵉ	280 62 33
21	F17	St-Louis (Hôp.)	1 av. Claude-Vellefaux, 10ᵉ	203 96 02
40	N8	St-Michel (Hôp.)	33 r. Olivier-de-Serres, 15ᵉ	828 40 80
43	M13	St-Vincent-de-Paul (Hôp.)	74 av. Denfert-Rochereau, 14ᵉ	320 14 74
55	P13	Ste-Anne (Centre hosp.)	1 r. Cabanis, 14ᵉ	581 11 20
40	M7	Ste-Félicité (Maternité)	37 r. St-Lambert, 15ᵉ	532 72 83
43	M13	Tarnier (Hôp.)	89 r. d'Assas, 6ᵉ	329 12 89
35	G22	Tenon (Hôp.)	4 r. de la Chine, 20ᵉ	360 01 70
47	M22	Trousseau (Hôp.)	26 av. Dr A.-Netter, 12ᵉ	346 13 90
55	R13	Université de Paris (Hôp. internat.)	42 bd Jourdan, 14ᵉ	589 47 89
43	M14	Val-de-Grâce (Hôp.)	74 bd de Port-Royal, 5ᵉ	329 12 31
40	N7	Vaugirard (Hôp.)	389 r. de Vaugirard, 15ᵉ	532 80 00
18	D12	Vintimille (Clin.)	58 r. de Douai, 9ᵉ	526 89 69

Plan n°	Repère		Adresse	Téléphone
ou carte 101				

Proche Banlieue, *Suburbs, Vororte, Alrededores*

Plan n°	Repère		Adresse	Téléphone
101	pli 27	**Albert-Chenevier** (Hôp.)	Créteil - 40 r. de Mesly	377 11 44
—	pli 14	**Ambroise-Paré** (Hôp.)	Boulogne - 9 av. Ch.-de-Gaulle	604 91 09
3	B5	**Américain** (Hôp.)	Neuilly-sur-Seine - 63 bd Victor Hugo	747 53 00
101	pli 24	**Antoine-Beclère** (Hôp.)	Clamart - 157 r. Porte-de-Trivaux	537 44 44
—	pli 27	**Armand-Brillard** (Clin.)	Nogent-sur-Marne - 3-5 av. Watteau	876 12 66
—	pli 16	**Avicenne** (Hôp.)	Bobigny - 125 rte de Stalingrad	830 12 33
—	pli 15	**Beaujon** (Hôp.)	Clichy - 100 bd Général-Leclerc	739 33 40
—	pli 16	**Bégin** (Hôp. Instr. Armées)	Saint-Mandé - 69 av. de Paris	374 12 40
—	pli 26	**Bicêtre** (Centre hosp.)	Le Kremlin-Bicêtre - 78 r. du Gén.-Leclerc	521 21 21
—	pli 25	**Bois de Verrières** (Clin.)	Antony - 66 r. du Colonel-Fabien	666 21 50
2	C3	**Centre Hospitalier**	Neuilly-sur-Seine - 36 bd Gén.-Leclerc	747 11 44
101	pli 14	**Centre Hospitalier**	Puteaux - 1 bd Richard-Wallace	772 51 44
—	pli 14	**Centre Hospitalier**	Saint-Cloud - 3 pl. Silly	602 70 92
—	pli 16	**Centre Hosp. Général**	Saint-Denis - r. du Dr-Delafontaine	821 61 40
—	pli 27	**Centre Hosp. Intercomm.**	Créteil - 40 av. de Verdun	898 91 80
—	pli 17	**Centre Hosp. Intercomm.**	Montreuil - 56 bd Boissière	858 90 80
—	pli 27	**Centre Hosp. Intercomm.**	Villeneuve-St-Georges - 40 allée de la Source	382 39 40
—	pli 26	**Centre Hosp. spécialisé**	Villejuif - 54 av. de la République	677 81 04
—	pli 26	**Charles-Foix** (Hôp.)	Ivry-sur-Seine - 7 av. de la République	670 15 55
51	P5	**Corentin-Celton** (Hôp.)	Issy-les-Moulineaux - 37 bd Gambetta	554 95 33
101	pli 17	**Dhuys** (Clin.)	Bagnolet - 1-9 r. Pierre-Curie	360 01 50
—	pli 27	**Émile-Roux** (Centre hosp.)	Limeil-Brévannes - pl. Le Naourès	569 96 33
—	pli 27	**Esquirol** (Hôp.)	Saint-Maurice - 57 r. Maréchal-Leclerc	375 92 33
—	pli 17	**Floréal** (Clin.)	Bagnolet - 40 r. Floréal	361 44 90
—	pli 14	**Foch** (Centre médico-chirurg.)	Suresnes - 40 r. Worth	772 91 91
5	A10	**Gouin** (Hôp. chirurg.)	Clichy - 2 r. Gaston-Paymal	731 30 30
101	pli 26	**Gustave-Roussy** (Institut)	Villejuif - 16 bis av. P.-Vaillant-Couturier	677 23 33
	—	(nouvel Institut)	Villejuif - 39 r. Camille-Desmoulins	559 49 09
—	pli 24	**Hauts-de-Seine** (Clin.)	Châtenay-Malabry - 17 av. du Bois	630 22 50
3	D6	**Henri-Hartmann** (Clin.)	Neuilly-sur-Seine - 26 bd Victor-Hugo	758 12 10
101	pli 27	**Henri-Mondor** (Hôp.)	Créteil - 51 av. Mar.-de-Lattre-de-T.	207 51 41
3	C6	**Hertford** (British Hosp.)	Levallois-Perret - 3 r. Barbès	758 13 12
101	pli 26	**Jean-Rostand** (Hôp.)	Ivry-sur-Seine - 39 r. Jean Le Galleu	670 15 55
—	pli 24	**Jean Rostand** (Centre Hosp. Intercomm.)	Sèvres - 141 Grande-Rue	534 75 11
—	pli 17	**Jean Verdier** (Hôp.)	Bondy - av. du 14-Juillet	847 31 03
—	pli 14	**Louis-Mourier** (Hôp. militaire)	Colombes - 178 r. des Renouillers	780 72 32
—	pli 18	**Maison-Blanche** (Hôp. psych.)	Neuilly-sur-Marne - 3 av. Jean-Jaurès	300 96 90
—	pli 14	**Maison de Nanterre** (Hôp.)	Nanterre - 403 av. de la République	242 69 19
—	pli 15	**Maison de Santé**	Épinay - 6 av. de la République	821 49 00
—	pli 14	**Marcelin-Berthelot** (Centre hosp.)	Courbevoie - 30 r. Kilford	788 82 55
—	pli 24	**Marie-Lannelongue** (Centre chirurg.)	Le Plessis-Robinson - 133 av. de la Résistance	630 21 33
—	pli 13	**Les Martinets** (Clin.)	Rueil-Malmaison - 97 av. Albert-Ier	708 92 33
—	pli 24	**Meudon-la-Forêt-Vélizy** (Clin.)	Meudon-la-Forêt - 3-5 av. de Villacoublay	630 21 31
3	C5	**N.-D.-du-Perpétuel Secours** (Hôp.)	Levallois-Perret - 2 r. Kléber	757 31 57
101	pli 26	**Paul-Brousse** (Groupe hosp.)	Villejuif - 14 av. P.-Vaillant-Couturier	677 81 81
49	S2	**Percy** (Hôp. militaire)	Clamart - 101 av. Henri-Barbusse	645 21 04
101	pli 23	**Raymond-Poincaré** (Hôp.)	Garches - 104 bd R.-Poincaré	741 79 00
—	pli 16	**La Roseraie** (Clin.-Hôp.)	Aubervilliers - 120 av. de la République	834 93 93
—	pli 28	**Saint-Camille** (Hôp.)	Bry-sur-Marne - 2 r. des Pères-Camilliens	881 11 80
—	pli 13	**Stell** (Hôp. départemental)	Rueil-Malmaison - 1 r. Charles-Drot	749 06 90
51	R5	**Suisse** (Hôp.)	Issy-les-Moulineaux - 10 r. Minard	645 21 30
101	pli 18	**Valère-Lefebvre** (Hôp.)	Le Raincy - 73 bd de l'Ouest	302 41 44
—	pli 18	**Ville-Évrard** (Centre hosp.)	Neuilly-sur-Marne - 2 av. Jean-Jaurès	300 96 36

Si vous voulez tirer le meilleur parti des 59 pages de plans, reportez-vous à la légende, page 99.

Plan n° ou carte 101	Repère		Adresse	Téléphone

Institutions socio-médicales, Entraide et Secours
Social and medical institutions, Assistance, Sozialversicherung, Fürsorge, Sociedades Médicas, Mutuas y Seguros

23	E21	Affaires Sanitaires et Sociales d'Ile de France	58-62 r. de Mouzaïa, 19ᵉ	200 33 00
28	K7	Allocations Familiales Rég. Paris (Caisse)	18 r. Viala, 15ᵉ	571 34 56
18	E11	Armée du Salut	76 r. de Rome, 8ᵉ	387 41 19
32	J15	Assistance Publique - Hôpitaux de Paris	3 av. Victoria, 4ᵉ	277 11 22
10	C19	Caisse Nat. Ass. Vieillesse Trav. Salariés	110-112 r. de Flandre, 19ᵉ	203 96 57
20	D15	Caisse Primaire Assur. Maladie de Paris	69 bis r. de Dunkerque, 9ᵉ	280 63 67
16	F8	Croix-Rouge Française	17 r. Quentin-Bauchart, 8ᵉ	261 51 05
29	J10	Institution Nat. des Invalides	6 bd des Invalides, 7ᵉ	550 32 66
45	L17	Institut Médico-Légal	2 pl. Mazas, 12ᵉ	343 78 53
41	L10	Institut Nat. des Jeunes Aveugles	56 bd des Invalides, 7ᵉ	567 35 08
43	L14	Institut Nat. de Jeunes Sourds	254 r. St-Jacques, 5ᵉ	354 82 80
57	P17	Inst. Nat. Santé et Recherche Médicale	101 r. de Tolbiac, 13ᵉ	584 14 41
29	H9	Secours Catholique	6 r. de la Comète, 7ᵉ	705 45 25
33	H17	Secours Populaire Français	9 r. Froissart, 3ᵉ	278 50 48

Centres Hospitaliers Universitaires (C.H.U.)
Teaching Hospitals, Universitätskliniken, Centros Hospitalarios Universitarios

43	M14	C.H.U. Cochin	Paris V	27 r. du Fg-St-Jacques, 14ᵉ	320 12 40
41	L10	— Necker	—	149 r. de Sèvres, 15ᵉ	783 33 03
101	pli 23	— Paris-Ouest	—	Garches - 104 bd R.-Poincaré	741 81 18
53	P10	C.H.U. Broussais	Paris VI	96 r. Didot, 14ᵉ	329 21 77
45	M17	— Pitié-Salpêtrière	—	91-105 bd de l'Hôpital, 13ᵉ	584 11 84
46	K19	— Saint-Antoine	—	184 r. du Fg-St-Antoine, 12ᵉ	341 71 00
7	A13	C.H.U. Bichat	Paris VII	46 r. Henri-Huchard, 18ᵉ	228 80 08
20	E16	— Lariboisière-St.-Louis	—	10 av. de Verdun, 10ᵉ	203 94 26
101	pli 26	C.H.U. Bicêtre	Paris XI	Le Kremlin-Bicêtre - 78 r. Général-Leclerc	521 21 21
101	pli 27	C.H.U. Créteil	Paris XII	Créteil - 51 av. Maréchal-de-Lattre-de-Tassigny	885 12 14
101	pli 16	C.H.U. Bobigny	Paris XIII	Bobigny - 125 r. de Stalingrad	836 55 79

Hôpitaux - Hospices
Nursing and old people's homes, Krankenhäuser, Alterspflegeheime, Residencias sanitarias

23	F21	Belleville (Résidence de)	180 r. Pelleport, 20ᵉ	797 75 61
47	M21	De Rothschild (Fondation)	76 r. de Picpus, 12ᵉ	344 78 10
101	pli 5	Gérontologie (Centre de)	Sarcelles 1 r. de Giraudon	419 14 25
29	H9	Leprince (Résidence)	109 r. St-Dominique, 7ᵉ	551 69 40
38	L4	Ste-Périne (Groupe Hospitalier)	11 r. Chardon-Lagache, 16ᵉ	520 00 09

Services médicaux d'urgence
Medical emergency numbers, Notruf, Teléfonos de Urgencia

		SAMU		567 50 50
		S.O.S. Médecin		707 77 77
		S.O.S. Docteurs 92		603 77 44
		Urgences médicales de Paris (jour et nuit)		828 40 04
32	J15	Ambulances Assistance Publique	3 av. Victoria, 4ᵉ	378 26 26
		Radio-Ambulances		707 37 39
101	pli 14	Centre anti-brûlures (hôpital Foch)	Suresnes - 40 r. Worth	772 91 91
16	E7	Centre anti-drogue (hôpital Marmottan)	19 r. d'Armaillé, 17ᵉ	574 00 04
20	D16	Centre anti-poison (hôpital Fernand-Widal)	200 r. du Fg-St-Denis, 10ᵉ	205 63 29
		Transfusions d'urgence		307 47 28
		S.O.S. Vétérinaire (Paris et Région Parisienne) (nuit et dimanches)		832 93 30

Plan n°	Repère		Adresse	Téléphone

SPECTACLES
ENTERTAINMENTS, THEATER, ESPECTÁCULOS

Théâtres, *Theatres, Theater, Teatros*

Plan n°	Repère	Nom	Adresse	Téléphone
20	F16	**Antoine-Simone Berriau**	14 bd de Strasbourg, 10ᵉ	208 77 71
19	D14	**Atelier**	1 pl. Charles-Dullin, 18ᵉ	606 49 24
18	F12	**Athénée**	4 sq. de l'Opéra-L.-Jouvet, 9ᵉ	742 67 27
20	D16	**Bouffes-du-Nord**	209 r. du Fg-St-Denis, 10ᵉ	239 34 50
19	G13	**Bouffes-Parisiens**	4 r. Monsigny, 2ᵉ	296 60 24
52	P8	**Carré Silvia-Monfort**	106 r. Brancion, 15ᵉ	531 28 34
28	H7	**Chaillot** (Th. Nat.)	1 pl. du Trocadéro, 16ᵉ	727 81 15
29	G9	**Champs-Élysées**	15 av. Montaigne, 8ᵉ	723 47 77
55	S13	**Cité Internat. Universitaire**	21 bd Jourdan, 14ᵉ	589 38 69
18	F12	**Comédie Caumartin**	25 r. Caumartin, 9ᵉ	742 43 41
19	D13	**Comédie de Paris**	42 r. Fontaine, 9ᵉ	281 00 11
29	G9	**Comédie des Champs-Élysées**	15 av. Montaigne, 8ᵉ	723 37 21
31	H13	**Comédie-Française**	pl. Colette, 1ᵉʳ	296 10 20
18	G12	**Daunou**	9 r. Daunou, 2ᵉ	261 69 14
18	F12	**Édouard-VII-Sacha Guitry**	10 pl. Édouard-VII, 9ᵉ	742 57 49
30	G11	**Espace Pierre Cardin**	1 av. Gabriel, 8ᵉ	266 17 30
32	H15	**Essaïon**	6 r. Pierre-au-Lard, 4ᵉ	278 46 42
19	E13	**Fontaine**	10 r. Fontaine, 9ᵉ	874 74 40
42	M11	**Gaîté-Montparnasse**	26 r. de la Gaîté, 14ᵉ	322 16 18
20	F15	**Gymnase**	38 bd Bonne-Nouvelle, 10ᵉ	246 79 79
18	D11	**Hébertot**	78 bis bd Batignolles, 17ᵉ	387 23 23
31	K14	**Huchette**	23 r. de la Huchette, 5ᵉ	326 38 99
19	E13	**La Bruyère**	5 r. La Bruyère, 9ᵉ	874 76 99
19	G13	**La Michodière**	4 bis r. La Michodière, 9ᵉ	742 95 22
42	L12	**Lucernaire Forum**	53 r. N.-D.-des-Champs, 6ᵉ	544 57 34
18	F11	**Madeleine**	19 r. de Surène, 8ᵉ	265 07 09
32	G16	**Marais**	37 r. Volta, 3ᵉ	278 03 53
17	G10	**Marigny**	Carré Marigny, 8ᵉ	359 70 00
18	F12	**Mathurins**	36 r. des Mathurins, 8ᵉ	265 90 00
18	F12	**Michel**	38 r. des Mathurins, 8ᵉ	265 35 02
18	E12	**Moderne**	15 r. Blanche, 9ᵉ	280 09 30
18	F12	**Mogador**	25 r. Mogador, 9ᵉ	285 28 80
42	M11	**Montparnasse**	31 r. de la Gaîté, 14ᵉ	320 89 90
19	F14	**Nouveautés**	24 bd Poissonnière, 9ᵉ	770 52 76
43	K13	**Odéon** (Th. Nat.)	pl. de l'Odéon, 6ᵉ	325 70 32
18	E12	**Œuvre**	55 r. de Clichy, 9ᵉ	874 42 52
18	F12	**Opéra de Paris** (Th. Nat.)	pl. de l'Opéra, 9ᵉ	742 57 50
19	F13	**Opéra de Paris** (salle Favart)	pl. Boieldieu, 2ᵉ	296 06 11
21	G17	**Palais des Glaces**	37 r. du Fg-du-Temple, 10ᵉ	607 49 93
31	G13	**Palais-Royal**	38 r. de Montpensier, 1ᵉʳ	297 59 81
18	E12	**Paris**	15 r. Blanche, 9ᵉ	280 09 30
52	P7	**Plaine**	13 r. Gén.-Guillaumat, 15ᵉ	250 15 65
42	N11	**Plaisance**	111 r. du Château, 14ᵉ	320 00 06
42	L12	**Poche Montparnasse**	75 bd du Montparnasse, 6ᵉ	548 92 97
20	G16	**Porte-St-Martin**	16 bd St-Martin, 10ᵉ	607 37 53
18	G12	**Potinière**	7 r. Louis-Le-Grand, 2ᵉ	261 44 16
10	C20	**Présent**	211 av. Jean-Jaurès, 19ᵉ	203 02 55
20	G16	**Renaissance**	20 bd St-Martin, 10ᵉ	208 18 50
17	G10	**Rond-Point** (Compagnie Renaud-Barrault)	av. Franklin-Roosevelt, 8ᵉ	256 70 80
19	E13	**St-Georges**	51 r. St-Georges, 9ᵉ	878 63 47
29	G9	**Studio des Champs-Élysées**	15 av. Montaigne, 8ᵉ	723 35 10
55	P14	**Théâtre 13**	24 rue Daviel, 13ᵉ	588 16 30
33	J18	**Théâtre de la Bastille**	70 r. de la Roquette, 11ᵉ	357 42 14
23	F22	**Théâtre de l'Est Parisien** (TEP)	159 av. Gambetta, 20ᵉ	364 80 80
31	J14	**Théâtre Musical de Paris-Châtelet** (TMP)	1 pl. du Châtelet, 1ᵉʳ	233 44 44
18	D12	**Théâtre en Rond**	5 r. Biot, 17ᵉ	387 75 38
64	CT	**Théâtre du Soleil** (Cartoucherie)	rte du Champ-de-Manœuvre, 12ᵉ Bois de Vincennes	374 24 08
32	J15	**Théâtre de la Ville**	2 pl. du Châtelet, 4ᵉ	274 22 77
18	E11	**Tristan Bernard**	64 r. du Rocher, 8ᵉ	522 08 40
19	F14	**Variétés**	7 bd Montmartre, 2ᵉ	233 09 92

Plan n°	Repère		Adresse	Téléphone

Salles de concert, Concert halls, Konzertsäle, Salas de conciertos

17	D9	**Cortot**	78 r. Cardinet, 17ᵉ	763 85 72
17	F10	**Gaveau**	45 r. La Boétie, 8ᵉ	563 20 30
16	E8	**Pleyel**	252 r. Fg-St-Honoré, 8ᵉ	561 06 30

Des concerts et ballets sont fréquemment proposés à la Maison de la Radio, au Palais de Chaillot *(pl. du Trocadéro et du 11-Novembre)* et au Palais des Congrès *(Pte Maillot)*, ainsi que dans les grands théâtres de la capitale (Théâtre Musical de Paris-Châtelet, Théâtre de la Ville, Théâtre des Champs-Élysées...) et à l'Université Paris II *(92 r. d'Assas)*.

Des concerts spirituels et récitals d'orgue sont régulièrement donnés à Notre-Dame, St-Germain-des-Prés, St-Séverin, St-Roch, St-Louis des Invalides, St-Eustache...

Cinéma, Cinemas, Kinos, Cines

Consulter la presse chaque mercredi - See newspaper on Wednesdays,
Siehe Presse jeden Mittwoch - Consultar los periódicos el miércoles.

Cinémathèque Française: salle Beaubourg rue Rambuteau, Tél. 278 35 57 et salle Chaillot av. Albert-de-Mun Tél. 704 24 24.

Music-halls

42	M11	**Bobino**	20 r. de la Gaîté, 14ᵉ	322 74 84
18	E12	**Casino de Paris**	16 r. de Clichy, 9ᵉ	874 15 80
28	G8	**Crazy Horse**	12 av. George-V, 8ᵉ	723 32 32
19	D14	**Élysée-Montmartre**	72 bd Rochechouart, 18ᵉ	252 25 15
19	F14	**Folies-Bergère**	32 r. Richer, 9ᵉ	246 77 11
16	F8	**Lido-Normandie**	116 bis av. des Ch-Élysées, 8ᵉ	563 11 61
19	D13	**Moulin-Rouge (Bal du)**	82 bd de Clichy, 18ᵉ	606 00 19
18	F12	**Olympia-Bruno Coquatrix**	28 bd des Capucines, 9ᵉ	742 82 45
44	K15	**Paradis Latin**	28 r. du Card.-Lemoine, 5ᵉ	325 28 28

Salles de Réunions
Conference rooms, Tagungssäle, Salas de reuniones y congresos

16	E8	**Espace Wagram**	39 av. de Wagram, 17ᵉ	380 30 03
30	H11	**Maison de la Chimie**	28 r. St-Dominique, 7ᵉ	705 10 73
39	N6	**Palais des Sports**	pl. Pte de Versailles, 15ᵉ	828 40 90
44	K15	**Palais de la Mutualité**	24 r. St-Victor, 5ᵉ	326 69 03
11	B21	**Zénith**	211 av. J.-Jaurès, 19ᵉ	245 91 48

Spectacles pour jeunes
Children's entertainment
Veranstaltungen für Kinder, Espectáculos para niños

10	C20	**Cirque Gruss** (à l'ancienne)	211 av. Jean-Jaurès, 19ᵉ	245 85 85
33	H17	**Cirque d'Hiver**	110 r. Amelot, 11ᵉ	700 28 81
28	J8	**Marionnettes du Champ-de-Mars**	Parc du Champ-de-Mars, 7ᵉ	637 07 87
17	G10	**Marionnettes des Champs-Élysées**	Rond-Point des Ch.-Élysées, 8ᵉ	579 08 68
43	L13	**Marionnettes du Luxembourg**	Jardin du Luxembourg, 6ᵉ	326 46 47
62	CV	**Théâtre du Jardin**	Jardin d'Acclimatation - Bois de Boulogne, 16ᵉ	747 77 86
41	L10	**Théâtre du Petit Monde**	Studio Bertrand, 29 r. du Gén.-Bertrand, 7ᵉ	700 23 77

Les stations-service ou postes d'essence ouverts nuit et jour figurent :
  — *sur le tableau d'assemblage (p. 1)*
  — *sur les plans de l'Atlas (p. 2 à 60)*

88

Plan n° Repère ou carte 101			Adresse	Téléphone

Principaux théâtres de banlieue, *Suburban theatres, Theater in den Vororten, Teatros de los alrededores*

101	pli 14	**Amandiers**	Nanterre - 7 av. Pablo Picasso	721 18 81
–	pli 27	**Atelier Théâtre de la Cité**	Saint-Maur - 20 r. de la Liberté	889 22 11
–	pli 28	**Centre Municipal d'Animation G.-Philipe**	Champigny - 44 bd du Château	880 96 28
–	pli 17	**Daniel-Sorano**	Vincennes - 16 r. Charles-Pathé	374 73 74
–	pli 25	**Firmin-Gémier**	Antony - pl. Firmin-Gémier	666 02 74
–	pli 16	**Gérard-Philipe**	Saint-Denis - 59 bd Jules-Guesde	243 00 59
–	pli 14	**Hauts-de-Seine**	Puteaux - 5 r. Henri-Martin	772 09 59
–	pli 14	**Jean-Vilar**	Suresnes - pl. Stalingrad	772 38 80
–	pli 26	**Jean-Vilar**	Vitry - av. Youri-Gagarine	681 68 67
–	pli 27	**Maison des Arts André Malraux** Maison de la Culture de Créteil	Créteil - pl. Salvador-Allende	899 94 50
–	pli 26	**Paul-Éluard**	Choisy-le-Roi 4 av. Villeneuve-St-Georges	890 89 79
–	pli 26	**Romain-Rolland**	Villejuif - 18 r. Eugène-Varlin	726 15 02
58	S19	**Studio d'Ivry**	Ivry - 21 r. Ledru-Rollin	672 37 43
37	N1	**Th. de Boulogne-Billancourt** (TBB)	Boulogne - 60 r. de la Belle-Feuille	603 60 44
101	pli 16	**Th. de la Commune**	Aubervilliers - square Stalingrad	833 16 16
–	pli 15	**Th. de Gennevilliers**	Gennevilliers - 41 av. des Grésillons	793 26 30
–	pli 26	**Th. des Quartiers d'Ivry**	Ivry - 1 r. Simon-Dereure	672 37 43
–	pli 15	**Th. Municipal**	Asnières - 16 pl. de l'Hôtel-de-Ville	790 63 12
60	R23	**Th. Municipal**	Charenton-le-Pont - 107 r. de Paris	368 55 81

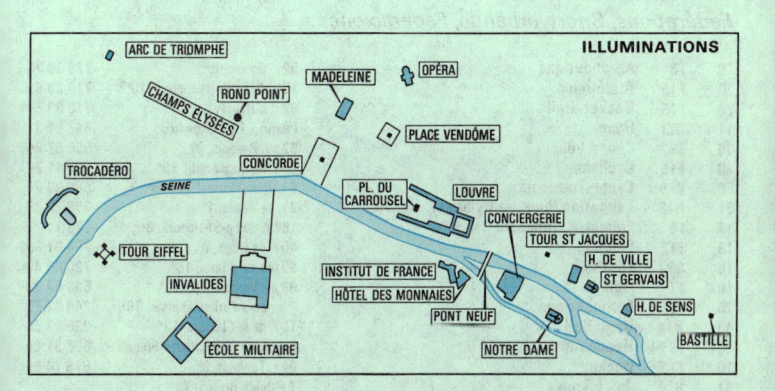

ILLUMINATIONS

Du 1er juin au 15 juillet : *de 22 h à 24 h du dimanche au vendredi, de 22 h à 1 h les samedis et veilles de fêtes ;*

Le reste de l'année : *de la tombée du jour (entre 17 h 20 et 21 h 45) à 24 h du dimanche au vendredi, à 1 h les samedis et veilles de fêtes.*

Plan n° ou carte 101	Repère		Adresse	Téléphone

SPORT, *DEPORTES*

18	F11	Comité National Olympique et Sportif	23 r. d'Anjou, 8ᵉ	265 02 74
64	CT	Institut Nat. du Sport et de l'Éducation Physique (I.N.S.E.P.)	11 av. du Tremblay, 12ᵉ Bois de Vincennes	374 11 21
57	P18	Temps Libre - Jeunesse et Sports Dir. Rég.	6-8 r. Eugène-Oudiné, 13ᵉ	584 12 05
17	F9	— — Dir. Dép.	25 r. de Ponthieu, 8ᵉ	359 01 69

Clubs

44	K15	Assoc. Sportive de la Police de Paris	4 r. Montagne-Ste-Geneviève, 5ᵉ	354 59 26
53	P10	Assoc. Sportive des PTT de Paris	12 allée Gaston-Bachelard, 14ᵉ	539 69 14
101	pli 14	Athlétic-Club de Boulogne-Billancourt	**Boulogne** - Mairie de Boulogne	604 81 80
14	E3	Bowling de Paris	Bois de Boulogne, 16ᵉ	747 77 55
18	F11	Club Alpin Français	9 r. La Boétie, 8ᵉ	742 38 46
37	L2	Club Athlétique des Sports Généraux	av. du Général-Sarrail, 16ᵉ	651 55 40
48	M23	Club des Nageurs de Paris	34 bd Carnot, 12ᵉ	628 77 03
21	D18	Club de Natation Les Mouettes de Paris	15 av. Jean-Jaurès, 19ᵉ	208 30 65
19	F14	Paris St-Germain Football-Club	30 r. Bergère, 9ᵉ	246 90 84
43	M13	Paris Université-Club (PUC)	31 av. Georges-Bernanos, 5ᵉ	633 21 89
61	AX	Polo de Paris	Rte Moulins, Bois de Boulogne, 16ᵉ	772 42 98
41	K10	Racing-Club de France	5 r. Eblé, 7ᵉ	567 55 86
25	G2	(Croix-Catelan)	Bois de Boulogne, 16ᵉ	527 55 85
101	pli 14	Racing Club de Paris	**Colombes** - 12 r. François-Faber	786 19 61
14	E3	Société Bouliste du lac St-James	Rte de la Muette à Neuilly, 16ᵉ	747 83 31
14	F3	Société Équestre de l'Étrier	Route de Madrid aux Lacs, 16ᵉ	624 28 02
14	E3	Société d'Équitation de Paris	Pte de Neuilly, 16ᵉ	722 87 06
37	M2	Stade Français	2 r. du Cdt-Guilbaud, 16ᵉ	651 66 53
37	N2	Tennis Club de Paris	15 av. Félix d'Hérelle, 16ᵉ	647 73 90
21	D17	Union Sportive Métropolitaine des Transports	159 bd de la Villette, 10ᵉ	206 52 38
16	G7	Yacht-Club de France	6 r. Galilée, 16ᵉ	720 89 29

Fédérations
Federations, Sportverbände, Federaciones

16	F8	Aéronautique	52 r. Galilée, 8ᵉ	720 39 75
20	F15	Athlétisme	10 r. du Fg-Poissonnière, 10ᵉ	770 90 61
20	E15	Basket-Ball	82 r. d'Hauteville, 10ᵉ	770 33 55
11	B21	Boxe	**Pantin** - 14 r. Scandicci	843 61 31
29	J9	Char à voile	62 av. Bosquet, 7ᵉ	555 57 64
20	E15	Cyclisme	43 r. de Dunkerque, 10ᵉ	285 41 20
56	P15	Cyclo-Tourisme	8 r. Jean-Marie-Jégo, 13ᵉ	580 30 21
31	H13	Éducation Phys. et Gymnast. Volont.	2 r. de Valois, 1ᵉʳ	296 12 80
17	F9	Équestre Française	164 r. du Fg-St-Honoré, 8ᵉ	225 11 22
18	E12	Escrime	45 r. de Liège, 8ᵉ	294 91 38
16	G8	Football	60 bis av. d'Iéna, 16ᵉ	720 65 40
16	F7	Golf	69 av. Victor-Hugo, 16ᵉ	500 62 20
20	F15	Gymnastique	7 ter cour Petites-Écuries, 10ᵉ	246 39 11
43	N14	Hand Ball	18 r. de la Glacière, 13ᵉ	336 07 34
101	pli 24	Handisport	**Boulogne** - 1 av. Pierre-Grenier	608 31 85
19	F13	Hockey	64 r. Taitbout, 9ᵉ	878 74 88
31	H14	Jeu à Treize	7 r. Jules-Breton, 13ᵉ	
54	P11	Judo, Jiu jitsu, Aikido, Kendo	43 r. des Plantes, 14ᵉ	542 80 90
20	F15	Lutte	2 r. Gabriel-Laumain, 10ᵉ	824 82 35
17	F10	Montagne	20 bis r. La Boétie, 8ᵉ	742 39 80
33	H18	Motocyclisme	74 av. Parmentier, 11ᵉ	700 94 40
27	J5	Motonautique	49 r. de Boulainvilliers, 16ᵉ	525 61 76

Plan n° Repère ou carte 101			Adresse	Téléphone
23	F22	**Natation**	148 av. Gambetta, 20ᵉ	364 17 02
19	F13	**Parachutisme**	35 r. St-Georges, 9ᵉ	878 45 00
38	M4	**Pelote Basque** (Ligue Ile-de-France)	2 quai Saint-Exupéry, 16ᵉ	288 94 99
19	D13	**Pétanque** (Ligue Ile-de-France)	9 r. Duperré, 9ᵉ	874 61 63
28	G8	**Randonnée Pédestre**	8 av. Marceau, 8ᵉ	723 62 32
19	F13	**Rugby**	7 cité d'Antin, 9ᵉ	874 84 75
4	C8	**Ski**	34 r. Eugène-Flachat, 17ᵉ	764 99 39
5	C10	**Ski Nautique**	9 bd Pereire, 17ᵉ	267 15 66
18	E12	**Sociétés d'Aviron**	7 r. Lafayette, 9ᵉ	874 43 77
21	G18	**Spéléologie**	130 r. St-Maur, 11ᵉ	357 56 54
27	G5	**Sport Automobile**	136 r. de Longchamp, 16ᵉ	727 97 39
5	D9	**Sportive et Culturelle de France**	5 r. Cernuschi, 17ᵉ	766 03 23
101	pli 16	**Sportive et Gymnique du Travail**	Pantin -	
			Tour Essor 14 r. Scandicci	843 61 31
31	H14	**Sports de Glace**	42 r. du Louvre, 1ᵉʳ	261 51 38
17	F10	**Sports Sous-Marins**	34 r. du Colisée, 8ᵉ	359 22 15
37	L2	**Tennis**	2 av. Gordon-Bennett, 16ᵉ	743 96 81
7	B13	**Tennis de Table**	12 r. Vauvenargues, 18ᵉ	262 22 88
28	G8	**Tir**	16 av. du Prés.-Wilson, 16ᵉ	723 72 38
6	B11	**Tir à l'Arc**	7 r. des Épinettes, 17ᵉ	226 37 00
47	M21	**Trampoline**	19 r. de la Lancette, 12ᵉ	343 73 71
28	G7	**Voile**	55 av. Kléber, 16ᵉ	553 68 00
30	K12	**Vol à Voile**	29 r. de Sèvres, 6ᵉ	544 04 78
20	F15	**Volley-Ball**	1 r. Ambroise-Thomas, 9ᵉ	523 13 00

Hippodromes
Racecourses, Pferderennbahnen, Hipódromos

26	J3	**Auteuil**	Pelouse Bois de Boulogne, 16ᵉ	527 12 25
		Chantilly (60)	16 av. du Gén.-Leclerc	457 21 35
101	pli 5	**Enghien** (95)	Soisy-sous-Montmorency - pl. André-Foulon	989 00 12
—	pli 37	**Évry** (91)	Ris-Orangis - Rte départementale 31	077 82 80
	AY	**Longchamp**	Bois de Boulogne, 16ᵉ	772 57 33
101	pli 13	**Maisons-Laffitte** (78)	av. de la Pelouse	962 90 95
—	pli 14	**St-Cloud** (92)	4 r. du Camp Canadien	771 69 26
64	DU	**Vincennes**	2 route de la Ferme, 12ᵉ **Bois de Vincennes**	368 35 39

Patinoires
Skating rinks, Eisbahnen, Pistas de patinaje sobre hielo

42	M11	**Gaîté Montparnasse**	16 r. Vercingétorix, 14ᵉ	321 60 60
21	E18	**Pailleron**	30 r. Édouard-Pailleron, 19ᵉ	208 72 26
101	pli 14	**Centre Olympique**	Courbevoie - pl. Ch.-de-Gaulle	788 03 33
—	pli 15	**Patinoire Olympique**	Asnières - bd P.-de-Coubertin	799 96 06
—	pli 24	**Patinoire municipale**	Boulogne - 1 r. V.-Griffuelhes	621 00 96
—	pli 14	**Patinoire**	Colombes - Ile Marante	781 90 09
—	pli 17	**Patinoire**	Fontenay-s-Bois - av. Ch.-Garcia	875 17 00
—	pli 18	**Patinoire**	Le Raincy - Allée Jardin Anglais	381 41 41
—	pli 15	**Patinoire**	St-Ouen - 4 r. du Docteur-Bauer	251 49 18

Participez à notre effort permanent de mise à jour,

Adressez-nous vos remarques et vos suggestions :

Cartes et guides Michelin

46, avenue de Breteuil - 75341 Paris Cedex 07

Plan n°	Repère		Adresse	Téléphone

Piscines
Swimming pools, Schwimmbäder, Piscinas

8	B15	Amiraux	6 r. Hermann-Lachapelle, 18ᵉ	606 46 47
42	L11	Armand-Massard	66 bd du Montparnasse, 15ᵉ	538 65 19
54	N12	Aspirant Dunand	r. Saillard, 14ᵉ	545 50 37
26	J3	Auteuil	Pelouse Nord de l'Hippodrome	224 07 59
27	K8	Beaugrenelle	19 r. Gaston-de-Caillavet, 15ᵉ	575 40 02
6	B11	Bernard Lafay	79 r. de la Jonquière, 17ᵉ	226 11 05
41	L9	Blomet	17 r. Blomet, 15ᵉ	783 35 05
56	P15	Butte-aux-Cailles	5 pl. Paul-Verlaine, 13ᵉ	589 60 05
57	P17	Château-des-Rentiers	184 r. Château-des-Rentiers, 13ᵉ	585 18 26
21	D17	Château-Landon	31 r. du Château-Landon, 10ᵉ	607 34 68
7	A14	Clignancourt	12 r. René-Binet, 18ᵉ	254 51 55
33	H18	Cour des Lions	11 r. Alphonse-Baudin, 11ᵉ	355 09 23
30	H11	Deligny	23 quai Anatole-France, 7ᵉ	551 72 15
53	R9	Didot	22 av. Georges-Lafenestre, 14ᵉ	539 89 29
45	N17	Dunois	62 r. Dunois, 13ᵉ	585 44 81
28	J7	Émile-Anthoine	9 r. Jean-Rey, 15ᵉ	567 10 20
19	D14	Georges-Drigny	18 r. Bochart-de-Saron, 9ᵉ	526 86 93
22	D20	Georges-Hermant	4-10 r. David-d'Angers, 19ᵉ	202 45 10
35	J21	Georges-Rigal (centre sportif)	119 bd de Charonne, 11ᵉ	370 64 22
23	F22	Georges-Vallerey (stade nautique)	148 av. Gambetta, 20ᵉ	364 47 00
9	B17	Hébert	2 r. des Fillettes, 18ᵉ	607 60 01
26	G4	Henry-de-Montherlant	32 bd Lannes, 16ᵉ	503 03 28
9	C18	Îlot Riquet	11-17 r. Mathis, 19ᵉ	241 51 00
44	L15	Jean-Taris	16 r. Thouin, 5ᵉ	325 54 03
39	L6	Keller	14 r. de l'Ing.-Robert-Keller, 15ᵉ	577 12 12
37	L2	Molitor	2-10 av. de la Pte Molitor, 16ᵉ	651 10 61
34	G19	Oberkampf	160 r. Oberkampf, 11ᵉ	357 56 19
22	E19	Pailleron	30 r. Édouard-Pailleron, 19ᵉ	208 72 26
57	R17	Piscine de la Gymnothèque	66 av. d'Ivry, 13ᵉ	586 57 60
44	K15	Pontoise	19 r. de Pontoise, 5ᵉ	354 82 45
52	P7	Porte de la Plaine	13 r. du Général-Guillaumat, 15ᵉ	532 34 00
48	M23	Roger-Le Gall	34 bd Carnot, 12ᵉ	628 77 03
10	B19	Rouvet	1 r. Rouvet, 19ᵉ	607 40 97
32	H15	St-Merri	18 r. du Renard, 4ᵉ	272 29 45
19	E14	Valeyre (Paul-Valeyre)	24 r. de Rochechouart, 9ᵉ	285 27 61

Stades
Stadiums, Sportplätze, Estadios

7	A14	Bertrand-Dauvin	12 r. René-Binet, 18ᵉ	606 08 48
9	A17	Stade des Fillettes	54 r. Charles-Hermite, 18ᵉ	607 53 27
37	L1	Fond des Princes	61 av. de la Pte d'Auteuil, 16ᵉ	604 35 80
38	M4	Fronton Chiquito de Cambo	2 quai St-Exupéry, 16ᵉ	288 94 99
37	M2	Stade Français (Centre sportif Géo André)	2 r. du Cdt-Guilbaud, 16ᵉ	651 66 53
37	L2	Jean-Bouin (CASG)	av. du Gén.-Sarrail, 16ᵉ	651 55 40
15	F5	Jean-Pierre-Wimille	243 bd Amiral-Bruix, 16ᵉ	727 00 23
11	C21	Jules-Ladoumègue	1 pl. de la Pte de Pantin, 19ᵉ	843 23 86
53	R10	Jules-Noël	3 av. Maurice-d'Ocagne, 14ᵉ	539 54 37
47	N22	Léo-Lagrange	68 bd Poniatowski, 12ᵉ	628 31 57
6	A12	Max-Rousie	28 r. André-Bréchet, 17ᵉ	627 17 94
39	N6	Palais des Sports	pl. de la Pte de Versailles, 15ᵉ	828 40 10
37	M2	Parc des Princes	24 r. du Cdt-Guilbaud, 16ᵉ	288 02 76
64	DU	Pershing	22 av. du Tremblay, 12ᵉ Bois de Vincennes	328 28 93
37	N2	Pierre-de-Coubertin	82 av. Georges-Lafont, 16ᵉ	527 79 12
51	N5	Plaine de Vaugirard (Centre sportif Suzanne Lenglen)	2-6 r. Louis-Armand, 15ᵉ	554 36 12
37	L1	Roland-Garros	2 av. Gordon-Bennett, 16ᵉ	743 96 81
55	S14	Sébastien-Charléty	1 av. de la Pte de Gentilly, 13ᵉ	589 58 12
60	P23	Vélodrome Municipal	av. Gravelle, Bois de Vinc., 12ᵉ	368 01 27

Plan n°	Repère		Adresse	Téléphone

TOURISME
TOURISM, TOURISMUS, TURISMO

| 16 | F8 | Accueil de France (Office de Tourisme de Paris) | 127 av. des Champs-Élysées, 8e | 723 61 72 |
| 32 | J15 | Accueil de la Ville de Paris | 29 r. de Rivoli, 4e | 276 40 40 |

Organismes, *Tourist associations, Touristische Organisationen, Organismos*

16	E7	Association Française des Automobilistes	9 r. Anatole-de-la-Forge, 17e	227 82 00
20	F15	Auto-Camping, Caravaning-Club	37 r. d'Hauteville, 10e	770 29 81
30	G11	Automobile-Club de France	6 pl. de la Concorde, 8e	265 34 70
30	G11	Automobile-Club de l'Ile-de-France	8 pl. de la Concorde, 8e	266 43 00
30	J12	Camping-Club de France	218 bd St-Germain, 7e	548 30 03
31	J14	Camping-Club Internat. de France	22 av. Victoria, 1er	236 12 40
19	G13	Compagnie Française du Thermalisme	32 av. de l'Opéra, 2e	742 67 91
32	J15	Féd. Franç. de Camping-Caravaning	78 r. de Rivoli, 4e	272 84 08
18	F12	Féd. Nat. des Gîtes Ruraux de France	35 r. Godot-de-Mauroy, 9e	742 25 43
17	F10	Féd. Nat. des Logis et Auberges de France	25 r. Jean-Mermoz, 8e	359 91 99
15	G6	Féd. Unie des Auberges de Jeunesse	6 r. Mesnil, 16e	261 84 03
31	G13	Havas-Voyages (Agence)	26 av. de l'Opéra, 1er	261 80 56
30	K12	Ligue Franç. des Auberges de Jeunesse	38 bd Raspail, 7e	548 69 84
43	M13	Organisation pour le Tourisme Universitaire	137 bd St-Michel, 5e	329 12 88
		— OTU		
33	J18	—	27 r. du Chemin-Vert, 11e	357 68 56
43	K14	—	pl. de la Sorbonne, 5e	329 12 12
101	pli 14	—	Nanterre - Université Paris X	724 01 01
18	F12	Stations Françaises de Sports d'Hiver (Assoc. des Maires)	61 bd Haussmann, 8e	742 23 32
31	J14	Tourisme Régie Aut. Transports	53 bis quai Gds-Augustins, 6e	346 43 16
18	G11	— (RATP)	pl. de la Madeleine, 8e	265 31 18
16	F8	Tourisme Soc. Nat. Chemins de Fer	127 av. des Champs-Élysées, 8e	723 54 02
18	F12	— (SNCF)	16 bd des Capucines, 9e	742 00 26
41	L10	Union Nat. des Associations de Tourisme et de Plein Air	8 r. César-Franck, 15e	783 21 73
42	M12	Villages-Vacances-Familles	38 bd Edgar-Quinet, 14e	320 12 88
19	G13	Wagons-Lits Tourisme (Agence)	32 r. du 4-Septembre, 2e	265 48 48

Maisons des Provinces de France, *French Provincial centres, Vertretungen der Provinzen Frankreichs, Casas de las Provincias de Francia*

34	K20	Féd. Nat. des Groupes Folkloriques d'Originaires des Provinces Françaises	8 r. Voltaire, 11e	372 54 32
31	H13	Alpes-Dauphiné	2 pl. André-Malraux, 1er	296 08 43
17	G9	Alsace	39 av. des Champs-Élysées, 8e	256 15 94
30	H12	Auvergne	194 bis r. de Rivoli, 1er	261 82 38
27	J5	Basques	10 r. Duban, 16e	224 98 87
42	L11	Bretagne	17 r. de l'Arrivée, 15e	538 73 15
19	F13	Drôme	14 bd Haussmann, 9e	246 66 67
17	F9	Franche-Comté	10 r. du Colisée, 8e	562 71 57
19	F13	Gers et Armagnac	16 bd Haussmann, 9e	770 39 61
19	F13	Limousin	18 bd Haussmann, 9e	770 32 63
19	G13	Lot-et-Garonne	15-17 pass. Choiseul, 2e	297 51 43
31	K14	Lozère	4 r. Hautefeuille, 6e	354 26 64
19	F13	Nord-Pas-de-Calais	18 bd Haussmann, 9e	770 59 62
19	F13	Périgord	30 r. Louis-le-Grand, 2e	742 09 15
31	G13	Poitou-Charentes	4 av. de l'Opéra, 1er	296 01 88
19	G13	Pyrénées	15 r. St-Augustin, 2e	261 58 18
16	E8	Rouergue (Artisans du)	89 bd de Courcelles, 8e	380 84 46
19	F13	Savoie	16 bd Haussmann, 9e	523 05 50

Plan n° Repère			Adresse	Téléphone
ou carte 101				

TRANSPORT
VERKEHRSMITTEL, COMUNICACIONES

Autobus-Métro, *Buses-Metro, Autobús-Metro*

31	J14	Régie Autonome des Transports Parisiens (RATP) Renseign.	53 ter quai Gds-Augustins, 6ᵉ —	346 33 33 346 14 14

Consulter en outre le plan sur lequel figurent les itinéraires d'autobus p. 102 à 105, et le plan de métro p. 106 et 107.

Automobile
Motoring organizations, PKW, Automóvil

16	F8	Chambre Synd. Constructeurs Autom.	2 r. de Presbourg, 8ᵉ	723 54 05
17	E10	Féd. Nat. des Transports Routiers	2 av. Velasquez, 8ᵉ	563 16 00
17	E9	Prévention Routière	6 av. Hoche, 8ᵉ	267 97 17
20	F15	Sécurité Routière	26 r. d'Enghien, 10ᵉ	770 92 91

Location de voitures
Car hire companies, Autovermietung, Coches de alquiler

3	B6	ALFA-interRent	Levallois - 113 r. A.-France	759 90 00
101	pli 14	Avis	La Défense - Tour Franklin	776 42 21
18	E11	Budget Train + Auto	20 r. de Clichy, 9ᵉ	281 02 20
41	L9	Cie Industr. Franç. Autom. (CIFA)	80 bd Garibaldi, 15ᵉ	567 35 24
46	L19	CITER	11 r. Erard, 12ᵉ	341 45 45
41	K9	EUROPCAR	42 av. de Saxe, 7ᵉ	273 35 20
29	H10	Hertz	Aérogare des Invalides, 7ᵉ	551 20 20
45	L18	Mattei	205 r. de Bercy, 12ᵉ	346 11 50
15	E6	Sté Internat. de Location	251 bd Pereire, 17ᵉ	574 98 64

Taxis-radio - ℡ 200 67 89 - 203 99 99 - 205 77 77 - 270 44 22 - 657 11 12 - 735 22 22 - 739 33 33.

Les compagnies de taxis-radio envoient aussitôt la voiture libre la plus proche du lieu de l'appel.

The nearest free taxi will be sent in answer to your call.

Auf Anruf schicken die Funktaxi-Gesellschaften den freien Wagen, der sich Ihrer Adresse am nächsten befindet.

Las compañias de radio-taxi le enviarán el coche libre más cercano al lugar de llamada.

Stations de taxis avec borne téléphonique
Taxi ranks with phone nos, Taxistationen mit Telefon, Paradas de taxis con teléfono.

Sur le plan, le signe 🅣 signale les stations disposant d'une borne téléphonique *(liste ci-dessous)* ou offrant au moins dix places réservées aux taxis.

1ᵉʳ Arrondissement

31	H13	pl. André-Malraux	260 61 40
32	J15	12 av. Victoria	233 20 99
30	G11	Métro Concorde	261 67 60

2ᵉ Arrondissement

| 19 | F13 | Pl. de l'Opéra | 742 75 75 |
| 20 | G16 | 19 bd St-Denis | 236 93 55 |

3ᵉ Arrondissement

| 32 | H16 | Square du Temple | 278 00 00 |
| 32 | H15 | 20 r. Beaubourg | 272 00 00 |

4ᵉ Arrondissement

| 32 | J16 | Métro St-Paul | 887 49 39 |
| 33 | K17 | Pont Sully | 277 59 88 |

5ᵉ Arrondissement

44	M15	Pl. des Gobelins	331 00 00
44	L15	Pl. Monge	587 15 95
44	K16	Pont de la Tournelle	325 92 99
43	L14	26 r. Soufflot	633 00 00
31	J14	Pl. St-Michel	329 63 66
32	K15	Pl. Maubert	634 10 32

6ᵉ Arrondissement

31	K13	Carrefour de l'Odéon	326 00 00
31	J13	Métro Mabillon	329 00 00
42	L11	Pl. du 18-Juin-1940	222 13 13
30	K12	Pl. A.-Deville	548 84 75

7ᵉ Arrondissement

28	H8	2 av. Bosquet	705 66 86
28	J8	36 av. La Bourdonnais	705 06 89
29	J9	28 av. de Tourville	705 00 00
30	J12	Métro R. du Bac	222 49 64
41	L10	Métro Duroc	567 00 00
29	H10	Métro La Tour-Maub.	555 78 42
30	H11	Métro Solférino	555 00 00
41	K10	Pl. de Breteuil	566 70 17
30	H11	Pl. Prés.-E.-Herriot	705 03 14
28	J7	Tour Eiffel	555 85 41

8ᵉ Arrondissement

17	F9	1 av. de Friedland	561 00 00
18	F11	8 bd Malesherbes	265 00 00
18	F11	44 bd Malesherbes	742 54 73
28	G8	Pl. de l'Alma	359 58 00
16	E8	Pl. des Ternes	763 00 00
17	G9	Rd-Pt Champs-Élysées	256 29 00

9ᵉ Arrondissement

18	D12	Pl. de Clichy	285 00 00
18	E12	Église de la Trinité	874 00 00
19	E14	Square Montholon	878 00 00
19	F14	9 r. Drouot	246 00 00

11ᵉ Arrondissement

34	K19	Métro Faidherbe-Chal.	372 00 00
34	G19	Métro Ménilmontant	355 64 00
34	H20	Métro Père-Lachaise	805 92 12
34	J19	Pl. Léon-Blum	379 00 00
47	K21	Pl. de la Nation	373 29 58
33	G17	Pl. de la République	355 92 64

12ᵉ Arrondissement

33	K18	Pl. de la Bastille	345 10 00
47	M21	Pl. Félix-Éboué	343 00 00
47	N22	Porte-Dorée	628 00 00

13ᵉ Arrondissement

55	N14	127 bd A.-Blanqui	580 00 00
57	P18	Carr. Patay-Tolbiac	583 00 00
57	P16	Pl. d'Italie	583 34 93
44	N16	Pl. Pinel	586 00 00
57	S17	Pte de Choisy	585 40 00
56	S16	Métro Pte d'Italie	586 00 44

14ᵉ Arrondissement

43	M13	172 bd Montparnasse	325 00 00
53	N10	Métro Plaisance	541 66 00
53	P9	Métro Pte de Vanves	539 87 33
43	N13	Pl. Denfert-Rochereau	354 00 01
54	R12	Pl. du 25-Août-1944	540 52 05
54	P12	Pl. Victor-Basch	545 00 00
55	P14	1 av. Reille	589 05 71

15ᵉ Arrondissement

40	M8	Mairie du 15ᵉ arr.	842 00 00
28	J7	Métro Bir-Hakeim	579 17 17
40	M7	Métro Boucicaut	558 15 00
40	M8	Métro Convention	250 00 00
40	K8	Métro La Motte-Picquet	566 00 00
41	L10	Métro Sèvres-Lecourbe	734 00 00
39	L6	Pl. Charles-Michels	578 20 00
40	N7	Pte de Versailles	828 00 00
41	N9	5 r. de Cronstadt	828 45 98
39	L5	Rd-Pt du Pont Mirabeau	577 48 00

16ᵉ Arrondissement

16	F7	1 av. Victor-Hugo	501 85 24
27	H6	10 bd Delessert	520 00 00
38	M4	23 bd Exelmans	525 93 91
27	H5	Gare Henri-Martin	504 00 00
27	K5	Maison de la Radio	224 99 99
26	K4	Métro Jasmin	525 13 13
27	J5	Métro Muette	288 00 00
39	L5	Pl. de Barcelone	527 11 11
27	K5	Pl. Clément-Ader	524 56 17
38	K4	Pl. Jean-Lorrain	527 00 00
15	G6	Pl. Victor-Hugo	553 00 11
28	H7	Pl. du Trocadéro	727 00 00
38	L3	Pl. de la Pte d'Auteuil	651 14 61
15	F5	Métro Pte Dauphine	553 00 00
38	L3	Pte Molitor	651 19 19
38	M3	Pl. de la Pte de St-Cloud	651 60 40

17ᵉ Arrondissement

18	D11	Mairie du 17ᵉ arr.	387 00 00
6	C11	Métro Brochant	627 00 00
17	D10	Métro Villiers	622 00 00
16	D8	Pl. Aimé-Maillart	622 40 70
16	F8	Pl. Ch.-de-Gaulle	381 01 99
16	D8	Pl. Maréchal-Juin	227 00 00
17	D9	Pl. du Nicaragua	267 59 67
17	E9	Pl. Républ. de l'Équateur	766 80 50
5	C9	Pte d'Asnières	380 00 00
16	D7	Pl. de la Pte de Champerret	766 22 77
5	B10	Pte de Clichy	627 90 06
6	B12	Pte de St-Ouen	263 00 00

18ᵉ Arrondissement

8	C15	Pl. du Château-Rouge	252 00 00
6	B12	Métro Guy-Môquet	228 00 00
7	B14	Métro Jules-Joffrin	606 00 00
19	D13	Pl. Blanche	257 00 00
20	D16	Pl. de la Chapelle	208 00 00
7	D14	Pl. du Tertre	259 00 00
7	A14	Pte de Clignancourt	258 00 00
7	C13	2 r. Damrémont	254 00 00

19ᵉ Arrondissement

22	F20	Église St-Jean-Baptiste	208 42 66
22	D19	Mairie du 19ᵉ arr.	206 00 00
22	E20	Métro Botzaris	205 00 00
21	E18	Pl. du Colonel-Fabien	607 00 00
23	E22	Pte des Lilas	202 71 40
11	C21	Pte de Pantin	607 21 10
10	A20	Pte de la Villette	208 64 00
9	C18	185 r. de Crimée	239 28 27

20ᵉ Arrondissement

35	H21	10 av. du Père Lachaise	636 00 00
23	G22	Pl. Paul-Signac	362 70 99
36	G23	Pl. de la Pte de Bagnolet	360 60 79
36	J23	Métro Pte de Montreuil	370 00 00

Pour répondre aux besoins des automobilistes, le plan de Paris (p. 2 à 60) met en évidence la largeur des rues et les sens interdits, les rues impraticables et les passages sous voûte, les parkings, les grands axes de pénétration et de sorties et les échangeurs.

Plan n°	Repère		Adresse	Téléphone
ou carte 101				

Chemins de fer
French Railways, Franz. Eisenbahn, Ferrocarriles franceses

18	E12	**Soc. Nat. Chemins de Fer Français** (SNCF) Direction Générale	88 r. St-Lazare, 9ᵉ	285 60 60
5	C10	— Rens. Voyageurs toutes gares		261 50 50
45	L17	**Gare d'Austerlitz**	55 quai d'Austerlitz, 13ᵉ	584 16 16
		Réservations et Trains-Autos-Couchettes		584 15 20
46	M19	**Gare de Bercy**	48 bis bd de Bercy, 12ᵉ	346 12 12
20	E16	**Gare de l'Est**	pl. du 11-Novembre-1918, 10ᵉ	208 49 90
		Réservations		240 11 22
		Réservations : Trains-Autos-Couchettes		607 81 25
29	H10	**Gare des Invalides**	Esplanade des Invalides, 7ᵉ	705 23 13
45	L18	**Gare de Lyon**	pl. Louis-Armand, 12ᵉ	345 92 22
		Réservations et Trains-Autos-Couchettes		345 93 33
42	M11	**Gare Montparnasse**	16-24 pl. Raoul-Dautry, 15ᵉ	538 52 29
41	M10	Réservations et Trains-Autos-Couchettes		538 52 39
20	E16	**Gare du Nord**	18 r. de Dunkerque, 10ᵉ	280 03 03
		Réservations, Trains-Autos-Couchettes et Trans-Europ-Express		878 87 54
18	E11	**Gare St-Lazare**	r. St-Lazare, 9ᵉ	538 52 29
		Réservations et Trains-Autos-Couchettes		387 91 70

Compagnies aériennes
French airlines, Franz. Fluggesellschaften, Compañías aéreas francesas

101	pli 7	**Aéroport du Bourget**	93 Le Bourget	862 12 12
—	pli 8	**Aéroport Charles-de-Gaulle**	95 Roissy-en-France	862 12 12
—	pli 26	**Aéroport d'Orly**	94 Orly - Aéroport (plan p. 67)	884 52 52
16	F8	**Air France**	119 av. des Champs-Élysées, 8ᵉ	299 23 64
30	G12	**Air Inter**	12 r. de Castiglione, 1ᵉʳ	260 36 46
29	H10	**Gare aérienne urbaine de Paris**	Esplanade des Invalides, 7ᵉ	323 97 10
29	H10	arrêt d'autocars : Invalides (vers Orly)	2 r. R.-Esnault-Pelterie, 7ᵉ	323 97 10
15	E6	arrêt d'autocars : Palais des Congrès (vers Roissy)		299 20 18
39	N5	**Héliport de Paris**	4 av. de la Pte de Sèvres, 15ᵉ	(2ᵉ sous-sol)
18	F11	**Union Transports Aériens** (UTA)	3 bd Malesherbes, 8ᵉ	266 30 30

Compagnies aériennes étrangères, voir p. 56 à 66.

Compagnies maritimes, *French shipping companies,*
Franz. Schiffahrtsgesellschaften,
Compañías marítimas francesas

65		**Cie Générale Maritime** (Siège)	La Défense - Tour Winterthur	776 70 00
18	F11	**Normandy-Ferries**	9 pl. de la Madeleine, 8ᵉ	266 40 17
18	F11	**Paquet**	5 bd Malesherbes, 8ᵉ	266 57 59
18	F12	**Sté Nat. Maritime Corse-Méditerranée**	12 r. Godot-de-Mauroy, 9ᵉ	266 67 98

Informations routières par téléphone,
Traffic information,
Verkehrsinformationen,
Información telefónica del estado de las carreteras

F.I.P. 514 (circulation à Paris)		525 50 50
Radio-France-Inter-Route (Ile de France)		858 33 33
Centre Régional d'Information et de Coordination Routière d'Ile de France		898 92 18

NOTES

NOTES

LÉGENDE

SIGNES CONVENTIONNELS

Voirie

Autoroute, boulevard périphérique
Rue en construction, interdite ou impraticable
Rue à sens unique, en escalier
Allée dans parc et cimetière - Rue piétonne
Chemin de fer, métro aérien
Passage sous voûte, tunnel

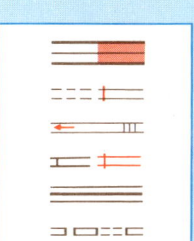

Bâtiments (avec entrée principale)

Repère important - Autre bâtiment repère
Culte catholique ou orthodoxe
Culte protestant - Synagogue
Caserne - Caserne de Sapeurs-Pompiers
Hôpital, hospice - Marché couvert
Bureau de poste - Commissariat de police

Sports et Loisirs

Piscine de plein air, couverte
Patinoire
Stade - Stade olympique - Terrain d'éducation physique
Centre hippique - Hippodrome
Aviron - Canoë-kayak - Ski nautique
Motonautisme - Club de voile

Signes divers

Monument - Fontaine - Usine
Station taxi - Station de métro
Parking avec entrée
Station-service ouverte nuit et jour
Numéro d'immeuble
Limite de Paris et de département
Limite d'arrondissement et de commune
Repère du carroyage
Repère commun à la carte Michelin nº 101

Pa. At. 7

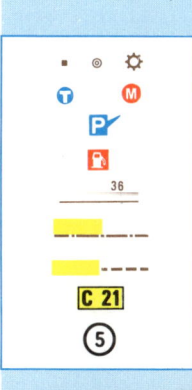

99

CONVENTIONAL SIGNS

Roads and railways
.... Motorway, ring road
.... Street under construction, No entry - unsuitable for traffic
.... One-way street - Stepped street - Pedestrian street
.... Arch, tunnel

Buildings (with main entrance)
.... Reference point : large building, other building
Catholic or orthodox church - Protestant church - Synagogue
.... Barracks - Police station - Fire station
Hospital, old people's home - Post office - Covered market

Sports - Leisure activities
.... Outdoor, indoor swimming pool - Skating rink
.... Olympic Stadium - Sports ground

Miscellaneous
Monument - Fountain - Factory - House no. in street
.... Main taxi ranks - Metro station
Car park showing entrance - 24 hour petrol station
.... Paris limits ; adjoining departments
« Arrondissement » and « commune » boundaries
.... Map grid reference number
Reference no. common to Michelin map no. **101**
(Secteur en travaux) : Work in progress

ZEICHENERKLÄRUNG

Verkehrswege
.... Autobahn - Stadtautobahn
.... Straße im Bau - für Kfz gesperrt, nicht befahrbar
Einbahnstraße - Treppenstraße - Fußgängerstraße
.... Gewölbedurchgang - Tunnel

Gebäude (mit Haupteingang)
...... Wichtiger Orientierungspunkt - Sonstiger Orientierungspunkt
...... Katholische oder orthodoxe Kirche - Evangelische Kirche - Synagoge
.... Kaserne - Polizeirevier - Feuerwehr
...... Krankenhaus, Altersheim - Postamt - Markthalle

Sport - Freizeit
.... Freibad - Hallenbad - Schlittschuhbahn
Olympianormen entsprechendes Stadion - Sportplatz

Verschiedene Zeichen
Denkmal - Brunnen - Fabrik - Hausnummer
.... Größere Taxistation - Metrostation
Parkplatz und Einfahrt - Tag und Nacht geöffnete Tankstelle
.... Grenze : Pariser Stadtgebiet u. Departement
.... Arrondissement und Vorortgemeinde
.... Nr. des Planquadrates
Referenz-Zeichen für die Michelin-Karte Nr. **101**
(Secteur en travaux) : Das Viertel wird neugestaltet

SIGNOS CONVENCIONALES

Vías de circulación
Autopista, autovía de circunvalación . . . .
Calle en construcción, prohibida, impracticable . . . .
Calle de sentido único, con escalera - Calle peatonal . . . . .
Paso abovedado, túnel . . . .

Edificios (y entrada principal)
Gran edificio, punto de referencia - Otro edificio, punto de referencia . . . .
Iglesia católica u ortodoxa - Culto protestante - Sinagoga . . . .
Cuartel - Comisaría de Policía - Parque de Bomberos . . . .
Hospital, hospicio - Oficina de Correos - Mercado cubierto . . . . . .

Deportes y Distracciones
Piscina al aire libre, cubierta - Pista de patinaje . . . .
Estadio olímpico - Terreno de educación física . . . .

Signos diversos
Monumento - Fuente - Fábrica - Número del edificio . . . .
Estación principal de taxis - Boca de metro . . . .
Aparcamiento y entrada - Estación de servicio abierta día y noche . . . . .
Límite de París departamento . . . .
Límite de distrito o de municipio . . . .
Referencia de la cuadrícula del plano . . . .
Referencia común al mapa Michelin No. **101**
(Secteur en travaux) : Sector en obras

pliage accordéon

101

LIGNES URBAINES D'AUTOBUS (par sections)
LIST OF CITY BUSES (showing stages)

Service général de 7 h à 20 h 30 — Normal service from 7 am to 8.30 pm

service assuré jusqu'à minuit   ■   buses running to midnight

service assuré les dimanches et fêtes   ●   buses running on Sundays and holidays

20 ● Gare St-Lazare — Opéra — Sentier/Poissonnière-Bonne Nouvelle — République — Bastille — Gare de Lyon.

21 ■ ● Gare St-Lazare — Opéra — Palais Royal — Châtelet — Gare du Luxembourg — Berthollet-Vauquelin — Glacière-Auguste Blanqui — Pte de Gentilly.

22 Opéra — Pasquier-Anjou/Gare St-Lazare — Haussmann-Courcelles — Ch. de Gaulle-Etoile — Trocadéro — La Muette-Gare de Passy — Chardon Lagache-Molitor/Pt Mirabeau — Pte de St-Cloud.

24 Gare St-Lazare — Concorde — Pt du Carrousel/Pt Royal — Pt Neuf — Maubert-Mutualité/Pt de l'Archevêché — Gare d'Austerlitz — Bercy-Rapée — Pt National — Charenton-Pt de Conflans — Alfort-Ecole Vétérinaire.

26 ■ ● Gare St-Lazare — Carrefour de Châteaudun — La Fayette-St-Quentin-Gare du Nord/Magenta-Maubeuge-Gare du Nord — Jaurès-Stalingrad — Botzaris-Buttes Chaumont — Pyrénées-Ménilmontant — Pyrénées-Bagnolet — Cours de Vincennes.

27 ● Gare St-Lazare — Opéra — Palais Royal — Pt Neuf — Gare du Luxembourg — Berthollet-Vauquelin — Pl. d'Italie — Nationale — Pte de Vitry (■ : Pt Neuf — Pte de Vitry).

28 Gare St-Lazare — St-Philippe du Roule/Matignon-St-Honoré — Pt des Invalides — Ecole Militaire — Breteuil — Losserand — Pte d'Orléans.

29 Gare St-Lazare — Opéra — E. Marcel-Montmartre — Archives-Rambuteau/Archives-Haudriettes — Bastille — Gare de Lyon/Daumesnil-Diderot — Daumesnil-F. Eboué — Pte de Montempoivre.

30 Gare de l'Est — Barbès-Rochechouart — Pigalle — Pl. de Clichy — Malesherbes-Courcelles — Ch. de Gaulle-Etoile — Trocadéro.

31 ■ ● Gare de l'Est — Barbès-Rochechouart — Mairie du 18e — Vauvenargues — Brochant-Cardinet — Jouffroy-Malesherbes — Ch. de Gaulle-Etoile.

32 Gare de l'Est — Carrefour de Châteaudun — Gare St-Lazare — St-Philippe du Roule/Matignon-St-Honoré — Marceau-Pierre 1er de Serbie — Trocadéro — La Muette - Gare de Passy — Pte de Passy.

38 Gare de l'Est — Réaumur-Arts et Métiers/Réaumur-Sébastopol — Châtelet — Gare du Luxembourg — Denfert Rochereau — Pte d'Orléans (■ ● : Châtelet — Pte d'Orléans).

39 Gare de l'Est — Poissonnière-Bonne Nouvelle/Sentier — Richelieu-4 Septembre — Palais Royal — St-Germain des Prés — Hôp. des Enfants Malades — Mairie du 15e/Vaugirard-Favorites — Pte de Versailles.

42 Gare du Nord — Carrefour de Châteaudun/Le Peletier — Opéra — Concorde — Alma-Marceau — Champ de Mars — Charles Michels — Balard-Lecourbe.

43 Gare du Nord — Carrefour de Châteaudun — Gare St-Lazare — Haussmann-Courcelles — Ternes — Pte des Ternes — Neuilly-St-Pierre — Pt de Neuilly — Neuilly-Pl. de Bagatelle (● : Gare St-Lazare — Neuilly-Bagatelle).

46 ● Gare du Nord — Gare de l'Est — Goncourt — Voltaire-L. Blum — Faidherbe-Chaligny — Daumesnil-F. Eboué — Pte Dorée — St-Mandé-Demi Lune-Zoo (service partiel jusqu'au Parc floral d'avril à septembre).

47 Gare du Nord — Gare de l'Est — Réaumur-Arts et Métiers/Réaumur-Sébastopol — Châtelet — Maubert-Mutualité — Censier-Daubenton — Pl. d'Italie — Pte d'Italie — Le Kremlin Bicêtre-Hôpital (service partiel jusqu'au Fort de Bicêtre).

48 Gare du Nord — Petites Ecuries/Cadet — Richelieu-4 Septembre/Réaumur-Montmartre — Palais Royal — St-Germain des Prés — Gare Montparnasse/pl. du 18 Juin 1940 — Institut Pasteur — Pte de Vanves.

49 Gare du Nord — Carrefour de Châteaudun — Gare St-Lazare — St-Philippe du Roule/Matignon-St-Honoré — Pt des Invalides — Ecole Militaire — Mairie du 15e/Vaugirard-Favorites — Pte de Versailles.

52 ● Opéra — Concorde/Boissy d'Anglas — St-Philippe du Roule — Ch. de Gaulle-Etoile — Belles Feuilles — La Muette — Pte d'Auteuil — Boulogne-Château — Pt de St-Cloud (■ : Ch. de Gaulle-Etoile — Pte d'Auteuil).

53 Opéra — Gare St-Lazare — Legendre — Pte d'Asnières — Levallois Perret-G. Eiffel.

54 République — Gare de l'Est — Barbès-Rochechouart — Pigalle — La Fourche — Pte de Clichy — Clichy-Landy-Martre/Clichy-Casanova — Asnières Gennevilliers-Gabriel Péri.

56 Pte de Clignancourt — Barbès-Rochechouart — Gare de l'Est — République — Voltaire-L. Blum — Nation — Pte de St-Mandé — Vincennes-Laitières — Chât. de Vincennes.

57 Gare de Lyon — Gare d'Austerlitz — Pl. d'Italie — Poterne des Peupliers — Mairie de Gentilly.

58 Hôtel de Ville — Pt Neuf — Palais du Luxembourg — Gare Montparnasse/pl. du 18 Juin 1940 — Château - Mairie du 14e — Pte de Vanves — Vanves-Lycée Michelet.

60 Gambetta — Borrégo — Botzaris — Ourcq-Jaurès — Crimée — Ordener-Marx Dormoy — Mairie du 18e — Pte de Montmartre.

61 Gare d'Austerlitz — Ledru Rollin-Fbg St-Antoine — Roquette-Père Lachaise — Gambetta — Pte des Lilas — Pré St-Gervais-Pl. Jean Jaurès.

62 ■ ● Cours de Vincennes — Daumesnil-F. Eboué — Pt de Tolbiac — Italie-Tolbiac — Glacière-Tolbiac — Alésia-Gal. Leclerc — Vercingétorix — Convention-Vaugirard — Convention-St-Charles — Chardon Lagache-Molitor/Michel Ange-Auteuil — Pte de St-Cloud.

102

STÄDTISCHE AUTOBUSLINIEN (nach Streckenabschnitten)
LÍNEAS URBANAS (por secciones)

Normaler Busverkehr von 7 bis 20.30 Uhr — Circulación general de 7 h a 20 h 30

Busverkehr bis 24 Uhr ■ servicio hasta las 24 h
Busverkehr auch an Sonn- und Feiertagen ● servicio los domingos y festivos

63 ■ ● Gare de Lyon — Gare d'Austerlitz — Monge-Mutualité/Maubert-Mutualité — St-Sulpice/St-Germain des Prés — Solférino-Bellechasse — Pt des Invalides-Quai d'Orsay — Alma-Marceau — Trocadéro — Pte de la Muette.

65 Gare d'Austerlitz — Bastille — République — Gare de l'Est — Pl. Chapelle — Pte de la Chapelle — Aubervilliers-La Haie Coq — Mairie d'Aubervilliers (● : Pte de la Chapelle — Mairie d'Aubervilliers).

66 Opéra — Gare St-Lazare/Rome-Haussmann — Sq. des Batignolles — Pte Pouchet — Clichy-Bd V. Hugo.

67 Pigalle — Carrefour Châteaudun — Richelieu-4 Septembre/Réaumur-Montmartre — Palais Royal/Louvre-Rivoli — Hôtel de Ville — St-Germain-Cardinal Lemoine — Buffon-Mosquée — Pl. d'Italie — Pte de Gentilly.

68 Pl. de Clichy — Trinité — Opéra — Pt Royal — Sèvres-Babylone — Vavin — Denfert Rochereau — Pte d'Orléans — Montrouge-Etats Unis/Montrouge-Verdier-République — Cim. Bagneux (● : Pte d'Orléans — Cim. Bagneux).

69 Gambetta — Roquette-Père Lachaise — Bastille — Hôtel de Ville — Palais Royal/Pt Carrousel — Grenelle-Bellechasse/Solférino-Bellechasse — Invalides-La Tour Maubourg/La Tour Maubourg-St-Dominique — Champ de Mars.

70 Hôtel de Ville — Pt Neuf — St-Sulpice/St-Germain des Prés — Hôp. des Enfants Malades — Peclet — Charles Michels — Pl. du Dr Hayem.

72 Hôtel de Ville — Palais Royal/Pt Carrousel — Concorde — Alma-Marceau — Pt Bir Hakeim — Pt Mirabeau — Pte St-Cloud — Boulogne Billancourt-J. Jaurès — Pt St-Cloud (● : Concorde — ■ : Pte St-Cloud — Pt St-Cloud).

73 Gare d'Orsay — Concorde — Rond Point des Champs Elysées — Ch. de Gaulle-Etoile — Pte Maillot — Neuilly-Hôtel de Ville — Pt de Neuilly — La Défense.

74 Hôtel de Ville — Louvre-Rivoli — Réaumur-Montmartre/Richelieu-4 Septembre — Carrefour de Châteaudun — La Fourche — Pte de Clichy — Clichy-V. Hugo — Clichy-Hôp. Beaujon (■ ● : Pte Clichy — Hôp. Beaujon).

75 Pt Neuf — Archives-Haudriettes/Grenier St-Lazare — République — Grange aux Belles — Armand Carrel-Mairie du 19ᵉ — Pte de Pantin.

76 Louvre — Hôtel de Ville — Bastille — Charonne-Ph. Auguste — Pte de Bagnolet — Mairie de Bagnolet — Bagnolet-Malassis.

80 ■ ● Mairie du 15ᵉ — Ecole Militaire — Alma-Marceau — Matignon-St-Honoré/St-Philippe du Roule — Gare St-Lazare — Damrémont-Caulaincourt — Mairie du 18ᵉ (*les dimanches et fêtes seulement, prolongement de ligne Mairie du 18ᵉ — Mairie du 15ᵉ jusqu'à la Pte de Versailles*).

81 Châtelet — Palais Royal — Opéra — Trinité/Gare St-Lazare — La Fourche — Pte de St-Ouen.

82 ● Gare du Luxembourg — Pl. du 18 juin 1940 — Oudinot — Ecole Militaire — Champ de Mars — Kléber-Boissière — Pte Maillot — Neuilly-St-Pierre — Neuilly-Hôpital Américain.

83 Pl. d'Italie — Gobelins — Observatoire — Sèvres-Babylone — Solférino — Pt des Invalides/Gare des Invalides — St-Philippe du Roule — Ternes — Pte de Champerret — Levallois-Pl. de la Libération.

84 Panthéon — Gare du Luxembourg — Sèvres-Babylone — Solférino-Bellechasse — Concorde — St-Augustin — Courcelles — Pte de Champerret.

85 Gare du Luxembourg — Châtelet — Louvre-Rivoli — Réaumur-Montmartre/Richelieu-4 Septembre — Cadet/Carrefour de Châteaudun — Muller — Pte Clignancourt — Mairie St-Ouen (■ ● : Pte Clignancourt — Mairie St-Ouen).

86 St-Germain des Prés — Mutualité — Bastille — Faidherbe-Chaligny — Pyrénées/Pte de Vincennes — St-Mandé-Tourelle — St-Mandé-Demi Lune-Zoo.

87 Champ de Mars — Ecole Militaire — Duroc-Oudinot/Vaneau-Babylone — St-Germain des Prés/St-Sulpice — Mutualité — Bastille — Gare de Lyon — Charenton-Wattignies — Porte de Reuilly.

89 Gare d'Austerlitz — Cardinal Lemoine-Monge — Gare Luxembourg — Pl. du 18 Juin 1940 — Cambronne-Vaugirard/Vaugirard-Favorites — Pte de Plaisance — Vanves-Lycée Michelet.

91 ■ ● Gare Montparnasse — Observatoire-Port Royal — Gobelins — Gare d'Austerlitz — Bastille.

92 ■ ● Gare Montparnasse — Oudinot — Ecole Militaire — Alma-Marceau — Ch. de Gaulle-Etoile — Pte de Champerret.

94 Gare Montparnasse — Sèvres-Babylone — Solférino-Bellechasse — Concorde — St-Augustin — Malesherbes-Courcelles — Pte d'Asnières Lovalloic Av. de la République.

95 ■ ● Gare Montparnasse — St-Germain des Prés — Palais Royal — Opéra — Gare St-Lazare — Damrémont-Caulaincourt — Pte de Montmartre.

96 ● Gare Montparnasse — St-Germain des Prés — St-Michel — Hôtel de Ville — Turenne-Francs Bourgeois — Parmentier-République — Pyrénées-Ménilmontant — Pte des Lilas (■ : Châtelet — Pte des Lilas).

PC ● Pte Auteuil — Pte Passy — Longchamp — Pte Maillot — Pte Champerret — Pte Clichy — Pte St-Ouen — Pte Clignancourt — Pte Chapelle — Pte Villette — Pte Chaumont — Pte Lilas — Pte Bagnolet — Pte Vincennes — Pte Charenton — Pte Vitry — Pte Italie — Cité Universitaire — Pte Orléans — Pte Vanves — Pte Versailles — Bd Victor — Pte Auteuil (■ les samedis, dimanches, fêtes et veilles de fêtes).

Montmartrobus ● Pigalle — Sacré-Cœur — Mairie du 18ᵉ.

103

PARIS AUTOBUS

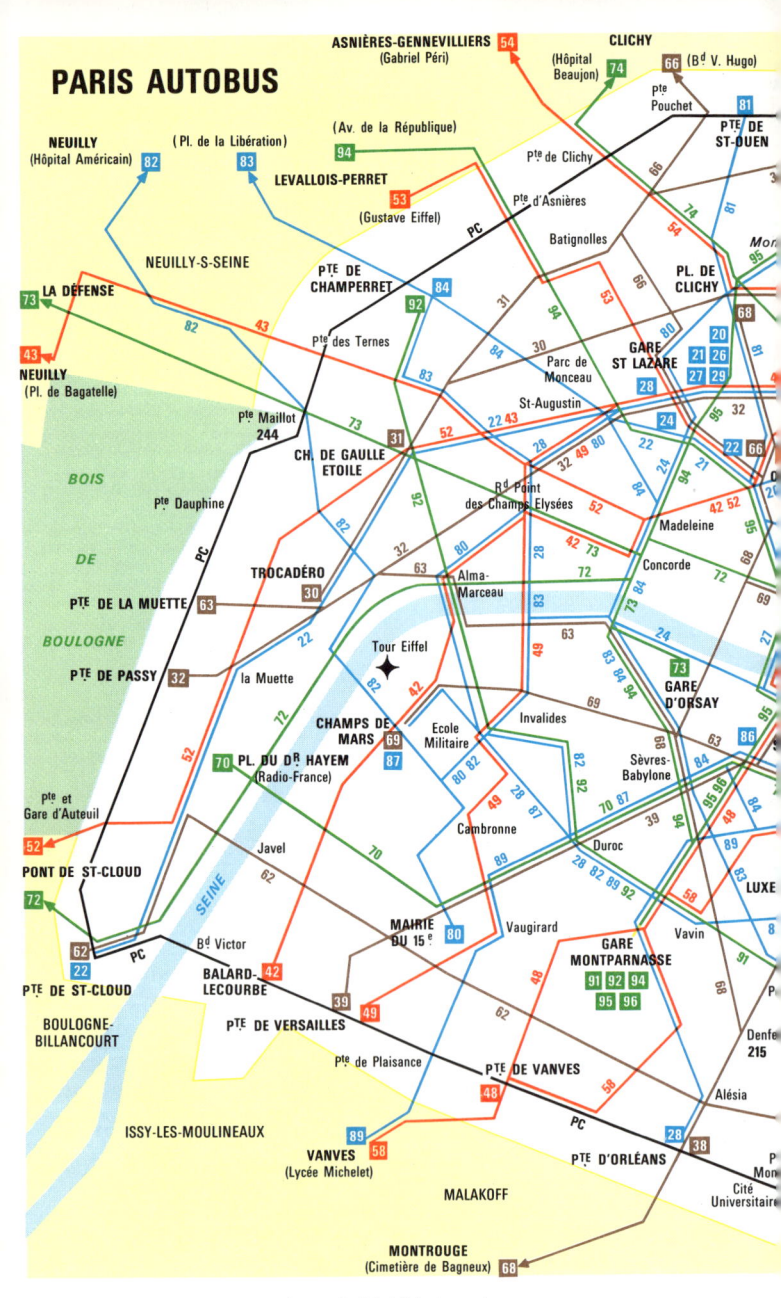

Service de nuit : *un passage par heure de 1 h à 6 h du matin.*
Night services : *hourly between 1 and 6 am.*

NA	Châtelet — Rivoli — Louvre — Opéra — Madeleine — Concorde — Champs Élysées — Pl. Charles de Gaulle-Étoile — Pte Maillot — Pt de Neuilly — La Défense.
NB	Châtelet — Rivoli — Louvre — Opéra — St-Lazare — Av. Villiers — Pte Champerret — Levallois-Mairie.
NC	Châtelet — Rivoli — Louvre — Bourse — Pigalle — Pl. Clichy — Pte Clichy — Clichy-Mairie.
ND	Châtelet — Rivoli — Louvre — Bourse — Le Peletier — Gare du Nord — Bd Barbès — Pte de Clignancourt — St-Ouen-Mairie.
NE	Châtelet — Bd Sébastopol/R. Beaubourg — Gare de l'Est — Stalingrad — Pte Pantin — Pantin-Église.

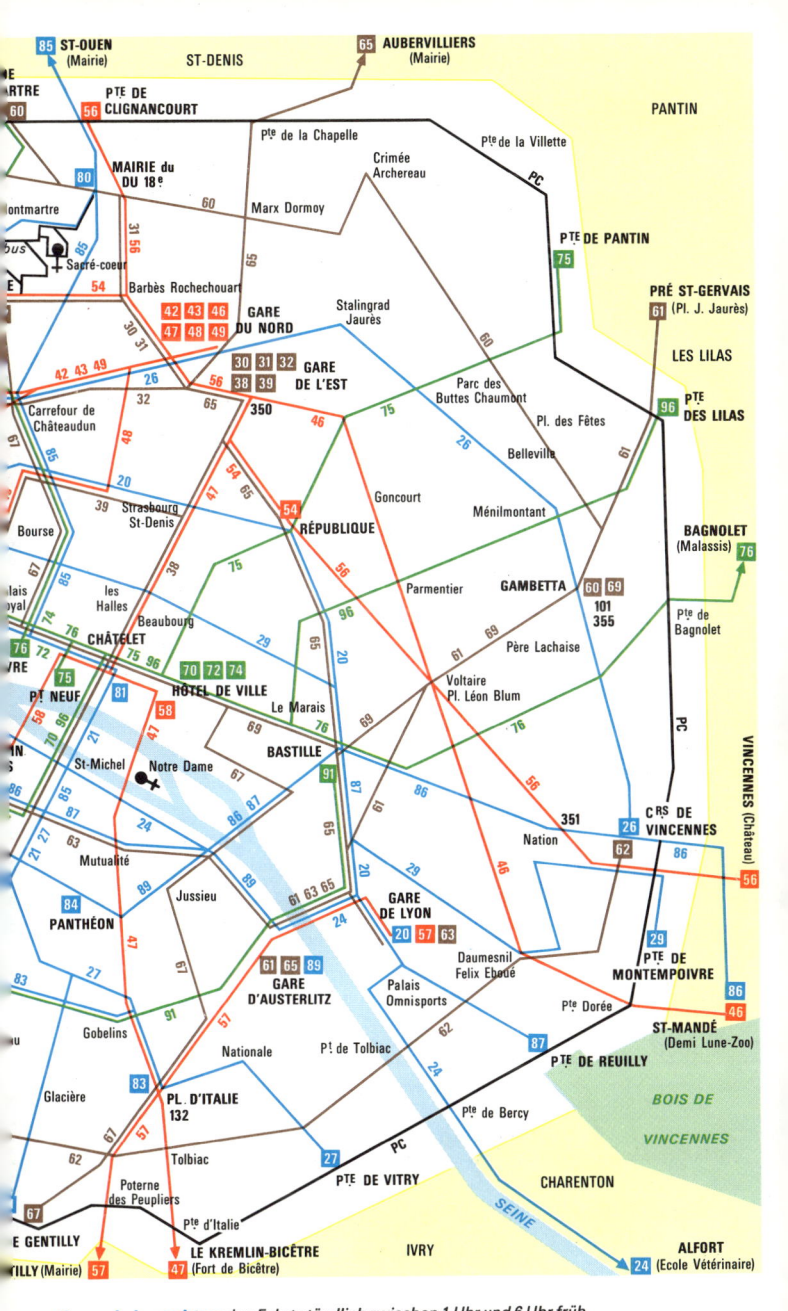

Busverkehr nachts : eine Fahrt stündlich zwischen 1 Uhr und 6 Uhr früh.
Líneas nocturnas : todas las horas de 1 h a 6 h de la mañana.

NF	Châtelet — Bd Sébastopol/R. Beaubourg — R. Réaumur — République — R. du Fg du Temple/Couronnes — R. de Belleville — Pte Lilas — Lilas-Mairie.
NG	Châtelet — Bd Sébastopol/R. Beaubourg — R. Réaumur — République — Bd Voltaire — Père Lachaise — Pl. Gambetta — Pte Bagnolet — Montreuil-Mairie.
NH	Châtelet — St-Gervais/Rivoli — R. St-Antoine — Bastille — Nation — Château Vincennes.
NJ	Châtelet — Bd St-Michel — Denfert Rochereau — Pte d'Orléans.
285 R	Châtelet — Pte Italie — Marché de Rungis *(du lundi matin au samedi matin).*

105

MÉTRO

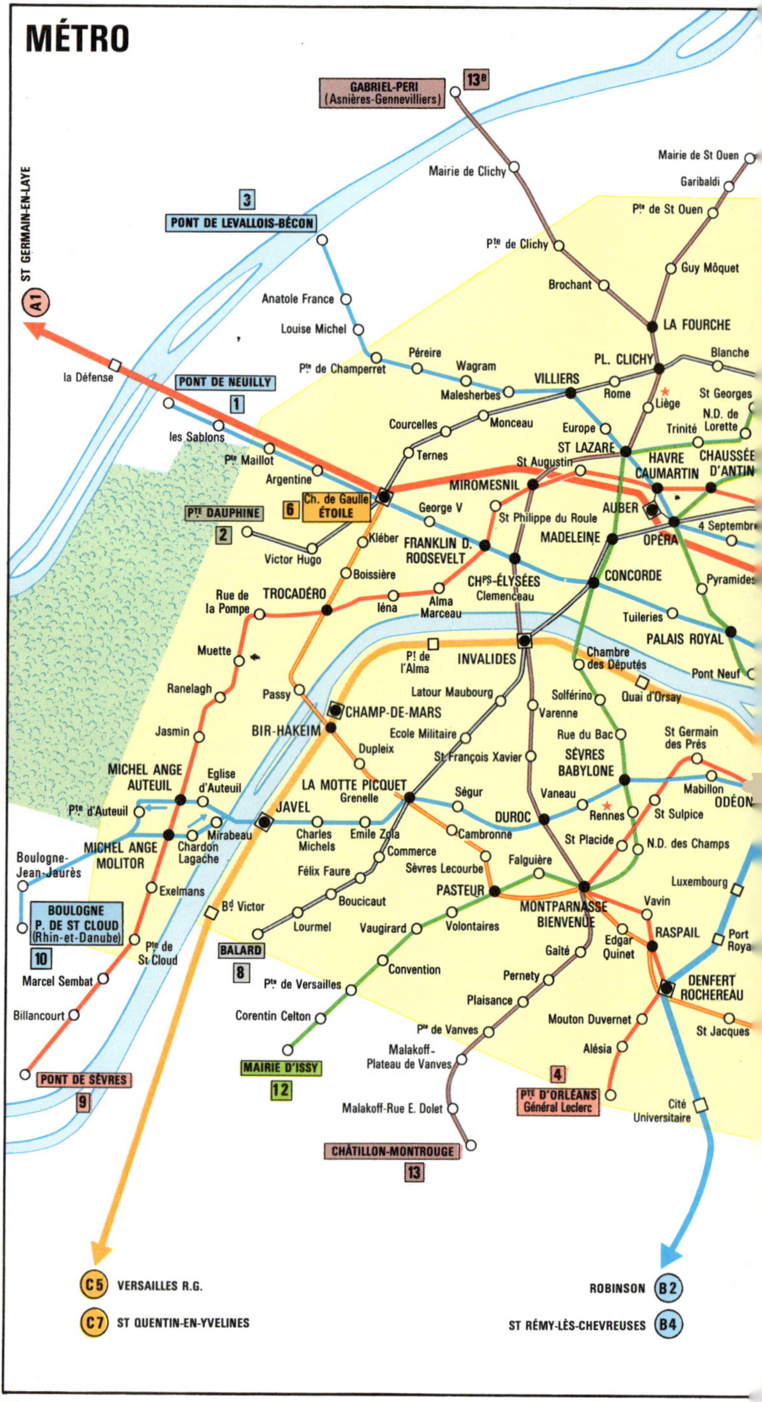

GABRIEL-PERI (Asnières-Gennevilliers)
13B
Mairie de Clichy
Pte de Clichy
Brochant
LA FOURCHE
Mairie de St Ouen
Garibaldi
Pte de St Ouen
Guy Môquet
3
PONT DE LEVALLOIS-BÉCON
Anatole France
Louise Michel
Pte de Champerret
Péreire
Wagram
Malesherbes
VILLIERS
PL. CLICHY
Blanche
Rome
Liège
St Georges
N.D. de Lorette
Trinité
A1
ST GERMAIN-EN-LAYE
la Défense
PONT DE NEUILLY
1
les Sablons
Pte Maillot
Argentine
Courcelles
Monceau
Ternes
Europe
ST LAZARE
St Augustin
HAVRE CAUMARTIN
CHAUSSÉE D'ANTIN
MIROMESNIL
AUBER
Ch. de Gaulle ÉTOILE
6
PTE DAUPHINE
2
Victor Hugo
Kléber
George V
St Philippe du Roule
MADELEINE
OPÉRA
4 Septembre
FRANKLIN D. ROOSEVELT
Boissière
CHPS-ÉLYSÉES Clemenceau
CONCORDE
Pyramides
Rue de la Pompe
TROCADÉRO
Iéna
Alma Marceau
Tuileries
PALAIS ROYAL
Muette
Pt de l'Alma
INVALIDES
Chambre des Députés
Pont Neuf
Ranelagh
Passy
Latour Maubourg
Solférino
Quai d'Orsay
CHAMP-DE-MARS
Varenne
Jasmin
BIR-HAKEIM
Ecole Militaire
Rue du Bac
St Germain des Prés
Dupleix
St François Xavier
SÈVRES BABYLONE
MICHEL ANGE AUTEUIL
Eglise d'Auteuil
LA MOTTE PICQUET Grenelle
Mabillon
Pte d'Auteuil
JAVEL
Ségur
Vaneau
ODÉON
Rennes
St Sulpice
DUROC
Mirabeau
Charles Michels
Emile Zola
Cambronne
MICHEL ANGE MOLITOR
Chardon Lagache
St Placide
N.D. des Champs
Commerce
Boulogne-Jean-Jaurès
Félix Faure
Sèvres Lecourbe
Falguière
Luxembourg
Exelmans
Boucicaut
PASTEUR
MONTPARNASSE BIENVENÜE
Vavin
BOULOGNE P. DE ST CLOUD (Rhin-et-Danube)
Bd Victor
Lourmel
Vaugirard
Volontaires
RASPAIL
Port Royal
10
Pte de St Cloud
BALARD
8
Edgar Quinet
Gaîté
Convention
DENFERT ROCHEREAU
Marcel Sembat
Pte de Versailles
Pernety
Plaisance
Billancourt
Corentin Celton
Mouton Duvernet
St Jacques
Pte de Vanves
Alésia
Malakoff-Plateau de Vanves
PONT DE SÈVRES
9
MAIRIE D'ISSY
12
4
PTE D'ORLÉANS Général Leclerc
Cité Universitaire
Malakoff-Rue E. Dolet
CHÂTILLON-MONTROUGE
13
C5 VERSAILLES R.G.
C7 ST QUENTIN-EN-YVELINES
ROBINSON B2
ST RÉMY-LÈS-CHEVREUSES B4

B3 ROISSY-AÉROPORT CHARLES-DE-GAULLE
B5 MITRY-CLAYE
4 ROUTES-LA COURNEUVE
7 FORT D'AUBERVILLIERS
13 ST DENIS-BASILIQUE (Hôtel-de-Ville)
St Denis-Pte de Paris
Carrefour Pleyel
Pte DE CLIGNANCOURT 4
Pte DE LA CHAPELLE 12
Aubervilliers-Pantin Quatre Chemins
BOBIGNY (Préfecture) 5
Simplon
Corentin Cariou
Pte de la Villette
Jules Joffrin
MARCADET POISSONNIERS
Marx Dormoy
Crimée
ÉGLISE DE PANTIN
mi-1985
Carrefour des Limites
Lamarck Caulaincourt
Château Rouge
Riquet
Pte de Pantin
Hoche
Abbesses
LA CHAPELLE
STALINGRAD
Laumière
Ourcq
Anvers
PIGALLE
BARBÈS ROCHECHOUART
7B LOUIS-BLANC
JAURÈS
GARE DU NORD
Poissonnière
Cadet
Buttes Chaumont
Danube
PRÉ-ST-GERVAIS 7B
Bolivar
Botzaris
MAIRIE DES LILAS 11
Château Landon
Le Peletier
GARE DE L'EST
Colonel Fabien
Jourdain
Télégraphe
Pte DES LILAS 3B
RICHELIEU DROUOT
Château d'Eau
Jacques Bonsergent
Pyrénées
PLACE DES FÊTES
Rue Montmartre
STRASBOURG ST DENIS
Goncourt
BELLEVILLE
St Fargeau
Pelleport
Bonne Nouvelle
Bourse
Sentier
RÉPUBLIQUE
Couronnes
3B GAMBETTA
GALLIENI 3
Temple
Étienne Marcel
RÉAUMUR SÉBASTOPOL
ARTS ET MÉTIERS
Parmentier
Ménilmontant
Pte de Bagnolet
LES HALLES
CHÂTELET-LES HALLES
St Maur
Filles du Calvaire
OBERKAMPF
PÈRE LACHAISE
Louvre
Rambuteau
St Sébastien Froissart
Richard Lenoir
St Ambroise
Philippe Auguste
9 MAIRIE DE MONTREUIL
CHÂTELET 11
HÔTEL DE VILLE
Chemin Vert
Voltaire
Alexandre Dumas
Robespierre
Croix de Chavaux
Bréguet Sabin
Charonne
Cité
St Paul
Avron
Pte de Montreuil
TORCY (Marne-la-Vallée)
R. des Boulets
Maraichers
ST MICHEL
Pont Marie
BASTILLE
Ledru Rollin
Buzenval
A4
Sully Morland
2 NATION
Pte de Vincennes
St Mandé Tourelle
VINCENNES
Faidherbe Chaligny
Maubert Mutualité
REUILLY DIDEROT
6
Bérault
1
A2
BOISSY-ST-LÉGER
CHÂTEAU DE VINCENNES
Cardinal Lemoine
JUSSIEU
Quai de la Rapée
Picpus
GARE DE LYON
Montgallet
Monge
Bel Air
Censier Daubenton
St Marcel
GARE D'AUSTERLITZ 10
Bercy
Dugommier
DAUMESNIL
Michel Bizot
Gobelins
Campo-Formio
Quai de la Gare
Porte Dorée
Chevaleret
Glacière
Nationale
Pte de Charenton
Corvisart
PLACE D'ITALIE 5
Bd Masséna
Liberté
Tolbiac
Pte d'Ivry
Charenton Ecoles
Pierre Curie
MAISON BLANCHE
Pte de Choisy
Alfort-École Vétérinaire
Pte d'Italie
7 MAIRIE D'IVRY
Maisons-Alfort-Stade
KREMLIN-BICÊTRE
Maisons-Alfort-les-Juilliottes
Créteil-l'Échat-Hôp. H. Mondor
Villejuif-Henri Barbusse
mi-1985
Créteil-Université
MASSY-PALAISEAU C2
Villejuif-Paul Vaillant Couturier (Hôpital Paul Brousse)
8 CRÉTEIL-PRÉFECTURE (Hôtel-de-Ville)
DOURDAN C4
7 VILLEJUIF (Louis Aragon)
ST MARTIN D'ÉTAMPES C6

RÉSEAU EXPRESS RÉGIONAL (R E R)

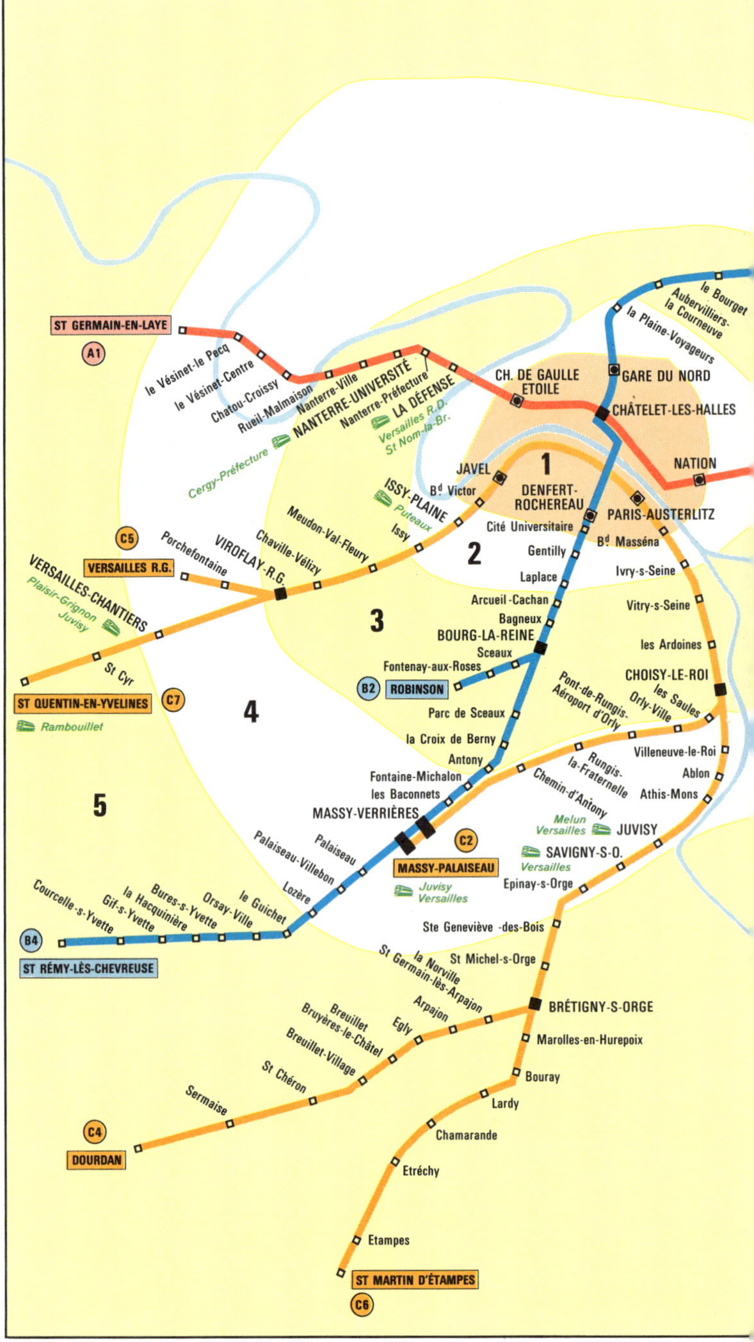

R.E.R.   MÉTRO

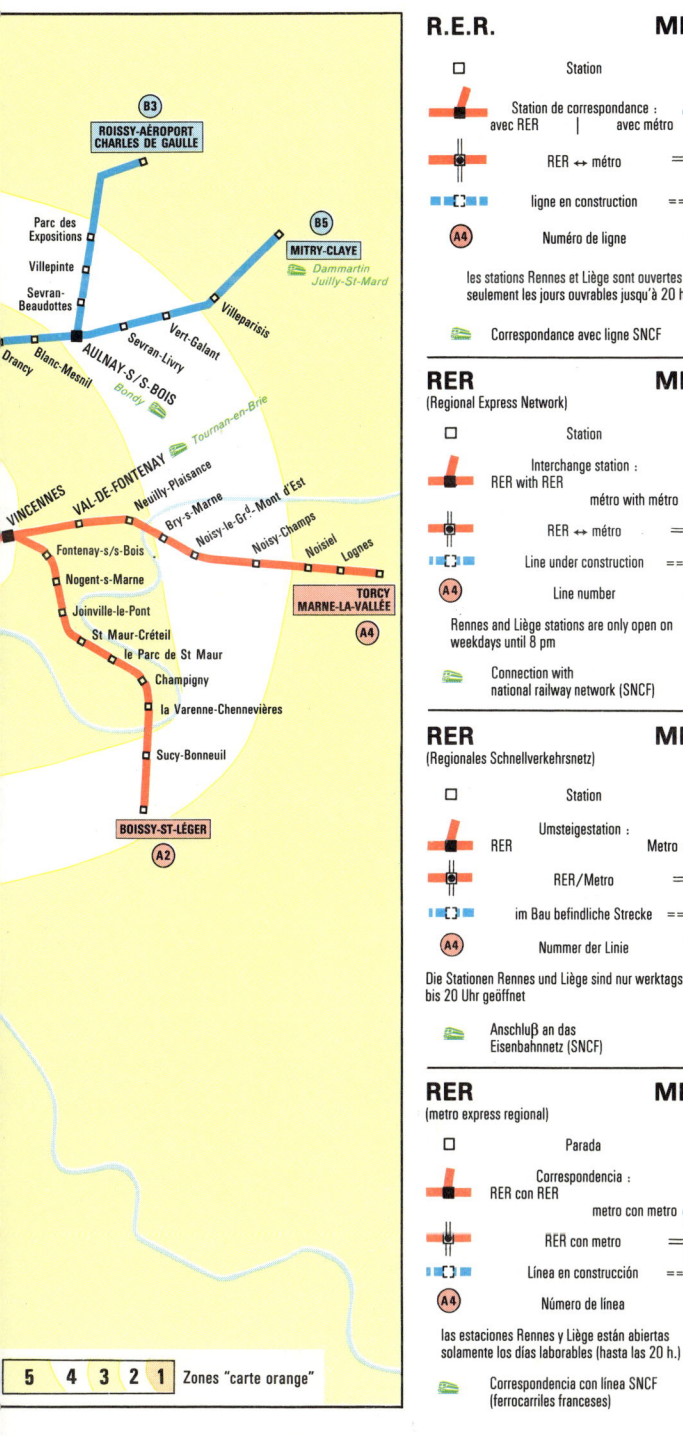

☐	Station	○
■	Station de correspondance : avec RER | avec métro	⊕
	RER ↔ métro	
▭	ligne en construction	===◇===
(A4)	Numéro de ligne	[4]

★ les stations Rennes et Liège sont ouvertes seulement les jours ouvrables jusqu'à 20 h

🚆 Correspondance avec ligne SNCF

RER   METRO
(Regional Express Network)

☐	Station	○
■	Interchange station : RER with RER metro with metro	⊕
	RER ↔ metro	
▭	Line under construction	===◇===
(A4)	Line number	[4]

★ Rennes and Liège stations are only open on weekdays until 8 pm

🚆 Connection with national railway network (SNCF)

RER   METRO
(Regionales Schnellverkehrsnetz)

☐	Station	○
■	Umsteigestation : RER Metro	⊕
	RER/Metro	
▭	im Bau befindliche Strecke	===◇===
(A4)	Nummer der Linie	[4]

★ Die Stationen Rennes und Liège sind nur werktags bis 20 Uhr geöffnet

🚆 Anschluβ an das Eisenbahnnetz (SNCF)

RER   METRO
(metro express regional)

☐	Parada	○
■	Correspondencia : RER con RER metro con metro	⊕
	RER con metro	
▭	Línea en construcción	===◇===
(A4)	Número de línea	[4]

★ las estaciones Rennes y Liège están abiertas solamente los días laborables (hasta 20 h.)

🚆 Correspondencia con línea SNCF (ferrocarriles franceses)

Map stations shown:

- **B3 ROISSY-AÉROPORT CHARLES DE GAULLE**
- Parc des Expositions
- Villepinte
- Sevran-Beaudottes
- Drancy
- Blanc-Mesnil
- AULNAY-S/S-BOIS
- **B5 MITRY-CLAYE**
- Dammartin Juilly-St-Mard
- Villeparisis
- Villepinte
- Vert-Galant
- Sevran-Livry
- Bondy
- Tournan-en-Brie
- VINCENNES
- VAL-DE-FONTENAY
- Neuilly-Plaisance
- Bry-s-Marne
- Noisy-le-Grd-Mont d'Est
- Noisy-Champs
- Noisiel
- Lognes
- **TORCY MARNE-LA-VALLÉE (A4)**
- Fontenay-s/s-Bois
- Nogent-s-Marne
- Joinville-le-Pont
- St Maur-Créteil
- le Parc de St Maur
- Champigny
- la Varenne-Chennevières
- Sucy-Bonneuil
- **BOISSY-ST-LÉGER (A2)**

| 5 | 4 | 3 | 2 | 1 | Zones "carte orange" |

Tableau d'assemblage
Grands axes de circulation

Layout diagram
Main traffic arteries

1 cm sur cette carte représente 600 m sur le terrain.
1 cm on this plan represents 600 m on the ground.

- Voir 🆁 sur page atlas correspondante.
- See 🆁 on the corresponding page of the plan of Paris.

1 cm auf diesem Plan entspricht 600 m.
1 cm sobre este plano representa 600 m sobre el terreno.

- Siehe 🆁 auf der entsprechenden Seite des Plans von Paris.
- Ver 🆁 en la página correspondiente del plano.

PORT DE GENNEVILLIERS
(PORT AUTONOME DE PARIS)

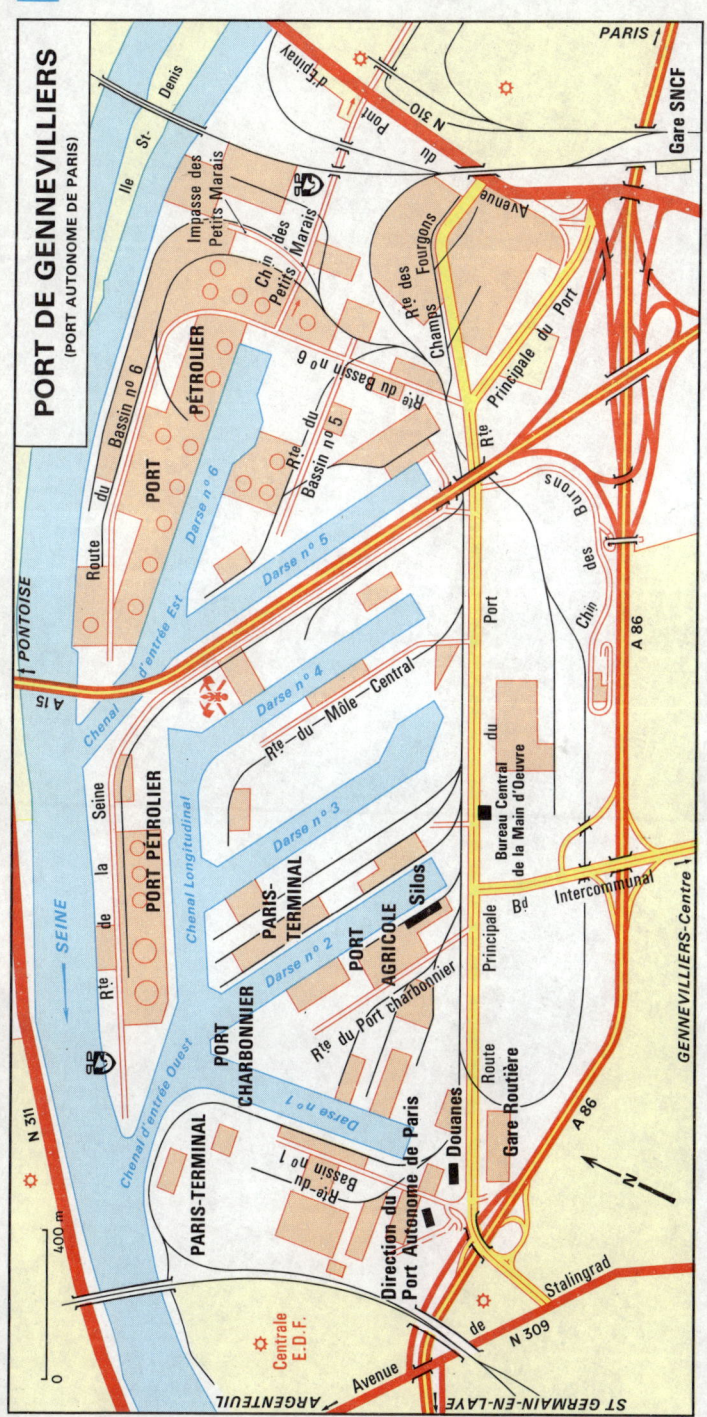

GARONOR

- Dépannage tous véhicules — Vehicle repairs — Reparaturdienst für alle Fahrzeuge — Taller de reparación
- Pièces détachées PL — Spare parts — LKW-Ersatzteile — Repuestos
- Pneumatiques — Tyres — Reifen — Neumáticos
- Location véhicule — Vehicle hire — Autovermietung — Coches de alquiler
- Station lavage — Vehicle wash — Autowaschanlage — Lavado
- Pesage véhicule — Weigh-bridge — Fahrzeugwaage — Báscula
- Service médical — Infirmary — Ärztlicher Hilfsdienst — Servicio médico

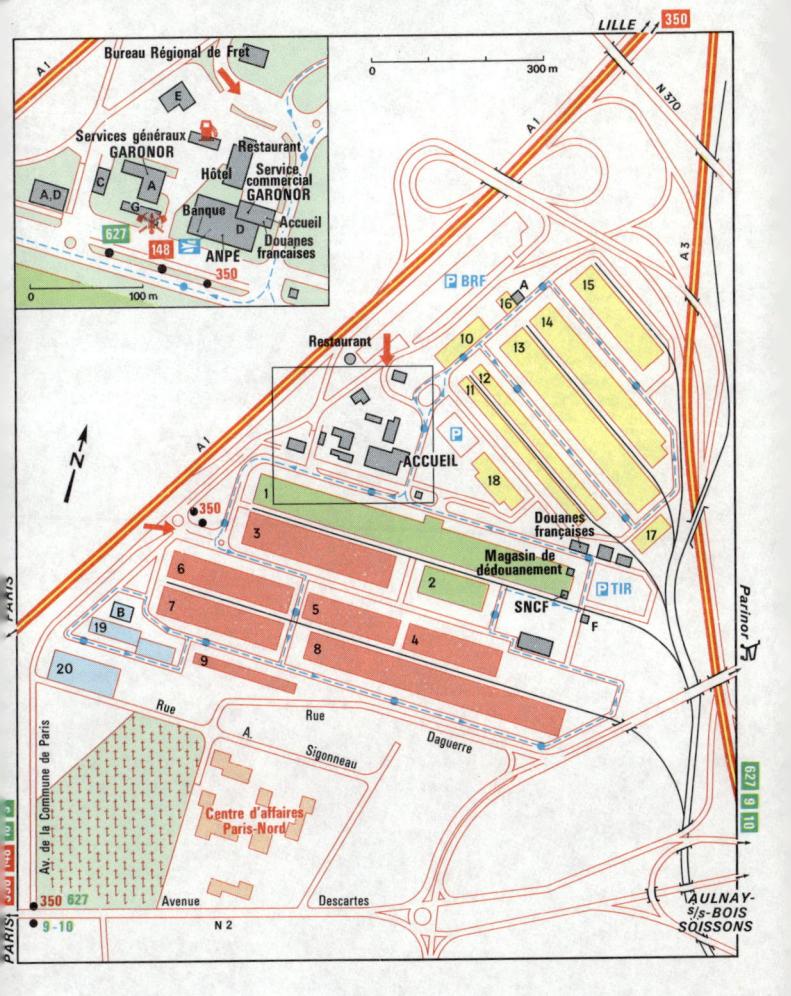

● Arrêt d'Autobus — Bus stop — Autobushaltestelle — Parada de autobus

- **148** (RATP) — Église de Pantin — GARONOR
- **350** (RATP) — Gare de l'Est — GARONOR — Aéroport Charles de Gaulle
- **627** (TRA-RATP) — Aulnay-sous-Bois — Blanc-Mesnil - GARONOR
- **9** (APTR) — Fort d'Aubervilliers — GARONOR — Aulnay-sous-Bois (Rose des Vents)
- **10** (APTR) — Fort d'Aubervilliers — GARONOR — Aulnay-sous-Bois (Vélodrome)

Navette intérieure — Shuttle service — Interne Autobuslinie — Autobús de Servicio interior